农村集体土地增值收益分配的法律机制研究

韩清怀 童 航◎著

NONGCUN JITITUDI ZENGZHISHOUYI
FENPEI DE FALÜ JIZHIYANJIU

中国政法大学出版社

2023·北京

图书在版编目（ＣＩＰ）数据

农村集体土地增值收益分配的法律机制研究/韩清怀，童航著. —北京：中国政法大学出版社，2023.8

ISBN 978-7-5764-1135-5

Ⅰ.①农… Ⅱ.①韩… ②童… Ⅲ.①农村－集体所有制－土地征用－土地管理法－研究－中国 Ⅳ.①D922.364

中国国家版本馆CIP数据核字(2023)第194961号

出 版 者	中国政法大学出版社
地　　址	北京市海淀区西土城路 25 号
邮寄地址	北京 100088 信箱 8034 分箱　邮编 100088
网　　址	http://www.cuplpress.com (网络实名：中国政法大学出版社)
电　　话	010-58908586(编辑部) 58908334(邮购部)
编辑邮箱	zhengfadch@126.com
承　　印	北京鑫海金澳胶印有限公司
开　　本	720mm×960mm　1/16
印　　张	13.75
字　　数	240 千字
版　　次	2023 年 8 月第 1 版
印　　次	2023 年 8 月第 1 次印刷
定　　价	59.00 元

目 录
CONTENTS

导　论

一、问题的提出

从土地养育了全人类这个视野看，土地占有、土地利用，无疑构成了人类社会发展的一条主线。为土地而来，为土地而去，酿成了多少人间的悲欢离合，造就了多少民族、国家的兴盛与败亡。从社会政治经济文明发展的视野看，从重土地占有，到重土地利用，是人地关系的一次重大转化，也是从古老永久的农业文明社会到现代发达的工商业化社会的一次重大转型。正是伴随着这一沧海桑田的转型，"土地增值"这个概念被发明了出来，土地增值收益如何分配成为学界关注、研究的焦点问题。

新中国成立后，在完成社会主义改造的发展形势下，毛泽东同志于 1962 年在中共八届十中全会上提出"以农业为基础，以工业为主导，以农轻重为序发展国民经济的总方针"。自此以后，新中国走上工业发展的现代化之路。改革开放后，随着乡镇工业的兴起及其大力发展，越来越多的农用地转为工业用地，不过这一时期土地用途转变后的增值尚未凸显，因为工业用地的土地增值主要是借助工业产品的价格反映出来的，而工业产品直接表现出的更多的是产品中劳动力和技术的价格，土地增值在产品价格中隐而未现。因此这一时期土地增值问题还没有引起更多关注。但到了 20 世纪 80 年代末 90 年代初之后，随着工业园区的大量开发建设，尤其是房地产市场的兴起和一路高歌猛进，土地增值也水涨船高。特别是随着土地出让金的节节攀升，"地王"频频曝出，而相比之下，被征地农民利益的保障问题却日益凸显。土地征收背后的土地增值收益分配问题，逐渐浮出水面，成为各界关注的焦点。但各界关注的焦点主要是政府与被征地农民之间的土地增值收益分配问题。大量的研究文献把土地征收过程中政府与农民集体以及农民集体内部成员间的土地增值收益分配问题，作为研究重点。有关土地增值收益分配的政策改革重点，也是主要聚焦于土地征收过程中对农民土地财产权的保护。党的十八届三中全会通过的《关于全面深化改革若干重大问题的决定》明确了农村土地制度改革的方向和任务，特别强调要建立兼顾国家、集体、个人的土地增值收益分配机制，合理提高个人收益。2015年1月，中共中央办公厅和国务院办公厅联合印发了《关于农村土地征收、集体经营性建设用地入市、宅基地制度改革试点工作的意见》，这标志着，我国农村土地制度改革进入试点阶段，也标志着让农民公平分享土地增值收益的制度建设在实践层面的逐步展开。

2023年中共中央、国务院发布的《关于做好2023年全面推进乡村振兴重点工作的意见》（以下简称"2023年中央一号文件"）中指出："赋予农民更加充分的财产权益……深化农村集体经营性建设用地入市试点，探索建立兼顾国家、农村集体经济组织和农民利益的土地增值收益有效调节机制。"可见，如何让农民公平分享土地增值收益是一个重大的现实问题。

总之，随着社会经济以及城市化的深入发展、人口流动的加剧和集聚，农业用途的土地与非农用途的土地在增值上的差距越来越大，越来越多的人开始思考土地增值收益应当由土地权利主体垄断独享，还是应当由社会合理分享？本书正是基于这种思考，尝试对农村集体土地增值收益分配问题做整体性考察与研究，以期得出些许有意义的判断与结论。

二、研究现状与研究意义

（一）研究现状

从学界研究情况看，最早关注研究土地增值问题的是一些经管学者。他们主要是从土地增值税的角度进行一系列研究，[1]随后开始研究土地征收过程中的土地增值收益分配问题，并开始关注土地征收补偿的公平问题。[2]法学界对土地征用补偿安置问题关注得也比较早，[3]但作为重点，对土地增值

---

〔1〕 王思亮："关于开征土地征用补偿调节税之我见"，载《农业经济问题》1988年第11期；李肇文："城市土地增值初探"，载《中南财经大学学报》1988年第5期。

〔2〕 邱鹏飞等："农用地征用后增值收益分配及其合理利用研究"，载《庆祝中国土壤学会成立60周年专刊》；王小映："土地征收公正补偿与市场开放"，载《中国农村观察》2007年第5期。

〔3〕 陈泉生："论土地征用之补偿"，载《法律科学（西北政法学院学报）》1994年第5期。

收益分配问题的研究，则相对晚一些，而且主要是从土地征收公平补偿的角度予以展开的。目前看，在法学界，对土地增值收益分配中如下问题已基本达成共识：土地征收制度应严格限制在公益性征收范围内，应当提高土地征收中对农民的补偿标准，非公益性土地征收应当由市场机制决定，且学界的这一共识已经被 2019 年修正的《土地管理法》[1]所吸收。但也存在以下分歧：一是关于征地补偿标准及补偿费的分配。存在"涨价归农"[2]"合理补偿"和"涨价共享"[3]之争议。二是关于农地可否自由入市交易。有学者论证了农民对集体土地应当享有充分的、不受干涉的自由处分权；[4]另有学者论证了农地必须实行国家严格控制，应在严格有序的条件下入市。[5]三是关于农地的工商业和住宅开发利用权。在英美等国被称为土地发展权，我国学者多从传统物权理论出发，主张农地发展权应属农民集体和农民，[6]也有学者主张不宜盲目引进发展权概念和制度，但应借鉴相关理论，通过征收集体土地增值税实现公平的利益调整。[7]从已有研究的重点看，主要关注如何保护和有效实现被征地农民集体及其成员的土地权益，对如何解决政府滥用农地征收权、被征地农民补偿费过低和分配不公等问题，从不同角度提出了一些有益的制度解决思路，但存在的诸多分歧也表明，有关农地增值收益分配的法理和具体的分配机制建构问题，远未厘清。即使在集体经营性建设用地入市问题已经在立法层面得以解决的制度背景下，集体土地增值收益分配的实践中存在的诸多问题和困境，仍然是学界研究的一个焦点。[8]从研究视野看，现有研究过于微观，如对权益分配主体的讨论多限于政府与被征地农民

　　〔1〕《土地管理法》，即《中华人民共和国土地管理法》。为表述方便，本书中涉及我国法律文件直接使用简称，省去"中华人民共和国"字样，全书统一，后不赘述。

　　〔2〕陈小君："农村集体土地征收的法理反思与制度重构"，载《中国法学》2012 年第 1 期。

　　〔3〕刘俊："城市扩展加快背景下的征地制度改革"，载《江西社会科学》2009 年第 10 期；陈柏峰："土地发展权的理论基础与制度前景"，载《法学研究》2012 年第 4 期。

　　〔4〕张鹏："'第四次土地革命'亟需解决的问题"，载《学习月刊》2006 年第 13 期。

　　〔5〕韩松："集体建设用地市场配置的法律问题研究"，载《中国法学》2008 年第 3 期。

　　〔6〕刘国臻："论美国的土地发展权制度及其对我国的启示"，载《法学评论》2007 年第 3 期。

　　〔7〕韩松："集体建设用地市场配置的法律问题研究"，载《中国法学》2008 年第 3 期。

　　〔8〕程雪阳："集体经营性建设用地入市背景下土地税制的完善"，载《武汉大学学报（哲学社会科学版）》2022 年第 4 期；徐洁、高清浅："乡村振兴背景下农村集体经营性建设用地入市的困境与纾解"，载《河南社会科学》2023 年第 1 期。

之间，而对宏观视角关照不周，如大多忽视了对城镇化主体的整体关照。

国外相关研究中，土地发展权理论研究渐趋成熟，并成为构建土地增值收益分配法律制度的主要理论依据，主要观点涉及将土地发展权作为独立于土地所有权的重大财富分配形式。[1]这些研究的前提是后城市化社会，虽不乏理论和经验启示，但对我国正日益加速的城镇化社会是否具有应有的解释力，仍需检讨。国内经管学界在吸收国外土地发展权理论与实践经验的基础上，进行了大量卓有成效的研究，[2]这些研究为我们认识农地增值收益分配的法理基础提供了启发性思路，但研究成果多限于理论层面或数理模型的实证分析，欠缺相应的法律层面的深入研究，因此存在学术推进的较大空间。

近些年，有关农村集体土地增值收益分配问题，已经成为关注的焦点和研究的热点，出现了一批很有研究深度和研究力度的期刊论文，如李凤章主张土地发展开发权不应当由国家垄断，[3]贺雪峰则极力主张土地增值收益应当收归国有，[4]许多学者专门对农村集体经营性建设用地入市中的土地增值问题进行了研究，认为应当统一规制土地征收与集体经营性建设用地入市中的土地增值收益。[5]有学者专门对2019年修正的《土地管理法》中有关集体经营性建设用地入市的规定进行了解释论研究。[6]也有学者对2019年修正后的《土地管理法》规定的集体经营性建设用地入市所面临的诸多现实困境以

〔1〕 Dawson, Anderson H., *The Problems in the Developed Economy*, Barnes & Noble Books, Totowa, New Jersey, 1984; Jeffrey Bucklund, *The History and Use of Purchase of Development Right in the United States*, 14 landscape and Urban Planning, 1987; John Costonis, *Development Rights Transfer: An Exploratory Essay*, The Yale Law Journal, 1973; Uthwatt Report, 1948.

〔2〕 马贤磊、曲福田："经济转型期土地征收增值收益形成机理及其分配"，载《中国土地科学》2006年第5期；张曙光："城市化背景下土地产权的实施和保护"，载《管理世界》2007年第12期；汪晗：《土地开发与保护的平衡：土地发展权定价与空间转移研究》，人民出版社2015年版。

〔3〕 李凤章："'土地开发权国有'之辩误"，载《东方法学》2018年第5期。

〔4〕 贺雪峰："为什么说中国土地制度是全世界最先进的——答黄小虎先生"，载《湖南科技大学学报（社会科学版）》2018年第3期。

〔5〕 吴昭军："集体经营性建设用地土地增值收益分配：试点总结与制度设计"，载《法学杂志》2019年第4期；李明贤、周蓉："农村集体经营性建设用地与国有土地同等入市的推进机制研究——以湖南省浏阳市为例"，载《湖湘论坛》2018年第2期。

〔6〕 袁震："集体经营性建设用地入市法律规则释评——《土地管理法》第63条第1款、第2款评注"，载《河北法学》2023年第2期。

及如何化解进行了研究。[1]有些学者则对土地增值收益分配问题进行了较为深入的理论研究，认为土地征收过程中产生的土地增值收益应当通过税收形式由国家分享。[2]学者们也出版了一些有研究深度的专著，如杜茂华专门对农村集体土地市场化路径及土地增值问题进行了研究，[3]龚暄杰专门对农村集体土地增值收益的共享问题进行了研究，[4]王永慧则从土地用途改变的视角对农地非农化利用中增值收益问题进行了研究。[5]总之，有关土地增值收益分配问题的研究，无论是在理论层面，还是在实践层面，抑或是对域外相关问题的研究，近几年的研究范围不断拓展，研究力度也在不断深化，已经产生了丰富的研究成果。

但是，整体上考察目前有关农村集体土地增值收益分配的研究文献，不管是冠名以"土地征收分配"的研究文献，抑或是名为"农村集体土地增值收益分配"，大都把研究的焦点集中在土地征收或者集体经营性建设用地入市机制中的增值收益分配，且重点关注的是政府与被征地农民之间以及农民集体内部的分配问题，而对土地征收之外的农村集体土地通过其他路径实现的土地增值收益分配问题，却几乎忽略了，而且研究中对在耕农民以及城市化新市民是否应当分享土地增值收益以及应当如何分享，关注不够。本书将力争在一定程度上弥补这些不足，也期能起到抛砖引玉的作用。

（二）研究意义

1. 理论意义

本书研究的展开，有助于在理论上进一步深化对农村集体土地增值收益分配机制的认识，拓展对该论题研究的理论视野。一直以来，尽管学界在理论认识上，对农村集体土地增值收益应当共享，已经基本达成共识，但对于应当由谁共享以及如何实现共享的制度构建上，依然存在较大分歧。本书基

---

〔1〕　徐洁、高清钱："乡村振兴背景下农村集体经营性建设用地入市的困境与纾解"，载《河南社会科学》2023 年第 1 期。

〔2〕　高飞："征地补偿款分配问题研究"，载《中国不动产法研究》2018 年第 1 辑；程雪阳："土地发展权与土地增值收益的分配"，载《法学研究》2014 年第 5 期；刘洪华："论农村土地增值收益分配制度的重构"，载《中国不动产法研究》2018 年第 2 期。

〔3〕　杜茂华：《农村集体土地市场化实现路径研究》，经济科学出版社 2017 年版。

〔4〕　龚暄杰：《农村集体土地增值利益分享法治化研究》，法律出版社 2019 年版。

〔5〕　王永慧：《农地非农化增值收益分配机制研究》，中国人民大学出版社 2015 年版。

于这些分歧，展开了一定理论上的思考。通过全面考察整个农村集体土地增值收益分配机制，提出了农村集体土地增值收益分配机制分为外生性增值收益分配与内生性增值收益分配的类型化理论。通过研究我国中央政策精神，考察、提炼我国本土实践发展经验，比较分析美国土地发展权的制度实践及其理论，主张在我国农村集体土地增值收益分配的法律机制的完善中，在不宜直接移植美国土地发展权制度的国情下，应注重立足于我国国情和既有的制度经验，吸取其有益的制度理念，进而提出在土地用途管制和土地利用规划体系中，应当在一定范围和程度上体现出土地权利平等原则，在立法层面将土地增值收益分配与用途管制和土地利用规划体系关联起来。利用美国学者阿西莫格鲁和罗宾逊提出的汲取性制度与包容性制度的理论，解释了长期以来以"土地征收补偿安置"为表征的我国农村集体土地征收制度的汲取性特征，并检视了其制度弊端，提出应当以包容性理论为基础，进一步改革我国农村集体土地增值收益分配机制的理论主张与完善建议。

2. 现实意义

本书将在耕农民、城镇化新移民、被征地农民、农村集体、国家与政府等多元主体，置于土地权利平等的理论主张下，通过考察经验事实和比较研究，揭示出农村集体土地增值收益分配机制运作中所产生的现实问题与难题，注重从宏观和微观相结合的层面，提出有助于立法完善和实践问题解决的路径与方法。这在一定程度上，对破解农地制度改革中的诸多实践难题，将不乏现实意义。

三、研究方法与论证思路

（一）研究方法

（1）社会实证法。将该方法中的逻辑实证分析和经验实证分析相结合，运用于第一章第二部分、第二章和第三章的研究，通过对制度规则本身进行合乎历史逻辑和实践逻辑的考察与分析，再结合深度访谈和个案访谈等经验实证，检视制度机制存在的问题，并寻根刨源。再依据对经验事实的考察，结合基本法理和制度规则，探寻符合我国本土化的理论创新和制度创新。

（2）比较分析法。将该方法运用于第四章的研究中，通过比较分析美国兼顾英国的土地增值收益分配的法律机制构造和运行效果，寻求我国相关制度构建中可资借鉴和利用的有益理论启示和制度资源。

（3）文献研究法。将该方法主要运用于第一章、第二章和第四章的研究，尽最大努力搜集到足够支撑起本研究深入展开的翔实的中外文献资料，并通过梳理这些资料，在澄清一些似是而非的理论观点和实践经验介绍的同时，构建起适合我国国情的理论解释范式。

（二）论证思路

本书主要论证思路是，首先在梳理、界定农村集体土地增值收益分配的有关基本概念、理论问题的基础上，检视我国农村集体土地增值收益分配机制的历史发展及其变革；接着，考察检视我国现行农村集体土地增值收益分配机制的制度构造及其运行中存在的问题、深层原因；再进一步考察近几年与农村集体土地增值收益分配有关的试点改革及其经验；然后再对美国土地发展权制度的运作模式及其理论基础进行较为深入的研究，以期对照我国的经验事实，寻求理论创新的突破口；在前述各章研究的基础上，通过分析农村集体土地增值收益分配纠纷在司法实践中呈现的实然状态及运作机制，动态考察该制度的司法运作，探究司法实践中有关集体土地增值收益分配的焦点问题，进一步检视有关集体土地增值收益分配的理论思考和制度建构；最后，以新型城镇化发展战略和乡村振兴战略的实施为背景，提出进一步完善我国农村集体土地增值收益分配机制的建议。

四、研究的主要内容与观点、创新之处与不足

（一）研究的主要内容与观点

1. 研究的主要内容

本书除导论外，共分为如下六章研究内容：

第一章首先对与农村集体土地增值收益分配的有关概念进行了梳理和界定，然后对新中国成立以来农村集体土地增值收益发展变迁史进行了较为详细的考察与分析。具体研究内容为：对土地增值、土地增值收益、农村集体土地增值等概念进行廓清、界定，对农村集体土地增值路径、农村集体土地增值收益及其特征进行研究分析；然后分为三个历史时期，对新中国成立至改革开放之初的农村集体土地增值收益分配问题、改革开放之后农村集体土地增值收益分配机制的发展变革、中国特色社会主义新时代农村集体土地增值收益分配机制的变迁历史，进行了较为深入的考察和分析。

在概念层面界定了农村集体土地增值的概念，考察了集体土地增值多元

化发展路径，揭示如下发展变革事实：新中国成立到改革开放之初，逐步建立起来的社会主义土地国有制和集体所有制的二元化土地所有权制度，以及在此制度框架下逐步形成的国家土地征收制度与日渐兴起的社队企业，共同形成并奠定了改革开放后农村集体土地增值收益分配机制的雏形；改革开放之后，逐渐形成了农村集体土地增值收益分配机制中两条分配路径的分野，一条是农民和农村集体可直接分享农村集体土地增值收益的大力发展社队企业的内生性增值路径；一条是农民和农村集体基本分享不到或者较少分享到农村集体土地增值收益的土地征收的外生性增值路径。进入20世纪末之后，农村集体企业在用地上开始受到法律的严格限制，土地征收几乎成了一切工商业和房地产发展所需土地来源的唯一通道，在这种外生性土地增值收益分配路径的垄断下，政府掌握了土地增值收益分配机制中的话语权和决定权，农民与政府之间土地利益博弈日渐激烈，矛盾愈加显化。国家在逐步改善征地程序、提高补偿标准的同时，也开始多元化试点探索土地增值收益的市场化分配机制，如增减挂钩、人地挂钩、集体建设用地入市等。进入中国特色社会主义新时代，土地增值收益分配制度的改革更加深化，2019年《土地管理法》的修正及其施行，意味着我国农村集体土地增值收益分配制度正式走向更加包容性发展的完善之路。

第二章主要对我国农村集体土地增值收益分配机制的法理、农村集体土地外生性增值收益分配机制、内生性增值收益分配机制进行了考察研究。具体研究内容为：首先对一直以来我国较为流行的三种代表性土地增值收益分配理论"涨价归公"说、"涨价归私"说与"涨价共享"说，进行了考察分析，认为三种代表性理论所分别指向的土地增值收益分配制度的建构逻辑中，不同主张意味着对土地发展权的不同制度配置，进而决定着土地增值收益分配机制中，哪一方会掌握着分配的主动权和决定权，并最终决定着哪一方能分享到更多土地增值利益这样一个敏感的本质问题。然后对作为农村集体土地增值收益公平分配的权利基础的土地的农民集体所有、作为农村集体土地增值收益公平分配机制有效运行的核心所在的权利配置平等性、作为农村集体土地增值收益公平分配机制有效运行的关键所在的程序民主性和作为农村集体土地增值收益公平分配的秩序性保障的权利有效救济问题进行了研究；再以调研获取的数据和材料为依据，对山东省土地征收机制中土地出让金的收支与收益问题进行了考察分析，在此基础上研究分析了土地征收这种农村集体土地外生性土地增值收益分配机制中国家与农民之间的收益分配与相互之间的利益博弈问题。然后又以农村集体经济较为发达的南海模式、苏南模式与浙江模式为考察对象，对农村集体土地内生性土地增值收益分配机制进行了比较研究。本章的研究，揭示出了农村集体土地外生性增值收益分配机制的汲取性特征和农村集体土地内生性增值收益分配机制的包容性发展特征。

　　第三章主要考察研究了建设用地指标管理与交易机制、包括宅基地三权分置机制在内的农村集体经营性建设用地入市机制的实践探索。具体研究内容为：首先对建设用地指标交易管理与交易机制的缘起及其发展、人地挂钩政策、建设用地指标交易中的土地增值收益与分配、制度创新蕴含及其局限性等问题进行了研究；然后又从农村集体经营性建设用地入市规范、入市主体范围、入市客体、入市方式与途径、入市收益与资金管理等方面，以对试点地区的调研资料为基础，对农村集体经营性建设用地入市增值收益分配机制中，国家与集体之间以及集体内部的收益分配问题进行了较为详细的研究，揭示了目前农村集体经营性建设用地入市增值收益分配机制中存在的一些问题以及比较成功的经验。最后，从农村基层治理的层面，考察分析农村基层治理与农村集体土地增值收益分配之间的关联与互动实践，并总结提炼有关经验启示。

　　第四章主要考察研究了美国与土地增值收益分配密切相关的土地发展权制度、应用情况及其理论问题。具体研究内容为：首先考察了美国土地发展权制度的缘起及其发展，并兼与英国土地发展权制度进行了一定比较，进而对美国土地发展权制度运作机制的基本原则、影响美国土地发展权制度运作机制的几个要素进行了分析研究，然后以马里兰州蒙哥马利县的农地保护为例，考察了美国土地发展权制度运作机制的具体运用实例。最后通过对美国土地发展权制度运作机制中的土地增值收益分配问题的理论解释，揭示出美国土地发展权制度运作机制中的三个重要问题，即土地发展权归属、土地权利平等原则的体现与贯彻、以土地发展权转移机制为土地增值收益合理分享的制度基础机制。

　　第五章主要研究有关农村集体土地增值收益分配的司法判例，从司法实践的视角，进一步揭示农村集体土地增值收益分配机制运作中的焦点问题有哪些？基于此类纠纷是否属于民事诉讼的受理范围尚存争议，故法院应在坚持"受理说"的前提下加以制度重构，即对"受理说"加以三重限制：现行规范的直接限制、集体成员资格的限制及土地权属争议的限制。此间，需要正确厘定司法裁判与村民自治之间的边界，公民的人身权利、民主权利和合法的财产权利相比于村民自治具有优先性，当其受到不法侵害时，司法理应在其权限范围内予以救济。

第六章主要研究了如何完善我国农村集体土地增值收益分配机制问题。具体研究内容为：首先介绍了美国学者阿西莫格鲁与罗宾逊提出的制度汲取性与包容性理论，主张从汲取性转向包容性，是进一步优化我国农村集体土地增值收益分配机制的必由之路；然后研究分析了当前正在进行的"多规合一"制度改革、国土空间规划制度改革与农村集体土地增值收益分配之间的关联性和应然契合性；最后结合 2019 年修正的《土地管理法》已经施行这样一个大的制度变革背景，从农村集体土地外生性增值收益分配机制和内生性增值收益分配机制两个视角，立足于从汲取性到包容性的理论转向和制度选择转向，提出了如何进一步优化我国农村集体土地增值收益分配机制的立法建议。

2. 主要观点

通过研究，笔者提出如下主要观点：

（1）通过对新中国成立以来农村集体土地增值收益发展变迁史进行了较为详细的考察与分析，认为中国成立之后逐步建立起的社会主义土地国有制和集体所有制的二元化土地所有权制度，以及在此制度框架下逐步形成的国家土地征收制度与日渐兴起的社队企业，共同形成并奠定了改革开放后农村集体土地增值收益分配机制的雏形和制度基础；改革开放后，逐渐发展形成了以"土地征收补偿安置"为表征的外生性增值分配路径和以"乡镇企业"为表征的农村集体土地内生性增值分配路径的两条分配路径的分野，前者带有汲取性制度特征，后者带有包容性制度特征。

（2）从我国农村集体土地增值收益分配机制的历史变迁规律看，经历了日益强化制度的汲取性发展，再到通过试点探索，有益经验入法，逐渐使农村集体土地增值收益分配机制走向包容性发展的转向。

（3）通过考察美国土地发展权制度缘起、发展及其具体运用，提出美国土地发展权转移机制与分区规划制度的关联与契合，实际上体现了美国在土地制度管理中，原本为保护农业区而建立的土地发展权转移机制，也在一定程度上对现代城市化发展中土地增值收益分配问题，作出了相对公平合理的回应，而这种回应主要是通过贯彻土地权利平等原则予以实现的。

（4）建议我国在农村集体土地增值收益分配机制的进一步完善中，利用正在进行的"多规合一"制度改革、国土空间规划制度改革与农村集体土地增值收益分配之间的关联性和应然契合性，以"建设用地指标交易""人地挂钩"等技术手段，促使农村集体土地增值收益分配机制更少一些汲取性，更多一些包容性。

（二）创新之处与不足

1. 主要创新之处

（1）研究视野拓展。一是将农村集体内生性土地增值收益分配机制与外生性机制一同纳入研究视野，意图在理论和实践层面对我国农村土地增值收益分配机制做一整体性考察研究，这是对当前学界主要关注研究土地征收增值收益分配机制的一种有益矫正；二是拓展了农地增值收益分享权利主体的范围，将在耕农民、城市化新市民纳入农村集体土地增值收益分享主体的范围，与被征农民置于平等分享土地增值收益的法律地位，这将更有助于我国农村土地增值收益分配机制构建的公平性与合理性。

（2）研究观点的创新。本书将农村集体增值收益分配机制类型化为外生性机制与内生性机制，这对农村集体增值收益分配机制研究，具有一定的理论和研究范式的创新。

本书提出了在土地用途管制和利用规划立法中应当体现土地权利平等而不应当仅仅局限于人人平等这种抽象的具体化平等观念。

本书主张从汲取性走向包容性，是进一步完善我国农村集体土地增值收益分配机制的必由之路，从概念和理论化层面提出了未来完善我国农村集体土地增值收益分配机制的立法取向。

2. 主要不足之处

本书所关注的问题，既是一个重要的理论问题，也是一个重要的实践问题，既涉及宏观层面问题，也涉及中观层面问题，还涉及微观层面问题，所涉法律关系较为复杂。因此，在资料收集、实践考察以及运行机制研究上，难免挂一漏万，比如尽管提出了农村集体土地外生性增值机制与内生性增值机制，但由于这两种机制本身也较为复杂，因此在研究中难免出现对微观细节关注不周到的情形。因此，对于本书中所存在的诸多不足，只能留待后续的深入细致地思考研究，予以弥补。

第一章
农村集体土地增值收益分配制度概论

自人类社会步入工商业社会伊始，整体上就开始形成并日益发展为在诸多方面不一样的农村与城市的二元区分。就文明类型而言，农村代表并传承着传统文明，城市代表并发展着现代文明。在由传统文明向现代文明转型的历史过程中，人类对土地利用方式的根本性改变，应是现代文明的重要表征之一。土地资源及其利用，亦以一种完全不同于传统农业社会的生产力，深刻而久远地影响并改变着人们对土地的认知，促进着社会经济的日益发展与繁荣。土地增值及其收益分配问题，成为任何一个民族国家和社会发展不容忽视的永恒的经济问题、政治问题、社会问题与法律问题。就我国而言，囿于中国人口多、耕地少的现实国情，这些问题及其所带来的各种紧张关系，在城市化进程中更为凸显。立足于中国现实国情，着眼于中国城市化的历史进程，深入研究农村集体土地增值及其收益分配机制问题，探寻并构建一个有利于平衡生态与发展、效率与公平的土地法律制度，对促进中国成为一个富而强、和而美的大国，最终实现中华民族的伟大复兴之梦，具有非常重要的战略意义。

第一节　本研究展开需要界定和厘清的几个概念

任何学术研究都应围绕特定的论域展开，以增强研究对现实的解释张力。而特定的论域就需要相应的概念体系进行支撑，如此对核心概念的界定就显得尤为重要。基于这一认知，本书首先对涉及的关键概念进行界定分析。

一、土地增值与土地增值收益分配

（一）土地增值

讨论土地增值问题，首先需要认识到这是一个土地经济学范畴的概念。[1]20 世纪 90 年代，随着我国国有土地有偿使用制度的实施，城市房地产市场开始逐步发展起来，土地增值随之成为经济学界关注的一个焦点问题。如 1993 年，某市的每平方米土地平均出让价格为 1000 元，而到了 1998 年，每平方米土地平均出让价格已超过 12 000 元，短短五年的时间，地价上涨 12 倍。[2]因此，有些经济学者开始从增值税收的角度研究土地增值问题。如周诚认为，土地增值"是指在现实经济生活中土地价格的增加，而不是指作为土地价格重要基础的土地劳动价值的增加"。[3]郭俊胜认为，土地增值"是指在土地利用过程中土地价格的增加值"。[4]总之，经济学者们大都将土地增值界定为市场经济条件下土地（或土地所有权或土地使用权）的价格变化，土地增值税也正是在这个经济学意义上界定土地增值并进行有关税收制度的设置。从理论上讲，在价格意义上解释土地增值，土地增值有正增值与负增值之分，正增值是指现时的土地价格比继受取得时的价格的上涨幅度，负增值是指现时的土地价格比继受取得时的价格的降低幅度。但讨论土地增值及其收益分配问题，主要是指土地正增值。当然，对于人类社会发展而言，由于土地本身属于很特殊的自然物，比如数量的绝对有限性、区位的固定性、使用价值的不可替代性、供求问题等，土地增值的原因就具有了一定的复杂性。[5]

概括而言，无论在理论上，还是在实践中，抑或在法律上，土地增值，通常是指正增值，意指土地财产权[6]在不同主体之间的交易完成后，交易达

---

[1]　张鹏、张安录："城市边界土地增值收益之经济学分析——兼论土地征收中的农民利益保护"，载《中国人口·资源与环境》2008 年第 2 期。

[2]　郭俊胜："土地增值及其分享"，载《福建学刊》1994 年第 3 期。

[3]　周诚："土地价值问题初探"，载《1994 年海峡两岸土地学术研讨会论文集》。

[4]　郭俊胜："土地增值及其分享"，载《福建学刊》1994 年第 3 期。

[5]　关于土地增值的原因分析，后文将详细展开。

[6]　在我国，尽管不允许买卖土地所有权，但通过征收，完成的则是一种土地所有权的强制性交易，国有土地使用权出让等方式，完成的则是一种土地使用权的交易。但采用无论哪种方式，交易客体应当是土地权利，并不是土地这种物。

成的价格比转让主体入手时的价格与其随后投资成本之和的增加额。

（二）土地增值收益及其分配

土地增值的根源在于土地所具有的使用价值对土地的现有保有人与潜在购买人之间所发挥的不同效用，从而引起对土地价格上涨的认知、共识以及由此产生的土地价格诉求。换言之，土地增值在变现之前，只是表现为一个抽象数字，而变现之后，这个土地增值就转化成了一种具体的经济利益，成为土地权利人增加的一种现实的、具体的财产收益。在城市化过程中，土地增值通常并不是单纯的土地财产的自然孳息，而是错综复杂的外在原因共同作用的结果。因此，伴随着城市化进程，城市土地增值及其应然的归属问题，或者说土地增值收益及其分配问题，就成为诸多学者关注的研究对象。土地增值税，即是一些国家为应对城市土地增值这种经济现象而专门设立的税种。

本书结合有关研究文献，将土地增值收益界定为土地在城市化进程中的增值所变现成的一种经济利益。土地增值收益分配是指依照一定的法律规定在有关主体之间分配土地增值所变现的经济利益的一系列行为与过程。

二、农村集体土地增值

不难发现，目前学界研究土地增值和农村集体土地增值的文献可谓汗牛充栋，对土地增值进行概念界定的文献也较多，却鲜有对农村集体土地增值概念的明确界定，似乎只要界定了土地增值，那么农村集体土地增值就是一个不言自明的概念。大多数研究文献是从征收征用的角度理解并研究农村集体土地增值及其收益分配问题的，基本上将其解释为"农村集体土地被征收转变为国有土地之后，经有偿出让所增加的价值"。[1]

农村集体土地本身是中国特色社会主义理论及其制度框架下特有的一个概念，是一个本土化概念。其内涵丰富、外延广阔，既具有较强的中国化理论性和实践性，也具有中国特色的制度性和内在逻辑性。客观地看，即使在以往国家垄断土地一级市场的情况下，农村集体土地产生增值的途径，并非仅限于土地征收这一条途径；即使在征收制度路径下，也不是所有的集体土地被征收后都会产生增值收益，比如传统语境中的公益性征收，就很难产生

---

〔1〕 龚暄杰："农村集体土地增值利益的多维度阐释"，载《山东农业大学学报（社会科学版）》2018年第4期。

增值收益。据此，本书认为，要全面完整地理解和界定农村集体土地增值这一概念，需要进行多视角、多维度的考察，至少应注意从如下三个层面予以把握。

（一）农村集体土地及其权利的内涵与外延

中国农村集体土地，从哪里来？向哪里去？这是近些年研究农村集体土地产权制度改革的学者们反复追问的一个问题。[1]要弄清楚这个问题，最为首要的是不能无视农村土地问题在中国共产党成立、历史发展和历史使命中所具有的重要性。也就是说，要准确理解、解释该问题，需要运用历史思维方法。新中国成立之初，在农村土地权利归属上，面对人多地少、饱经列强蹂躏和长期内战的现实国情，面对千疮百孔、百废待兴的现实国情和错综复杂的国际局势，中华民族欲屹立于世界民族之林，进而走向伟大民族复兴之路，走向民富国强之路，就需要超越土地私有，进而走向土地的农村集体公有制，这是当时的一种历史选择，也是中国共产党领导中国人民进行土地革命的初心和历史使命所在。只有认识到这一点，才能在追问"农村集体土地从哪里来"这个问题时，避免走上农村集体土地的"历史虚无主义"的理论误区，也才能在思考农村集体土地制度改革的未来发展方向上，坚持历史唯物史观的理论指导。

关于农村集体土地的基本属性，除了土地这一资源属性外，还具有综合性、生产性、竞争性、增值性、流通性等特征。综合性是指农村集体土地是由土壤、气候、水文、地质、生物及人类活动的结果所构成的综合体。生产性是指农村集体土地一般具有一定的生产力，可以生产出人类所需要的某种植物或动物产品。竞争性则与增值性具有极强的关联，竞争性表明土地的区位属性和资源属性会产生人民对集体土地的竞争行为，从而导致一定程度上增值收益之产生。除此之外，增值性还包括相应主体对集体土地的投入，政策的变动所影响的土地价值等。流通性是指集体土地作为一项资产，可以像其他商品一样在市场上进行流通，但流通的并不是土地本身，而是土地背后的某些权利。[2]

关于农村集体土地的地域范围，按照《宪法》《民法典》《土地管理法》《城市房地产管理法》等法律规定，我国实行的是城乡二元化土地所有

---

〔1〕 张云华："农村三级集体所有制亟须改革探索"，载《中国经济时报》2015 年 3 月 27 日；宋志红：《中国农村土地制度改革研究：思路、难点与制度建设》，中国人民大学出版社 2017 年版。

〔2〕 杜茂华：《农村集体土地市场化实现路径研究》，经济科学出版社 2017 年版，第 8~9 页。

制结构。[1]从社会经济发展的角度看，集体所有的土地范围与国家所有的土地范围并非一直不变，而是此消彼长的关系。随着我国城市化进程的不断深化，集体所有的土地面积在逐渐减少，与此同时，国家所有的土地面积在逐渐增加。

关于集体土地类型，可以比照《土地管理法》第 4 条规定进行类推并予以确定。《土地管理法》第 4 条坚持"土地用途管制"的基本立法思想和立法原则，依据土地用途和开发利用状况，将土地分为农用地、建设用地、未利用地，并分别对如何确认农用地、建设用地和未利用地的土地类型的法律规范进行了明确规定。据此，集体土地类型，也相应地划分为集体农用地、集体建设用地、集体未利用地。[2]从土地增值的研究视角看，上述农村集体土地都存在产生增值收益的可能。

关于集体土地上的权利类型，根据《民法典》物权编、《土地承包法》及相关法律规定，农村集体土地上所承载的权利分为集体土地所有权、土地承包经营权、土地经营权、宅基地使用权、集体经营性建设用地使用权、地役权、抵押权、"四荒地"土地经营权等。

（二）农村集体土地增值

关于农村集体土地增值的概念，法律上没有明确的界定，研究该问题的学者们仁者见仁，智者见智。本书认为，要全面准确地界定农村集体土地增值这个概念，首先需要确定农村集体土地增值的判断标准是什么？

一般而言，当在土地增值税层面理解土地增值这个概念时，表达的是土地权利转让之后的价格与原取得时的价格之间的差额。但是，确认中国农村集体土地增值的标准则不同于一般土地增值税意义上的判断标准。因为，就农村集体土地权利取得而言，无论是集体土地所有权、集体建设用地使用权、宅基地使用权，还是农村集体的"四荒地"使用权，在权利主体取得相应的权利时，要么不存在所谓的"原价格"问题，如集体所有权的取得、宅基地

---

〔1〕 如《宪法》第 10 条第 1、2 款规定，城市的土地属于国家所有。农村和城市郊区的土地，除由法律规定属于国家所有的以外，属于集体所有；宅基地和自留地、自留山，也属于集体所有。

〔2〕 按照《土地管理法》第 4 条第 3 款规定，农用地是指直接用于农业生产的土地，包括耕地、林地、草地、农田水利用地、养殖水面等；建设用地是指建造建筑物、构筑物的土地，包括城乡住宅和公共设施用地、工矿用地、交通水利设施用地、旅游用地、军事用地等；未利用地是指农用地和建设用地以外的集体土地，具体包括荒山、荒沟、荒丘、荒滩等未得到充分、合理、有效利用的土地，即通常所说的"四荒"土地。

使用权的取得；要么取得权利的"原价格"几乎可以忽略不计，即往往只存在流转时的价格。换言之，要判断农村集体土地增值的标准，在对集体土地权利取得时的原价格与转让时的价格进行比较时，往往缺乏现实基础和技术上的可操作性，因为根本不存在集体土地权利取得时的原价格。基于农村集体土地的这种特殊性，要确定农村集体土地增值的判断标准，需另寻其他途径。

从我国农村集体土地增值的社会实践和立法情况看，尽管集体土地增值的原因和增值大小会有所不同，但在判断集体土地是否增值以及增值多少时，一个主要判断依据是与集体土地原用途的生产价值进行比较。例如，对耕地的补偿，按照修正之前的《土地管理法》第47条规定，耕地的土地补偿费，为该耕地被征收前的三年平均年产值的六至十倍。尽管在实践中，近些年多地采用了制定片区综合地价的方式确定集体土地征收补偿标准，但政府在制定片区综合地价的过程中，集体土地原用途和土地产值，依旧是其中重要的定价依据之一，而且这一判断依据也为2019年修正的《土地管理法》所采纳。[1]

本书认为，如果只是确定一个判断农村集体土地增值的起点而暂不考虑集体土地增值收益如何分配问题，将农村集体土地农业用途的产值作为比较农村集体土地增值多少的起点，具有一定合理性和科学性。理由如下：

首先，农村集体土地的主要用途是用于农业生产，由于农业生产的利润远低于工商业经营利润，从这个意义上讲，农村集体土地产值的大幅度增加，大都是由于农村集体土地的非农利用实现的。

其次，人多地少的现实国情和错综复杂的国际局势，决定了那种寄希望于通过国际粮食市场解决中国人吃饭问题的想法，属于天真的幻想。国家粮食战略安全的要求与制度安排，使得我国绝大部分农村集体土地只能用于收益不高但却事关国家战略安全的农业用途，由此必然造成我国城市化进程中建设用地的稀缺性和高增值。

再次，农村集体土地农业用途的产值，是我国绝大多数农民维持生存安全的底线，从维护和保障广大农民生存利益的角度看，要制定公平合理的农

---

〔1〕 2019年《土地管理法》第48条第3款规定："征收农用地的土地补偿费、安置补助费标准由省、自治区、直辖市通过制定公布区片综合地价确定。制定区片综合地价应当综合考虑土地原用途、土地资源条件、土地产值、土地区位、土地供求关系、人口以及经济社会发展水平等因素，并至少每三年调整或者重新公布一次。"

村集体土地增值收益分配制度，这个增值的起算点只能高于农村集体土地农业用途的产值，而绝不应当低于这个产值。

最后，将农村集体土地农业用途的产值作为比较农村集体土地增值多少的起点，不仅该起点的价值容易评估确定，而且具有相当的普遍性和社会可接受性。

据此，本书将农村集体土地增值的概念界定为农村集体土地依法转为非农用途后的土地使用权出让价格与原农业用途的产值加上必要交易成本之后相比所表现出的差额。这一界定具有现实层面的可操作性与规范层面的内在契合性。

（三）农村集体土地增值的路径

在我国农村集体土地的开发利用过程中，影响其实现增值的原因有很多，如用途改变、区位发生变化、人口聚集程度、工商业发展水平、交通便利情况等。但是无论是哪些因素的影响，都离不开一个变化，即将农村集体土地的农业用途改为非农用途。没有这种用途的改变，农村集体土地的一切增值都只能是徒然。然而，农村集体土地用途的改变，也只是为农村集体土地增值提供了一个逻辑起点，并打开了增值的空间，要使农村集体土地因为改变用途而使其增值成为一种可支配的现实利益，尚需要借助于一定的路径才能实现。

从现有文献看，学界在考察农村集体土地增值及其分配问题时，主要聚焦于农村集体土地征收过程中所产生的增值及其分配问题，而忽视了农村集体土地的其他增值路径。本书认为这种考察视角过于偏狭，未能反映出农村集体土地增值收益来源的整体情况。实际上，从我国农村社会经济发展的客观情况看，农村集体土地增值路径呈现出以下多元化发展趋势。

（1）对农村集体土地征收。在我国工商业发展、城市化以及伴随而来的城市空间不断扩张的过程中，国家长期以来对农村集体土地进行征收，是实现土地增值收益的最主要路径。在这种制度背景下，农村集体土地增值主要表现为国家按照农村集体土地的农业用途，对农村集体和农民进行补偿后，农村集体土地所有权转变为国有土地所有权，地方政府再对征收而来的国有土地使用权通过招标、拍卖、挂牌等方式，进行出让而获得高额出让金。

（2）农村集体出租自有土地或厂房。在改革开放初期，随着工商业的兴起与发展，由于国家对农村集体土地管理尚未提上日程，以广东、江浙等沿海省份的农村集体为代表，利用改革开放政策的优势，通过出租农村集体土地或者在农村集体土地上建好厂房后再出租给工业经营者，以获取租金。这些省份的农村集体对其自有土地的农业用途的自行改变及其利用，在使农村集体获得巨大租金收益的同时，相较于农村集体土地农业用途产值，也大大实现了农村集体土地的增值收益。

（3）农村集体对自有土地的商业用途开发。伴随着各地工商业的发展，大量经济欠发达地区的人口逐渐向经济发达地区流动，人口集聚带来的一大经济效益是，以各种服务业为代表的商业的兴起与发达，由于仅仅依靠国有建设用地难以满足商业发展的需求，很多农村集体及时地捕捉到了商业用地的商机，将集体土地用于商业服务和商住用途的开发。由此，农村集体依靠自身拥有集体土地的优势，自行发展出了一条农村集体土地可以大幅增值的路径。这种路径也包括农民家庭在享有使用权的宅基地上自行建设的用于自住并出租楼房而实现的集体土地增值。

（4）农村集体以自有的土地使用权入股公司企业。改革开放伊始，举国上下对大力发展经济的渴望和要求，好似嗷嗷待哺的婴儿，然而各地经济发展中普遍面临着资金严重短缺的社会现实与难题。在广大农村，这种情况更为甚之。农村集体经济要发展，唯一的优势则是农村集体土地。在相对宽松的政策背景下，面对久违的发展机遇，以农村集体土地为本，大力招商引资，积极融入市场经济发展的时代洪流中，分享市场经济发展的红利，成为很多农村集体自我发展的重要选择。在这个背景下，农村集体以自有的土地使用权入股公司企业，获取股权收益，从农村集体土地上得到了非农利用的极为可观的土地增值收益。

（5）农村集体经营性建设用地入市出让。允许农村集体经营性建设用地依法入市，是发挥市场机制在土地资源配置中基础性作用的重要选择。2015年2月全国人大常委会授权国务院在北京大兴区等全国33个试点县市区行政区域，试点农村集体经营性建设用地入市，试点县市区在试点期间调整实施有关法律规定，暂停实施《土地管理法》《城市房地产管理法》的有关6个条款。2019年8月26日全国人大常委会通过了对《土地管理法》《城市房地产管理法》的修正案，在立法上正式明确了农村集体经营性建设用地依法入市的规定，由此也开辟了实现农村集体土地增值的新路径。

（6）宅基地盘活利用。依目前的相关法规政策，宅基地不能自由买卖、抵押，只能在本集体经济组织内部进行流转，国家禁止城市人口到农村购买宅基地建设住房。在城镇化加快推进、农村人口大量迁移到城市的大背景下，一方面，这一规定使得农村大量闲置宅基地处于沉睡状态，而在本集体经济组织内部流转，所产生的收益也非常低。另一方面，城市建设用地存在很大缺口，长期处于稀缺状态。为守住关涉到国家粮食战略安全的 18 亿亩耕地红线关口，同时又能不断增加城镇化发展所需求的建设用地，根据 1998 年修订的《土地管理法》所确立的"以建设用地指标控制管理为基础，以耕地补偿、占补平衡为制度主要内容"的耕地特殊保护法律制度，由试点"城乡建设用地增减挂钩"，到该制度逐步全面推开，再到以重庆为代表在"城乡建设用地增减挂钩"基础上，通过制度创新改革，推出"地票交易"制度，综合整理复垦农村闲置宅基地，已经成为农村集体土地实现增值的重要路径。特别是 2018 年中共中央、国务院发布的《关于实施乡村振兴战略的意见》（2018 年中央一号文件）明确提出农村宅基地实行所有权、资格权、使用权"三权分置"，更进一步确认了农村集体土地这种增值路径的可期待性。2023 年中央一号文件则进一步指出，探索建立兼顾国家、农村集体经济组织和农民利益的土地增值收益有效调节机制，进一步肯定了本书研究的价值和意义。

在上述六种农村集体土地增值路径中，本书将第一种农村集体土地增值路径，即农村集体土地征收路径，称为农村集体土地增值收益分配的外生性机制；将第二种至第五种农村集体土地增值路径称之为农村集体土地增值收益的内生性机制；将第六种农村集体土地增值路径，即宅基地盘活利用，称为农村集体土地增值收益分配内外联动性机制，只不过这种机制，在目前仍然处于探索阶段。

三、农村集体土地增值收益与分配

如果说中国农村集体土地问题是篇大文章，那么农村集体土地增值收益与分配，则是这篇大文章的核心内容。

（一）农村集体土地增值收益

综合前文论述分析，本书将农村集体土地增值收益界定为：农村集体土地在建设用地用途与农用地用途通过多种路径相互转换过程中，相较于一定年限农业用途年均亩产值总额而实现的额外增值所变现的具体经济利益。

农村集体土地增值收益具体表现为如下特征：

（1）农村集体土地增值收益变现的根本性在于土地用途的改变。根据现行法律和国家政策规定，不管农村集体土地是由农业用地变为建设用地，还是由建设用地复耕为农业用地，〔1〕均会取得一定的具体现实的经济利益。

（2）农村集体土地增值收益变现的途径呈现出多元化发展。社会实践发展已经表明，尽管土地征收在长期的农村集体土地增值收益变现过程中，一直居于垄断地位，但在社会经济发展过程中，农村集体组织内生性的多种土地增值收益变现路径，也如雨后春笋，破土而出，且影响力逐渐放大，乃至催生了农村集体经营性建设用地可直接入市这一制度改革成果。

（3）农村集体土地增值收益变现须符合合法性要求。在现有的制度框架下，农村集体土地权利是一种公有性私权，在法律无明确禁止性规定范围内，农村集体土地权利的行使应是自由的，由此取得的收益应当受到法律保护，但在法律明确规定的情形下，无论农村集体土地征收、用途改变、宅基地整治、建设用地指标交易和集体经营性建设用地入市等，都须遵守法定程序和要求。

（二）农村集体土地增值收益分配

农村集体土地增值收益分配，是指对农村集体土地在农业用途与非农业用途依法转变过程中所获得高于一定年限农业用途年均亩产值总额的收益，扣除必要交易成本后，按照相关规定在国家、农村集体、农民以及其他权利人之间进行合理分配的行为。如果说农村集体土地增值收益问题，主要是涉及有关事实判断的一个经济问题；那么农村集体土地增值收益分配问题，则转换成了一个有关价值判断的规范问题。这其中包含了哪些主体应当成为分配对象、应当按照什么程序和路径进行分配、各分配对象之间应当按照什么样的比例进行分配、确定分配比例的合理依据是什么等一系列规范问题。

党的十八届三中全会通过的《关于全面深化改革若干重大问题的决定》的重要内容之一是"建立兼顾国家、集体、个人的土地增值收益分配机制，合理提高个人收益""保障农民公平分享土地增值收益"。2023 年 3 月 16 日，习近平总书记在《求是》发表题为《加快建设农业强国　推进农业农村现代化》一文中进一步指出："要深化农村集体经营性建设用地入市试点，完善土地增值收益分配机制，增强改革系统性。"〔2〕那么，如何保障失地农民的合法

---

〔1〕　建设用地复垦为耕地，主要是指作为建设用地的农民的宅基地整合复垦的过程中，涉及建设用地指标交换所带来的收益中，实际上是在分享建设用地指标购买方的农用地转为城镇建设用地之后的增值收益。

〔2〕　习近平："加快建设农业强国　推进农业农村现代化"，载《求是》2023 年第 6 期。

利益不受损，以及如何解决通过集体土地被征收等路径带来的增值收益应如何分配等问题，就成为一个重要的现实问题和时代性命题。

第二节　农村集体土地增值收益分配制度变迁史略考

自新中国成立以来，我国农村土地制度可谓历经沧海桑田，从新中国初期的农村土改，到社会主义农村集体土地所有制的形成，再到农村集体土地实行家庭承包制，再到农村集体土地征收为国有后再有偿出让，一直到今天的农村集体经营性建设用地可直接入市交易。与此过程相伴而随的是一系列波澜壮阔、影响深远的巨大社会变革。在长期的农村集体土地制度建立、发展、受挫、改革的过程中，也内含着农村集体土地增值收益分配制度的变迁史。

一、改革开放前：农村集体土地增值收益分配路径之形成

当下学界讨论农村集体土地增值收益分配制度中存在的问题，一般多会批评该制度运作中的非市场化的国家垄断性及由此形成的异化"土地财政"问题，并且大都认为"土地财政"的制度根源在于1982年《宪法》所规定的城乡二元化土地权利制度。但历史考察表明，1982年《宪法》所规定的城乡二元化土地权利制度，并非立法者们一时兴起的擅断立法，而是经过了多次反复讨论与权衡后写入宪法的。[1]更为重要的是，1982年《宪法》第10条规定，[2]从立法层面看，实际是对新中国成立后逐步建立起来的社会主义土地国有制和集体所有制的二元化土地所有权制度的一种立法守成，并进而从国家根本大法即宪法层面首次明确确认而已。从立法背后所隐含的土地收益分配机制看，这也是对国家在土地收益分配制度机制中应当居于垄断性主导地位的一种最高法律位阶的确认。

（一）新中国成立初期农村土地与城市郊区土地权利变动与土地收益分配

新中国成立后的土地改革是新中国成立之前的土地改革的继续和发展，

---

〔1〕　程雪阳："'城市土地国有'是如何入宪的"，载程雪阳：《地权的秘密：土地改革深度观察》，上海三联书店2015年版。

〔2〕　1982年《宪法》第10条第1、2款规定：城市的土地属于国家所有。农村和城市郊区的土地，除由法律规定属于国家所有的以外，属于集体所有；宅基地和自留地、自留山，也属于集体所有。

但在土地改革目的上已经有很大不同。解放战争时期土地改革的主要目的是发动群众，推翻国民党反动统治，而新中国成立初期土地改革的主要目的则是为国家的工业化开辟道路。[1]为实现该目的，中央人民政府于 1950 年 6 月 28 日，颁行了专门适用于农村土地改革的《土地改革法》（已失效，下同）；同年 11 月，政务院又颁行了《城市郊区土地改革条例》（已失效，下同），专门适用于城市郊区的土地改革。

按照 1950 年《土地改革法》的规定，[2]经过农村土地改革，没收和征收的绝大部分农村土地，公平地分配给了无地少地的农民，同时也根据国家建设与发展需要，尤其是为了备用于交通、水利等基础设施建设，保留了小部分农村土地收归国有。

根据 1950 年《城市郊区土地改革条例》的规定，[3]经过城市郊区土地改革，没收和征收的城市郊区的农业用地、荒地以及房屋用地，一律属于国有土地，但将土地使用权分配给无地少地农民。

总之，经过新中国成立初期的土地改革，已基本形成了农村土地的农民所有与城市城郊土地的国家所有这种城乡二元化土地使用权配置结构，以及

---

〔1〕 白云涛："土地改革与中国的工业化"，载《北京党史》2002 年第 1 期。

〔2〕 1950 年《土地改革法》第 2 条规定："没收地主的土地、耕畜、农具、多余的粮食及其在农村多余的房屋。但地主的其他财产不予没收。"第 3 条规定："征收祠堂、庙宇、寺院、教堂、学校和团体在农村中的土地及其他公地。……"第 4 条第 2、3 款规定："地主兼营的工商业及其直接用于经营工商业的土地和财产，不得没收。……工商业家在农村中的土地和原由农民居住的房屋，应予征收。但其在农村中的其他财产和合法经营，应加保护，不得侵犯。"第 10 条规定："所有没收和征收得来的土地和其他生产资料，除本法规定收归国家所有者外，均由乡农民协会接收，统一地、公平合理地分配给无地少地及缺乏其他生产资料的贫苦农民所有。对地主亦分给同样的一份，使地主也能依靠自己的劳动维持生活，并在劳动中改造自己。"第 15 条规定："分配土地时，县以上人民政府得根据当地土地情况，酌量划出一部分土地收归国有，作为一县或数县范围内的农事试验场或国营示范农场之用。……"第 26 条规定："铁路、公路、河道两旁的护路、护堤土地及飞机场、海港、要塞等占用的土地，不得分配。"

〔3〕 1950 年《城市郊区土地改革条例》第 3 条规定："地主在城市郊区的土地、耕畜、农具、多余的粮食及其农村多余的房屋，照土地改革法第二条规定予以没收。……"第 4 条规定："祠堂、庙宇、寺院、教堂、学校和团体在城市郊区的农业土地和荒地，照土地改革法第三条规定予以征收。"第 5 条规定："工商业家在城市郊区的农业土地和荒地及原由农民居住的房屋，照土地改革法第四条规定予以征收。……"第 9 条规定，城市郊区所有没收和征收得来的农业土地，一律归国家所有，由市人民政府管理，连同国家在郊区所有的其他可分的农业土地，交由乡农民协会按照土地改革法第十一条及第十二条规定的原则，统一地、公平合理地分配给无地少地的农民耕种使用。……"

国有土地交由农民使用的所有权与使用权"两权分离"雏形，这种土地权利配置结构，在使新中国成立初期度过重重财经、工业发展难关的同时，[1]也无意间深刻地影响了未来中国特色社会主义土地权利制度的形塑。

新中国成立初期的土地改革，从 1950 年冬季开始，到 1953 年春季基本结束。这场史无前例的疾风暴雨式的土地改革，极大地激发了广大农民的生产积极性，促进了农业的大发展。[2]不过，这一时期农业用地的地权变动，主要通过没收、征收，再平均分配。而再分配的土地基本上保持农业用途不变，农业用地收益主要表现为农作物的产出，不属于本书所界定的那种土地增值收益。少量因征收的原因而涉及改变土地农业用途的，享有土地使用权的农民，也很难获得充分的补偿，如中央政务院于 1950 年 6 月颁行的第一个涉及公共利益征收的行政法规《铁路留用土地办法》（已失效），尽管其中第 6 条规定："铁路因建筑关系，原有土地不敷应用或有新设施需要土地时，由铁路局通过地方政府收买或征购之。"但并未规定收买或者征购的价格标准。不过，从国家财政收入来源的角度看，由于新中国成立初期，城市工商业尚未恢复，这一时期，国家相当大部分的财政收入是依靠农业产出支撑的，"1950 年的收入概算中，公粮收入仍占第一位，占全部收入的 4.1%"。[3]又由于新中国诞生于民国晚期的恶性通货膨胀的剧痛之中，在面对西方经济封锁致使经济基本面进一步恶化的情况下，新政府只能通过确立国家在土地收益分配制度机制中的垄断性主导地位，才能摆脱面临的经济危机，巩固新生的人民政权。[4]

（二）社会主义改造时期农村土地与城市郊区土地权利变动与土地收益分配

从历史发展看，农村土地集体所有形成于 1953 年年底至 1957 年的社会

---

[1] 温铁军等："土地改革与新中国主权货币的建立：建国初期'去依附'体制下的反危机经验研究"，载《政治经济学评论》2019 年第 4 期。

[2] 据统计，1952 年底农业总产值比 1949 年增长了 48.5%，三年中农业总产值的递增率均在 14%以上，其中粮食总产量超过新中国成立前最高年度产量的 11.3%，棉花总产量超过 53.6%。参见白云涛："土地改革与中国的工业化"，载《北京党史》2002 年第 1 期；张璐璐："土改后农村经济结构的变化——以广东省 12 个乡富裕中农收入为例"，载《农业考古》2019 年第 4 期。

[3] 薄一波："关于一九五〇年度全国财政收支概算草案的编成报告——一九四九年十二月二日在中央人民政府委员会第四次会议上"，载《广东省人民政府公报》1950 年第 1 期。

[4] 参见温铁军等："土地改革与新中国主权货币的建立：建国初期'去依附'体制下的反危机经验研究"，载《政治经济学评论》2019 年第 4 期。

主义改造时期，这一时期大致经历了互助组、初级社和高级社三个阶段。"在现实发展过程中，由于地区差异或发展的不平衡性，这三个阶段并没有明确的时间划分。"[1]与这三个阶段相适应，农村土地在权利变动、土地利用以及土地直接农业产出收益分配上，也呈现出不同的特点与内容。在互助组阶段，农村土地是农民所有、农民私人经营，在收益分配上，交公粮外的剩余归农民私人；在初级社阶段，农村土地农民所有，土地入股、合作经营，在收益分配上，交公粮外的剩余，按股分红、按劳分配；在高级社阶段，农村土地归合作社集体所有，统一经营，交公粮外的剩余，按劳分配。经过这样的社会主义改造后，农村的土地，尤其是农业用地，基本上都属于不同的以高级合作社为组织形式的农村集体所有。

关于城市郊区的土地所有权归属问题，尽管在土地改革时期的《城市郊区土地改革条例》中规定城市郊区没收、征收的土地归国家所有，可分配给无地少地的农民耕种，但是毕竟这部分属于国家所有的城市郊区的土地数量有限。因国家各项建设需要，也必然会占用部分城市郊区土地。从有关资料看，这一时期，尽管城市化进程比较慢，但是工业化进程却较快，[2]这样的发展过程，必然会使部分越来越多的农村集体所有土地，在区位上逐渐成为城市郊区的土地，但在土地所有权上却归属于农村集体。由此，在我国土地所有权的空间配置结构上，就已经大致形成了1982年《宪法》第10条规定的农村和城市郊区的土地，绝大部分土地属于集体所有而极少数土地属于国家所有的格局。

在社会主义改造时期，国家的工业发展取得极大成就，但在土改时期，国家留作备用的国有土地数量十分有限，要发展工业，必然涉及对农村土地征收的问题，随着农业用地依法转为非农用地的现象不断发生，也就出现了本书所界定的"农村集体土地增值"问题以及对该增值如何进行分配的问题。

中央人民政府政务院于1953年12月发布的《国家建设征用土地办法》（已失效，下同），可以说是新中国成立后土地改革基本完成之时，第一部关于国家建设需要征用农村土地、城市郊区国有土地和市区内土地所应当遵守的行政法规。《国家建设征用土地办法》除了规定征用土地所应当遵守的程序

---

〔1〕　祝之舟：《农村集体土地统一经营法律制度研究》，中国政法大学出版社2014年版，第29页。

〔2〕　1952年、1962年、1968年的工业化率分别为17.6%、28.3%、28.5%，而同时期的城市化率分别是12.5%、17.3%、17.6%。参见华生：《城市化转型与土地陷阱》，东方出版社2013年版，第91页。

外，还明确规定了对不同权属土地以及地上物征用时的补偿标准，对被征用人的安置方式等。〔1〕从这些规定可以看出，这时所确定的对农村土地征用补偿费的计算标准，已经采用一定年限的耕地年农产值总额为标准，即最近三年至五年产量的总值。对土地地上物的补偿标准的确定，体现了包含土地权利主体在内的民主性程序和对公平合理补偿的要求。但也不难看出，无论是征用农村土地，还是农村土地的地上物，按照 1953 年《国家建设征用土地办法》的规定标准所进行的补偿，在具体利益而不是在抽象利益分享上，被征用者是没有具体分享到农村土地被征用后用于国家建设所增值的利益的。

值得注意的是，1954 年《宪法》第 13 条关于城乡土地征收征用，明确规定"国家为了公共利益的需要，可以依照法律规定的条件，对城乡土地和其他生产资料实行征购、征用或者收归国有"。之所以该条将征收、征用的目的明确限定为"公共利益"，是因为这一时期的《土地改革法》（1950 年）第 30 条规定了一切土地所有者自由经营、买卖及出租其土地的权利，并且从当时的社会现实看，土地的非公共利益的利用情况，可以通过私人间的土地交易来实现，并不需要借助于征收方式。由此也可以解释为什么后来的 1975 年和 1978 年《宪法》第 6 条都没有规定征收征用的"公共利益"目的限制，而在农村集体土地实行家庭承包经营后的 1982 年《宪法》第 10 条又对征用土地的目的作出了"公共利益"的目的限制。

1958 年 1 月，为适应国家建设的需要，国务院对 1953 年《国家建设征用土地办法》（以下简称《办法》）进行了修订。修订后的《办法》在强调国家建设征用土地，必须贯彻节约用地原则的同时，也对征用土地的补偿费标准进行了修改，如《办法》第 7 条的规定，〔2〕但修订后的征用土地的补偿费

---

〔1〕 如 1953 年《办法》第 8 条第 1 款规定："被征用土地的补偿费，在农村中应由当地人民政府会同用地单位、农民协会及土地原所有人（或原使用人）或由原所有人（或原使用人）推出之代表评议商定之。一般土地以其最近三年至五年产量的总值为标准，特殊土地得酌情变通处理之。如另有公地可以调剂，亦须发给被调剂土地的农民以迁移补助费。"第 2 款规定："对被征用土地上的房屋、水井、树木等附着物及种植的农作物，均应根据当地人民政府、用地单位、农民协会及土地原所有人和原使用人（或原所有人和原使用人推出之代表）会同勘定之现状，按公平合理的代价予以补偿。"

〔2〕 1953 年《办法》第 7 条规定："征用土地，应该尽量用国有、公有土地调剂，无法调剂的或者调剂后对被征用土地者的生产、生活有影响的，应该发给补偿费或者补助费。征用土地的补偿费，由当地人民委员会会同用地单位和被征用土地者共同评定。对于一般土地，以它最近二年至四年的定产量的总值为标准；……"

标准，仍然是以一定年限的亩产值总额为准。

从这一时期的土地征收征用实践看，有关制度所规定的征用土地补偿费问题，并没有得到很好的落实。从中央的态度看，对于社会各项建设事业发展需要占用市郊土地的，不必再支付土地补偿费的实践做法，也持有予以支持的立场。[1]中央的这种态度，在一定程度上助长了20世纪50年代中期的一轮"圈地热"。[2]

（三）人民公社至1978年改革开放时期农村集体土地产权变动与土地非农收益分配

以1958年3月20日，中共中央下发的《关于把小型的农业合作社适当地合并为大社的意见》为标志，广大农村地区相继进入人民公社化阶段。人民公社化运动冲破了集体所有、集体统一经营、交公粮外的剩余按劳分配的土地制度，极端化地走向"一大二公""政社合一""平均分配"的所谓"共产主义"大锅饭的道路。

这一时期，原本已有权利归属的农村集体土地，可以在公社甚至全县范围内任意调用，极大地冲击了业已形成的有效的农村土地所有权与使用权的秩序。这种严重脱离农村社会实际并违背土地权利与收益分配秩序的做法，极大地挫伤了农民生产的积极性。自1961年春以后，中央领导人开始认识到农村工作所存在的错误，并开始着手纠正。在毛泽东主席看来，"这几年错误的发生，直接源于思想方法上的主观主义和片面性，调查工作不做了，只凭想象估计办事。1961年1月，在中央工作会议的最后一天，毛泽东做了题为《大兴调查研究之风》的讲话，号召全党一切从实际出发，要求1961年成为实事求是年，调查研究年"。[3]1961年党中央制定了《农村人民公社工作条例（草案）》（以下简称《农业六十条》，已失效，下同），其中规定，"土地可以确定为生产队所有，也可以归大队所有，固定给生产队长期使用"。1962年9月颁布的《农村人民公社工作条例（修正草案）》（以下简称《人民公

---

〔1〕　如1954年中央对地方"以土地换取建设资金"的做法作出批复，"凡国营企业、机关、部队、学校等，占用市郊土地，不必采取征收土地使用费或租金办法。"这一批复意味着：为了发展城市和工业，对城市和工业占用的、能够产生高收益的土地所有权，几乎可以无偿收归政府，中央对这一做法是持有支持的立场和态度。

〔2〕　董筱丹等："中国特色之工业化与中国经验"，载《中国人民大学学报》2011年第1期。

〔3〕　水延凯主编：《中国社会调查简史》，中国人民大学出版社2017年版，第319页。

社六十条》，已失效，下同），明确了以生产队为基础的土地所有制，规定"生产队范围内的土地，都归生产队所有。生产队所有的土地，包括社员的自留地、自留山、宅基地等等，一律不准出租和买卖。生产队所有的土地，不经县级以上人民委员会的审查和批准，任何单位和个人都不得占用"。至此，形成了一直延续到1985年才终结的农村土地的"人民公社—生产大队—生产队"三级集体所有的制度体系。[1]关于人民公社集体经济以生产队所有制为基础，是经过20世纪60年代初大规模调查研究，[2]制定《人民公社六十条》时反复研究确定下来的。

这一时期，尽管存在公社甚至全县范围内任意调用农村集体土地的现象，但在涉及国家工矿企业发展而征收、征用农村集体土地时，农民、农村集体已经开始通过多要土地补偿费、安置费，或者要求企业为集体成员安排正式工作、"农"转"非"、扶持农村集体开办企业等方式，主张自己的权利。对此，参与1982年《宪法》研究起草的中央领导们，在讨论宪法如何规定有关农村土地所有权归属问题时，所提到的诸多已经发生的事实，即可佐证改革开放前农村集体土地增值收益分配中，实际上已经存在诸多非制度性安排。如在1982年3月12日分组讨论中，国家科委时任主任方毅说："国家企业、事业要发展，要用地，而土地有限，郊区和农村土地归集体所有，变成了他们向国家敲竹杠、发洋财的手段。一亩地索要上万元，靠卖地生产队可以安排社员一辈子、三辈子都过好日子，不需劳动了。草案虽然规定'任何单位和个人不得买卖'，他可以变相卖地，提出交换条件，如给他办工厂，招收农民当工人，包养到死。矛盾发展到武斗，你盖他就拆。科学院盖房用地，付了三次钱，国家财政开支成了无底洞。现在国家盖房要比登天还难，而农民自己盖房，却大量占用好地。"[3]同年4月15日，在宪法修改委员会第三次全体会议上，胡子樱说："国家挖矿藏，都在草地下面，胜利油田、迁安铁矿，

---

〔1〕 宋志红：《中国农村土地制度改革研究：思路、难点与制度建设》，中国人民大学出版社2017年版，第46页。

〔2〕 围绕着《农业十六条》而展开的调查研究，在共和国历史上，是规模空前的，是一次全党性的、比较深入的大调查。参见水延凯主编：《中国社会调查简史》，中国人民大学出版社2017年版，第320页。

〔3〕 程雪阳："'城市土地国有'是如何入宪的"，载程雪阳：《地权的秘密：土地改革深度观察》，上海三联书店2015年版。

挖掉一棵树就要给农民 1000 元。还不行，还要求把他们全部老少都包养到老。胜利油田给农民盖了房子，安了电灯，每年还闹个没完。"〔1〕这种现象在这一时期已非个案，而是具有相当的普遍性。这表明，在涉及与农村土地有关的非农性利用、开发建设过程中，尽管当时包括农民在内的各界人士，对土地非农利用增值问题的认识还不甚清楚，但是出于一种朴素的本能性反应，农民对农村土地在涉及非农利用过程中的增值收益，意图通过各种方式要求参与分享的愿望和权利主张，已经相当强烈。这一现象发生的普遍性，意味着农民开始主张自己在农村集体土地上的非农利用增值收益分配中的分享权。事实是，当时的国营企业尽管面临着各种巨大压力，但还是在不同程度上尽量满足被征地农民因失去土地而主张的多种权利诉求。从当时国家以及农村集体的发展背景看，将"企业为集体成员安排正式工作、'农'转'非'、扶持农村集体开办企业等方式"定性为这个时期农民参与农村集体土地增值收益分配的一种主要路径，应当说具有一定的现实合理性。

从后来乃至当今各地农村集体发展的情况看，这一时期，全国很多农村集体利用集体土地创办社队企业的做法，应属于农民、农村集体内生性地发展出可直接获取农村集体土地增值收益的另一种更为有效的路径。现在看来，这个时期有一件不容忽视的具有历史意义的事件，即 1975 年 9 月 15 日在山西省昔阳县召开的全国性农业学大寨会议上，邓小平在开幕式上作了报告。这次会议，对改变农村只应发展农业生产的观念起到了解放思想的作用，由此也掀起了农村集体发展创办、发展社队企业这一运动的高潮。1975 年 9 月，就农村政策问题，中央在北京专门召开了一个月农村工作座谈会。在此期间，毛泽东于 9 月 27 日对支持发展社队企业的三份材料给邓小平写了批语："请考虑，此三件（两封信及一篇报道）可否印发在京各中央同志。"〔2〕邓小平按照毛泽东的批示，将两封信和一篇报道一起作为中共中央农村工作座谈会

---

〔1〕　程雪阳："'城市土地国有'是如何入宪的"，载程雪阳：《地权的秘密：土地改革深度观察》，上海三联书店 2015 年版。

〔2〕　毛泽东批给邓小平的三件材料是：1975 年 9 月 5 日，浙江省永康县（今永康市）银行干部周长庚要求支持发展社队企业给毛泽东、中共中央的信和随信附上的 1974 年 12 月 28 日《华国锋同志给湖南省委的一封信》和《河南日报》1974 年 12 月 15 日以《光明灿烂的希望》为题发表的《河南省巩县回郭镇公社围绕农业办工业、办好工业促农业》的调查报告。参见程中原：《转折年代：邓小平在 1975—1982》，当代中国出版社 2014 年版，第 76 页。

的文件印发。参加座谈会的部门和地方负责人都支持发展社队工业。在座谈会期间，10 月 11 日，《人民日报》头版通栏转载了《光明灿烂的希望》一文，转载时在原标题上加了"伟大的"三字，同时发表评论《满腔热情地办好社队企业》；[1]10 月 17 日，《人民日报》又以《希望就在这里——全国农业学大寨会议讨论发展社队企业、壮大集体经济的问题》为题发表"记者述评"，肯定社队企业"这一具有强大生命力的社会主义新事物，为我国农村的社会主义革命和社会主义建设开辟了广阔的道路"。[2]

实践证明，全国很多农村集体利用集体土地创办和发展社队企业，在大大促进农业生产发展的同时，也使得农村集体有了一定的集体资产的积累，为后续农村集体发展工商业积累起第一桶金。如广东省南海县（今佛山市南海区）西樵公社，早在 1958 年大跃进时期就办起了社队企业。到 1975 年止，公社办的企业有 8 个，大队办的企业有 182 个，社队企业总人数达 4194 人，年产值达 880 万元，占全公社三级总收入的 40% 左右，比经营体制改革前的 1970 年增长 2.6 倍。[3]江苏省 1978 年底社队工厂已有 7.5 万多个。务工人员 325 万人，占农村劳动力总数的 13%。每个劳动力的产值平均达 2180 元，社队工业总产值达到 63 亿元，占全省工业总产值的 17.3%，占农村农副工业总产值的 38.7%。[4] 山东威海市羊亭公社 1970 年就有 6 个社办企业，年产值达到了 40 万元。从 1973 年到 1975 年，全市办起了公社企业 41 处，加上原有的，共有 58 处，全年总产值达到 500 万元。通过走产品扩散的路子，使 45 个大队办起了工业。[5]截至 1979 年底，全国大队办企业 116 万个，经过调整后减少了 4.4 万个，平均每个大队 1.7 个，82% 的大队办了企业。但是各地发展并不平衡，全国社队企业总收入 1 亿元以上县 73 个，最高的江苏无锡县（今无

---

[1] 程中原：《转折年代：邓小平在 1975—1982》，当代中国出版社 2014 年版，第 77 页。

[2] "希望就在这里——全国农业学大寨会议讨论发展社队企业、壮大集体经济的问题"，载《甘肃农业科技》1975 年第 S1 期。

[3] 厦门大学经济研究所调查组："把社队企业逐步纳入国家计划的轨道——广东南海县西樵公社加强社队企业管理的调查"，载《中国经济问题》1976 年第 1 期。

[4] 宋博凯："江苏省的社队工业为什么发展较快？"载《经济管理》1980 年第 11 期。

[5] 于文一："坚决贯彻'以农业为基础、以工业为主导'的总方针"，载《文史哲》1976 年第 1 期。

锡市）为 51 亿元，江阴县（今江阴市）45 亿元，100 万元以上的大队 898 个。[1]这一时期的诸多史料显示，从人民公社至 1978 年改革开放这一时期，全国很多农村集体，面对农业生产发展以及农村经济发展中遇到的种种现实性难题，如化肥农药短缺、大型水利工程建设、农业机械短缺及其维修、村集体资金短缺人多地少等问题，并没有坐、等、要，而是立足于服务农业发展，利用农村集体的土地资源，广开门路，采用多种形式，通过创办社队企业，寻求农村集体经济在工业发展上的新突破，实现了农村集体资产最初的资本原始积累，也无意中开辟出了一条农村集体土地增值收益分配机制中所蕴含的中国特色的农民、农村集体参与分配的独特路径。

　　总之，从新中国成立到改革开放前这一时期，农村土地权利配置制度历经多次变迁，其主要目的在于通过不断调整农村生产关系，调动起农民生产积极性、发展农业生产，最终服务于新中国的工业化。为了实现这一目的，在主要农产品的产供销上，建立起了统购统销体制，在财税体制上，实行"全国财政一本账、统收统支"，并且财税金融"不分家"。在这种体制下，几乎能汲取到的剩余都可以通过财政预算被配置到国家最需要的部门和建设中去。[2]国家在农村集体土地增值收益分配机制中必然居于绝对主导地位，不存在例外。不过，社队企业的逐渐兴起和发展，尤其在受到一定国家政策支持的情况下，为农村集体找到了农村土地除了发展农业生产之外，还可以通过发展工业进而获得远远高于农业用途收益的新路子。由此，与这一时期的农村集体土地征收征用制度共同形成并奠定了改革开放后农村集体土地增值收益分配机制的雏形和制度基础。

二、改革开放后：农村集体土地增值收益分配机制之变革发展

　　1978 年是新中国成立后具有伟大历史转折的里程碑意义的一年，该年 12 月份召开的中共十一届三中全会，以及之后的历史发展事实证明，这是一次历史意义重大且影响深远的会议。就农村集体土地增值收益分配机制而言，在一定程度上沿袭了改革开放之前的制度与实践的同时，又有了新的重大变

---

[1]　参见"1979 年全国社队企业发展情况"，载《农业经济丛刊》1980 年第 5 期。

[2]　杨帅、温铁军："经济波动、财税体制变迁与土地资源资本化分析——对中国改革开放以来'三次圈地'相关问题的实证分析"，载《管理世界》2010 年第 4 期。

革与发展。

（一）改革开放至 20 世纪 90 年代末农村集体土地增值收益分配机制的发展

1. 社队企业用地与土地征收：农村集体土地增值收益分配机制中两条分
   配路径的分野

中共中央十一届三中全会通过了《关于加快农业发展若干问题的决定》
（以下简称《决定》），该《决定》是一个对后来农村发展影响深远的文件，
明确提出了当前发展农业生产一系列重要的政策措施和经济措施。[1]这些决
定表明，从中央层面已经认识到并开始重视通过法律保护农村集体土地所有
权和自主经营权的重要性。因此，有学者认为该《决定》"为中国农村的改革
奠定了重要的政策基础"。[2]在农村集体土地制度改革方面，1980 年 9 月 27
日，中共中央印发了《〈关于进一步加强和完善农业生产责任制的几个问题〉
的通知》（中发〔1980〕75 号）。此后，农村集体土地联产承包责任制在全国
普遍推开，农村集体土地在权利配置及其行使上打破了已经实行了 20 多年的
"集体所有——集体统一经营——按劳分配"的管制型土地权利制度，开始步
入"集体土地所有权——土地承包经营权"两权分离的历史性新阶段。

在上述政策背景下，改革开放初期的几年，出现了两个涉及农村集体土
地增值收益分配机制的重要发展趋势：一是停滞多年的城市化开始起步，产
生了对城市建设用地的巨大需求；二是自 20 世纪 70 年代就在若干沿海地区
出现的社队企业，在农村集体土地实行家庭承包经营制度后，蓬勃发展起来，
由此产生了农用地转非农用地的大量需求。[3]

为适应和规范土地征收和社队企业用地问题，国务院于 1982 年 2 月 13 日
颁行《村镇建房用地管理条例》（已失效，下同），并于同年 5 月 14 日颁行
《国家建设征用土地条例》（已失效，下同），对社队企业用地和国家建设征
用土地补偿问题进行了规定。[4]根据《村镇建房用地管理条例》，农村集体

---

〔1〕 如提出"人民公社、生产大队和生产队的所有权和自主权必须得到国家法律的切实保护，
不允许无偿调用和占有生产队的劳力、资金、产品和物资""社队企业要有一个大发展，国家实行低
税或免税政策"等。

〔2〕 程中原：《转折年代：邓小平在 1975—1982》，当代中国出版社 2014 年版，第 255 页。

〔3〕 华生：《城市化转型与土地陷阱》，东方出版社 2013 年版，第 90 页。

〔4〕 如《村镇建房用地管理条例》第 16 条第 1 款规定，农村社队企业、事业单位申请建设用
地，经社员代表大会讨论通过后，报县级以上人民政府批准。

要创办或者进一步发展社队企业，涉及农业用地转非农用途，县级人民政府即享有一定的审批权。该规定为以沿海地区社队企业为代表的农村集体企业的蓬勃发展，进而使相当一部分农村集体通过这种方式，获得更多土地增值收益，创造出很大的政策便利，也使得这部分农村集体经济优先发展起来，这些农村集体成员也优先富裕起来。同时，以 20 世纪 90 年代中期为分界，从改革开放到 20 世纪 90 年代中期的 15 年左右的时间内，在财税体制上，国家实行的是财政承包制，"财政承包，其具体思路就是中央对省级财政、省级财政对下面各级财政单位的财政收入和支出进行包干，地方增收的部分可以按一定比例留下自用，但对收入下降导致的收不抵支则减少补助或者甚至不予补助"。[1]在这样的财政包干制下，各地"因地制宜"探索适合本地实际的经济发展模式。这一时期的《宪法》及有关土地的规定，都禁止土地买卖、出租、入股等直接市场交易行为，但却为农村集体利用集体土地发展工业提供了相当大的政策与制度空间。所谓的"广东模式""浙江模式""苏南模式"应运而生，由此创造出了农村集体可直接享有的土地增值收益的中国化地方性道路。

反观《国家建设征用土地条例》中有关征用补偿安置的规定，尽管与之前的补偿标准相比较，有了一定提高，[2]但即使按该《国家建设征用土地条例》第 10 条规定的最高标准补偿，由于土地补偿费和安置补助费的总额也仅仅是被征土地的年产值的 20 倍，而被征地农民失去的却是永久的土地权利。从这个意义上看，这 20 倍年产值的补偿标准，也不过仅仅相当于是对农民将会失去的土地的 20 年农业用途收益值的一个等价补偿，在这样的补偿标准中，不含有任何使农民分享土地增值收益的成分。

这样看来，这一时期已经形成了农村集体土地增值收益分配机制中两条分配路径的分野：一条是农民和农村集体可直接分享农村集体土地增值收益的大力发展社队企业的路径；另一条是农民和农村集体基本分享不到农村集体土地增值收益的土地征收路径。

上述农村集体土地增值收益分配机制中两条分配路径的分野，在 1986 年

---

〔1〕　王鸿铭："改革开放以来中央与地方关系互动对基层政权的影响——以 80 年代以来财税体制改革为例"，载《社会科学家》2017 年第 6 期。

〔2〕《国家建设征用土地条例》第 9 条第 2 款第 1 项规定，征用耕地（包括菜地）的补偿标准，为该耕地年产值的三至六倍；1953 年《国家建设征用土地办法》第 8 条第 1 款规定，被征用土地的补偿费，一般土地以其最近三年至五年产量的总值为标准。

6月颁行的《土地管理法》中得以沿承。值得关注的是，有关农村集体发展乡（镇）村企业的建设用地问题，《土地管理法》仍然沿袭了《村镇建房用地管理条例》中的有关规定，县级人民政府享有一定的审批权，这种授权一直延续到1998年修订的《土地管理法》，因修订后的《土地管理法》第44条规定的"涉及农用地转为建设用地的，由省、自治区、直辖市人民政府批准"，才得以改变。今天众多农村集体资产动辄以亿计的村集体，大都是抓住了这10多年农村土地非农利用管理上的宽松政策和法律所创造出的机遇，激发出巨大的创业智慧，从而赢得了农村集体企业的大发展，实现了农村集体土地巨大的内生性增值。

当然，就土地征收这条增值路径而言，1986年《土地管理法》大幅度提高了土地征收补偿标准，[1]但这一标准的提高，仍很难说农村集体土地征收补偿机制中农民和农村集体获得了应分享的增值收益，因为相对于农民永久失去土地耕种的权利而言，即使是对农民的土地补偿与安置费总额达到30倍，这个补偿额也仅仅只是相当于农民永久耕种土地所获收益的一部分，而非全部，更遑论农民分享到土地增值收益了。不过，大致从改革开放至上世纪90年代初，由于土地市场尚未正式放开，土地征收征用为国有后，全部用于包括全民所有制企业发展在内的国家各项建设事业，主要实行的是"谁占用，谁支付补偿费"原则，这样一种土地征收征用制度的运作，土地潜在的非农利用增值，实际上就在无形之中被国家汲取了。

2. 国有土地有偿使用：开启政府垄断土地征收中增值收益的新模式

在土地增值收益分配机制不断发展变迁的历史发展进程中，经国务院批准，深圳市于1987年12月1日首次公开拍卖一宗开发土地的50年使用权，这件被誉为"新中国土地第一拍"的土地使用权公开拍卖事件，开启了新中国土地资本化的探索之旅，也开启了地方政府为解决各项事业发展所亟须的资金严重短缺问题而在土地之上大做文章的"土地财政"之路径。

"新中国土地第一拍"事件，直接迅速地促成了1988年《宪法》和《土

---

[1] 1986年《土地管理法》第29条规定："依照本法第二十七条、第二十八条的规定支付土地补偿费和安置补助费，尚不能使需要安置的农民保持原有生活水平的，经省、自治区、直辖市人民政府批准，可以增加安置补助费。但是，土地补偿费和安置补助费的总和不得超过土地被征用前三年平均年产值的二十倍。"

地管理法》同时修改。《宪法修正案》将原来宪法中禁止出租土地的"出租"二字删去，并规定："土地的使用权可以依照法律的规定转让。"《土地管理法修正案》第2条第2款规定了"国有土地和集体所有的土地的使用权可以依法转让。土地使用权转让的具体办法，由国务院另行规定"。[1]第2条第5款又规定"国家依法实行国有土地有偿使用制度。国有土地有偿使用的具体办法，由国务院另行规定"。1990年5月19日，国务院颁行《城镇国有土地使用权出让和转让暂行条例》，其第2条规定，"国家按照所有权与使用权分离的原则，实行城镇国有土地使用权出让、转让制度"。第50条规定："依照本条例收取的土地使用权出让金列入财政预算，作为专项基金管理，主要用于城市建设和土地开发。具体使用管理办法，由财政部另行制定。"由此开启了地方政府"土地财政"的制度模式，也引发了一波发生于20世纪90年代初期的房地产开发狂热和乡镇企业随意将农村集体耕地转为非农建设用地的乱占耕地现象。

不过，尽管《宪法》《土地管理法》等法律法规已经打开了国有土地使用权可有偿转让的禁区，但囿于各种思想禁锢，尚未消除相关制度的不配套、不衔接等问题，以至于到20世纪90年代末土地拍卖市场进展依旧异常缓慢，1995年、1996年深圳还一度终止了土地拍卖。1999年之前，深圳90%的土地实行的是非市场价格的协议出让。[2]但即使是采用协议出让，地方政府通过对农村集体土地征收再出让的方式，依然获取了巨大的财政收入。尤其是对那些当地乡镇企业不发达的地区，土地征收后再有偿出让的增值路径，已成为地方政府财政收入主要来源。"'土地、财政、金融'，基层政府在90年代末期以后逐渐形成了'土地财政'模式，基层政府依靠土地出让金聚集起政府财政，取得土地的企业通过土地商服和住宅用途的开发，获得自身的利益，基层政府利用对地方金融机构的政府影响力来避免企业的损失，地方金融机

---

〔1〕 关于1988年《土地管理法》第2条第2款规定，结合此后几十年的立法实践，该规定是饶有趣味的一项规定，因为根据该规定，国有土地使用权与集体土地使用权都可以依法转让，但具体转让办法又授权给国务院制定，问题就在于国务院很快就制定出了国有土地使用权转让办法，而集体土地使用权转发办法却至今未曾出台，这就意味着尽管法律规定集体土地使用权可以转让，但政府却不开通转让通道。

〔2〕 据《1997年深圳房地产年鉴》，截至1996年底，深圳市国土部门共签订出让的3615宗土地中，协议出让占到75%，招标只占3.3%，拍卖仅占0.7%。

构则通过提供金融服务获取一定的金融利润，地方政府再通过城市扩张'经营城市'以获取更多的土地增值收益，如此循环，这样'土地财政'发展模式进一步刺激了全国各地房地产热的高企和土地征收出让的热潮……"[1]

3. 宅基地建高楼：农民个体在土地增值收益分配机制中的顺势而为

在城乡二元土地制度体系下，农村宅基地使用权制度，原本是一种专门用来解决农民家庭居住问题的福利制度。但在改革开放后迅速兴起的城市化和工业化发展过程中，一方面，政府受制于搬迁村庄的成本太高，[2]往往会倾向于绕开村落而选择农村集体的耕地予以征收后再进行土地开发利用；另一方面，基于农村集体的"征地不征村"诉求[3]而保留了村落住宅用地。

这一时期，无论是在国家层面的立法，还是在地方层面的立法，由于土地管理的重点是禁止农民乱占耕地建房，[4]但对于农民一旦依法申请到宅基地之后，如何建房的问题，建多高的房屋，长期以来并未提上立法日程。但是，伴随着城市发展和工商业发展所吸引的大量农村人口流向城市而产生的对廉租房的大量需求，在城市政府因种种原因又难以承担起解决这种外来人口居住问题的现实情况下，农村宅基地使用权制度为城中村的农民利用宅基地建造大量的高层廉租房提供了制度空间，"城中村"中的廉租房经济应运而生。"对于城中村的农民来说，在宅基地上建高层住宅楼，不仅不需要太高的成本，而且经营管理相对简单，此外通过出租房屋收取固定的租金，也不需要有太高的学历和文化。"[5]

总之，法律规定的土地征收制度，在这样一种市场导向的实践操作中，经过十几年的发展，"城中村"已经普遍成为全国各个城市规划区内一种独特的"景观"。宅基地使用权制度，也内生性地自发演变成为一种农民个体直接

---

〔1〕 王鸿铭："改革开放以来中央与地方关系互动对基层政权的影响——以 80 年代以来财税体制改革为例"，载《社会科学家》2017 年第 6 期。

〔2〕 刘社欣："广州市'城中村'问题的现状特点与对策思考"，载《华南理工大学学报（社会科学版）》2002 年第 3 期。

〔3〕 蓝宇蕴、张汝立："城中村成因的探析——以广州市石牌村为例的研究"，载《中国农村经济》2005 年第 11 期。

〔4〕 如中共中央、国务院于 1986 年 3 月发布《关于加强土地管理、制止乱占耕地的紧急通知》，1997 年又发布《关于进一步加强土地管理切实保护耕地的通知》。

〔5〕 蓝宇蕴、张汝立："城中村成因的探析——以广州市石牌村为例的研究"，载《中国农村经济》2005 年第 11 期。

参与分享农村集体土地增值收益的一种实用、便捷且有效的制度路径。

(二) 农村集体土地增值收益分配机制的新发展：政府的绝对话语权与决定权

1. 1998 年《土地管理法》对政府在土地一级市场中"双重垄断"地位的确立

在农村集体土地增值收益分配制度机制变迁的历史发展中，1998 年 7 月 3 日国务院发布的《关于进一步深化城镇住房制度改革加快住房建设的通知》与 1998 年 8 月 29 日修订的《土地管理法》，重新塑造了 20 世纪末以来农村集体土地增值收益分配格局的重大制度变革。

尽管国务院为深化城镇住房制度改革，促进住房商品化和住房建设的发展，早在 1994 年 7 月 18 日国务院就发布了《关于深化城镇住房制度改革的决定》，但是该决定实施后，其主要意义在于稳步推进了公有住房向城镇职工出售并逐步完成了住房私有化的制度改革，标志着我国住房市场化制度改革的确立。但是一直到 20 世纪末，由于公有住房私有化解决了绝大部分城镇职工的住房问题，商品房并未成为市场的主流，仅限于少数高收入群体范围。但即使这样，土地的市场化已经在一定范围内掀起了中国住房市场的巨大波澜，在房地产开发中，土地的巨大增值已经成为众多主体争相角逐的炙手可热的对象。

在现代城市化发展的过程中，房地产开发蕴含着巨量的经济利益和土地增值收益。这一经验事实，早已为各发达国家和地区的房地产开发市场所证明。问题就在于如何通过一定的土地制度和房地产制度，确保政府获得大部分增值收益。

肇始于 20 世纪末的这场农村集体土地增值收益分配机制变革中，如果说《关于进一步深化城镇住房制度改革加快住房建设的通知》，真正确立起了商品房在居住房屋市场中的主导地位，[1] 那么 1998 年《土地管理法》的修正，

---

〔1〕　按照 1998 年国务院《关于进一步深化城镇住房制度改革加快住房建设的通知》的规定，1998 年下半年开始停止住房实物分配，逐步实行住房分配货币化。对不同收入家庭实行不同的住房供应政策，最低收入家庭租赁由政府或单位提供的廉租住房；中低收入家庭购买经济适用住房；其他收入高的家庭购买、租赁市场价商品住房。住房供应政策具体办法，由市（县）人民政府制定。但住房实践发展证明，1998 年以来，市县人民政府为了最大化"土地财政"，在经济适用房和廉租房的建设上，往往并不会积极作为，而在商品房开发建设上，却往往不遗余力，因此住房商品市场的发展，在各个城市中此起彼伏，一片繁荣。

则使得商品房在居住房屋市场中的主导地位变为社会现实，并最大限度地促进了土地增值，进而为确保政府最大限度地汲取土地增值收益，提供了重要的制度支撑。

1998年《土地管理法》修订的主要原因是改变改革开放以来我国耕地总量不断减少的势头，纠正1986年颁行的《土地管理法》在保护耕地方面存在的诸多制度缺陷。[1]为此，1998年《土地管理法》把"十分珍惜、合理利用土地和切实保护耕地"明确规定为基本国策。同时，紧紧围绕这个基本国策，《土地管理法》的修正案构建起了至今仍然深刻影响着农村集体土地增值收益分配机制的法律格局的几个主要制度：（1）耕地占补平衡制度，明确规定各地政府必须采取措施，确保本行政区域内耕地总量不减少；（2）土地用途管制制度，变过去的分级限额审批用地制度为土地用途管制制度；（3）改革土地征用制度，进一步提高土地征收补偿安置标准；（4）农地转用审批制度，严格限制农用地转为建设用地，控制建设用地总量；（5）调整中央与地方政府之间的国有土地有偿使用费的分配比例；[2]（6）强化从国务院到地方政府的土地行政主管部门的土地执法监察。

1998年《土地管理法》确立起的上述主要制度在现实社会的运作过程中，慢慢显示出代表国家行使国有土地使用权的县级以上人民政府在土地开发权及土地增值收益分配机制中的绝对话语权和决定权。尤其是在强化土地用途管制和规划管理这种新的土地管理指导思想下，随着房地产的全面市场化，1998年《土地管理法》第43条的规定[3]，在具体实施中，充满了各方主体在土地增值收益分配机制中的博弈和玄机。其中，国家征收作为土地进入一级市场的唯一合法途径得以确立，"地方政府在整个土地一级开发过程中

---

〔1〕 毛东林："为了我们的生命线——《土地管理法》修改评述"，载《中国农村科技》1999年第3期。

〔2〕 1998年《土地管理法》第55条第2款规定："自本法施行之日，新增建设用地的土地有偿使用费，百分之三十上缴中央财政，百分之七十留给有关地方人民政府，都专项用于耕地开发。"

〔3〕 1998年《土地管理法》第43条第1款规定："任何单位和个人进行建设，需要使用土地的，必须依法申请使用国有土地；但是，兴办乡镇企业和村民建设住宅经依法批准使用本集体经济组织农民集体所有的土地的，或者乡（镇）村公共设施和公益事业建设经依法批准使用农民集体所有的土地的除外。"

同时具有买方垄断和卖方垄断的双重垄断地位"。[1]根据制度规定，土地使用费成为地方预算外收入的重要来源，由此诱发了土地财政的膨胀性发展，房地产开发的兴起及其波澜壮阔的发展，进一步促成了地方政府与房地产商在农村集体土地增值收益分配机制中的"共谋"。

作为宪法和法律规定的农村集体土地权利主体——农村集体和农民，也开始更为强烈地主张自己在农村集体土地增值收益分配中应得的利益，并将其主张付诸各种集体或者个体行动中。常见的集体行动主要表现为村镇工业园区建设、存量集体建设用地的出租、游走在法律边缘的小产权房开发、占补平衡中的建设用地指标交易等。常见的个体行动主要是沿袭在宅基地上尽最大可能地加盖高层楼房用于出租。而就征地补偿金和安置费而言，在与政府的博弈中，既可能是集体行动，也可能是个体行动，最终迫使地方政府不断提高补偿标准，进而在集体土地增值收益分配中，尽可能使自己能够分享到更多的土地增值收益。这些集体行动和个体行为，汇成合力，不断促成了多种多样的试点探索，并最终促使着农村集体土地增值收益分配机制的不断变革与前行。

2. 多渠道探索：寻求较为公平的土地增值收益分配机制

进入 21 世纪之后，随着社会经济卓有成效的全面发展，国家财政亦有了相当大的积累，为回应广大农民长期以来为国家战略发展作出的巨大贡献，也为了化解日渐凸显的政府与农民之间土地增值收益分配所存在的矛盾，国家在农村集体土地增值收益分配制度层面，逐步走向"土地增值收益共享"模式。

中共中央、国务院《关于促进农民增加收入若干政策的意见》（以下简称"2004 年中央一号文件"）的发布，可以说是吹响了农村集体土地增值收益分配机制逐步走向"土地增值收益共享"的号角。其实最早开始于 2000 年的安徽省农村税费改革试点，到 2004 年减免农业税逐渐推向高潮，再到 2006 年全面废止农业税，就在一定意义上，表明中央政府开始转向着手调整长期以来所存在的城乡社会经济发展不平衡的政策。

从 2004 年中央一号文件的内容看，与农村集体土地增值收益分配有关的政策创新主要有三种：（1）将一定比例的国有土地出让金，通过财政转移支

---

〔1〕 刘金："我国'土地财政'起源、本质及转型路径研究"，载《城市》2018 年第 9 期。

付的方式，使农业主产区农民也能分享到其他地区城市化所带来的土地增值收益。[1]（2）通过要求城市政府切实把对进城农民的职业培训、子女教育、劳动保障及其他服务和管理经费，纳入正常的财政预算，让进城农民也能分享到一定的城市化所带来的土地增值收益。（3）完善土地征用程序和补偿机制、提高补偿标准、改进分配办法、妥善安置失地农民，并为他们提供社会保障，由此使被征地农民直接分享到城市化所带来的土地增值收益。此外，针对"国家征收"作为土地进入一级市场的唯一合法途径所存在的诸多弊端，2004 年中央一号文件，也明确提出了积极探索集体非农建设用地进入市场的途径和办法的政策指向。上述三种政策创新，实际上是对"偏远地区农民、进城农民和被征地农民"这三类农民如何分享土地增值收益的政策创新。可以说，2004 年中央一号文件的这些主要内容及其精神，为此后的农村集体土地增值收益分配机制变革的主要路径取向，奠定了重要的政策基础。

首先，片区综合地价政策的制定及其实施。为了进一步完善征地补偿和安置制度，2004 年 10 月 21 日，国务院发布了《关于深化改革严格土地管理的决定》（国发〔2004〕28 号）。该决定具有创新意义的政策内容，主要体现在两个方面：一是"省、自治区、直辖市人民政府要制订并公布各市县征地的统一年差值标准或区片综合地价，征地补偿做到同地同价"。此后，按照片区综合价进行征地补偿逐渐成为各地的通行做法，而且一般规定 3 年至 5 年调整一次片区综合价。[2]随着各地片区综合价政策的实施，在实际操作中，不少地区的征地补偿标准已经大大高于长期以来实行的亩产年差值倍数标准。从一定程度上讲，对被征地农民的补偿，已经不再仅仅局限于农地农业用途的补偿，而是开始让被征地农民分享到一定的土地增值收益。二是规定"新

---

[1] 该政策同时规定，因农业税费减免而带来的地方政府财政收入减少问题，沿海发达地区原则上由自己消化，粮食主产区和中西部地区由中央财政通过转移支付解决。该政策的合理性在于从一定程度上体现了城市化过程中有关农村土地增值收益分配问题，需要兼顾区间建设用地利用不平衡问题，相对来说，沿海发达地区将更多的农用地转为非农用地，土地增值收益巨大，而粮食主产区的土地，因主要用于农业用途，无城市化所带来的土地增值收益。

[2] 当然，2019 年《土地管理法》第 48 条第 3 款已经明确规定："征收农用地的土地补偿费、安置补助费标准由省、自治区、直辖市通过制定公布区片综合地价确定。制定区片综合地价应当综合考虑土地原用途、土地资源条件、土地产值、土地区位、土地供求关系、人口以及经济社会发展水平等因素，并至少每三年调整或者重新公布一次。"

增建设用地土地有偿使用费要严格按法定用途使用，由中央支配的部分，要向粮食主产区倾斜"。实际上，这是通过中央财政转移支付的方式，让农业主产区的农民得以分享到土地增值收益的一种政策创新。

其次，建设用地增减指标交易政策的探索与实施。原本为了保护国家耕地总量不减少而规定于1998年《土地管理法》中的"耕地占补平衡"制度，随着实践发展逐渐演变出了"城乡建设用地增减挂钩"制度、"地票交易"制度。《关于深化改革严格土地管理的决定》（国发〔2004〕28号）第10条规定，"鼓励农村建设用地整理，城镇建设用地增加要与农村建设用地减少相挂钩"。2006年4月，四川省、山东省、江苏省、湖北省、天津市等省市，被原国土资源部列为首批城乡建设用地增减挂钩试点的地区，并逐步扩增至24个省（市）。2008年《重庆农村土地交易所管理暂行办法》（已失效）实施，标志着以重庆市为代表的"地票交易"制度开始落地生根发芽。这些制度的实践运作，在一定地域范围内并在一定程度上缩小了土地增值收益分配的地区性不平衡问题。尽管这些制度改革，在让偏远地域的农民分享城市化带来的土地增值收益上仍存在一定的局限性，但毕竟表征着土地增值收益分配机制在朝着更公平的方向前行。

再次，人地挂钩政策。针对长期以来城市化过程中过于追求"地的城镇化"而忽视"人的城镇化"之弊端，2006年10月10日，原国土资源部会同国家发改委、公安部等部门联合印发《关于建立城镇建设用地增加规模同吸纳农业转移人口落户数量挂钩机制的实施意见》（国土资发〔2016〕123号），要求牢固树立创新、协调、绿色、开放、共享的新发展理念，认真落实党中央、国务院提出的"以人的城镇化为核心，制定实施人地挂钩政策"。应遵循的基本原则是——坚持以人定地，人地和谐，根据吸纳农业转移进程落户人口（指取得城镇户籍的进程农业人口）的数量，合理确定城镇新增建设用地规模。其实，早在该政策发布之前，各地就已经在探索"人地挂钩政策"，但是许多地方所探索实施的"人地挂钩政策"，是将城镇新增建设用地规模与进入城镇居住的人口数量挂钩。"定居"与"落户"存在显著差异。[1]前者的重点仍然难以摆脱追求"土地城镇化"的嫌疑，目的仍然在于坚守一种城镇政府与城镇人共同信奉的排他性土地增值收益分享机制，在利用进城"定居"

---

〔1〕　刘子仁："人地挂钩新政探析与完善展望"，载《农业经济与科技》2016年第21期。

农民所换来的新增建设用地增值收益的同时，却往往又将这些农民排斥在分享土地增值收益分配的大门之外。相较之下，由于"落户"意味着与原城镇人享有平等的城镇福利，因此，后者的重点在于要求城镇政府在寻求城镇化所亟须的土地及其空间资源，以及由此所带来的巨大增值时，应当让那些为城镇化作出巨大牺牲和贡献的进城农民群体，也能够分享到一定的土地增值收益。而要实现这一点，"根据吸纳农业转移进程落户人口的数量，合理确定城镇新增建设用地规模"，这一政策，如果真正落到实处，对于进城的这部分农民来说，将是一种较为有效的分享土地增值收益的机制。

最后，农村集体经营性建设用地入市试点探索。从概念层面看，农村集体经营性建设用地入市有广义和狭义之分，本书将广义的农村集体建设用地入市界定为包括出让、出租、作价出资或入股、合作经营或联营等方式的流转，狭义的农村集体建设用地入市仅指出让这种流转方式。从历史发展的角度看，广义的集体经营性建设用地入市大约始于 20 世纪 90 年代初期。早在 1992 年，大量外商到广东等省市投资建厂，农村集体纷纷抓住外商投资建设需要土地的机会，将集体土地变为建设用地进行出租，该行为应属于集体经营性建设用地入市的范畴。如：广东省南海市（今佛山市南海区，下同）地方政府认可了集体经济组织不改变土地所有权性质的前提下，以土地或者厂房向企业出租的行为。1996 年，苏州市探索集体存量建设用地流转。1999 年安徽省芜湖市被批准正式开展农村集体建设用地流转试点，随后试点范围迅速扩大。"2005 年广东省人民政府出台《广东省集体建设用地使用权流转管理办法》，成为全国第一个由省级人民政府出台的规范集体建设用地流转的正式的地方政府规章，当时在全国引起很大轰动。"[1] 从此，全国多地开启了集体建设用地流转的试点探索工作。从国家政策层面看，《关于深化改革严格土地管理的决定》（国发〔2004〕28 号）禁止的是农民集体经济组织非法出让、出租集体土地用于非农业建设，但在符合规划的前提下，并未禁止农民集体所有的建设用地的流转。不过，在这之前，政策与法律均未将农村集体建设用地再进一步区分为经营性建设用地与公益性建设用地。这种区分来自 2008 年党的十七届三中全会通过的《关于推进农村改革发展若干重大问题的决

---

[1] 宋志红：《中国农村土地制度改革研究：思路、难点与制度建设》，中国人民大学出版社 2017 年版，第 194 页。

定》，该决定在将农村集体建设用地区分为公益性建设用地和经营性建设用地的同时，指出"在土地利用规划确定的城镇建设用地范围之外……对依法取得的农村集体经营性建设用地，必须通过统一有形的土地市场，以公开规范的方式转让土地使用权，在符合规划的前提下与国有土地享有平等权益"。

值得注意的是，尽管党的十七届三中全会提出了土地利用规划确定的城镇建设用地范围之外的集体经营性建设用地入市的改革方向，但因种种原因，后续一直没有启动进一步落实的举措。到了2013年，党的十八届三中全会通过了《关于全面深化改革若干重大问题的决定》，该决定指出："建立城乡统一的建设用地市场。在符合规划和用途管制前提下，允许农村集体经营性建设用地出让、租赁、入股，实行与国有土地同等入市、同权同价。缩小征地范围，规范征地程序，完善对被征地农民合理、规范、多元保障机制。扩大国有土地有偿使用范围，减少非公益性用地划拨。建立兼顾国家、集体、个人的土地增值收益分配机制，合理提高个人收益。"从农村集体土地增值收益制度变革角度看，党的十八届三中全会决定意义重大，影响深远。这是在党中央层面首次明确提出要建立兼顾国家、集体、个人的土地增值收益分配机制，明确了建立这种共享机制的具体路径是"缩小征地范围与允许农村集体经营性建设用地与国有土地同等入市、同权同价"。为了落实党的十八届三中全会的内容和精神，2015年1月，中共中央办公厅和国务院办公厅联合印发了《关于农村土地征收、集体经营性建设用地入市、宅基地制度改革试点工作的意见》，由此正式从中央层面开启了集体经营性建设用地入市的试点工作。[1]

另外，自2007年开始，在全国范围内所掀起的那场有关"小产权房"问题的争论，已经揭示出农村集体大体于20世纪90年代初就已经开始利用集

---

〔1〕　2015年2月27日，第十二届全国人大常委会第十三次会议审议通过《关于授权国务院在北京市大兴区等三十三个试点县（市、区）行政区域暂时调整实施有关法律规定的决定》，授权在试点地区暂时停止实施《土地管理法》中的5个条款、《城市房地产管理法》中的1个条款有关法律规定，授权期限截至2017年12月31日，简称"三块地"改革试点，对建立兼顾国家、集体、个人的土地增值收益分配机制，进行了有益探索。2018年12月，为了进一步深入推进"三块地"试点改革，更好地总结试点经验，为完善土地管理法律制度打好基础，并做好试点工作与修改《土地管理法》工作的衔接，第十三届全国人大常委会第七次会议决定，将有关"三块地"试点改革将全国人民代表大会常务委员会《关于授权国务院在北京市大兴区等三十三个试点县（市、区）行政区域暂时调整实施有关法律规定的决定》规定的调整实施有关法律规定的期限延长至2019年12月31日。

体土地进行非农建设，从而争取分享到更多集体土地增值收益的这一经济现象。[1]这种土地增值收益获取路径，在20多年的发展过程中尽管已经成为一种不合法且难处置的分享集体土地增值收益的"灰色路径"，但学术研究的核心就是透过这些现象本身去追寻背后的原因，进而从制度层面进行论证其合理性，以及如何改进为"合法性"。

三、中国特色社会主义新时代：农村集体土地增值收益分配机制之变革发展

2017年10月，在党的第十九次全国代表大会上，习近平总书记首次提出"习近平新时代中国特色社会主义思想"，由此标志着中国进入中国特色社会主义新时代。在这样一个新时代，"我国社会主要矛盾已经转化为人民日益增长的美好生活需要和不平衡不充分的发展之间的矛盾"。中国特色社会主义新时代的主要矛盾，从土地增值收益分配机制角度看，主要表现为长期以来农村集体土地利用及其增值收益分配机制运作过程中所产生的地区间不平衡、城乡间不平衡、农民群体间不平衡，这应是新时代中国特色社会主义土地制度改革中力求解决的一个主要矛盾。这也在一定程度上构成了自2004年《土地管理法》修正之后，历经15年之久，于2019年8月再次修正的重要背景之一。

长期以来，中国土地制度承载着太多的权益纠葛，也承载着中国社会经济进一步健康发展与老百姓安居乐业的历史使命，又是容易引发社会矛盾的焦点。正因如此，自然资源部法规司司长魏莉华在解读新修正的《土地管理法》时，指出新《土地管理法》以"四个坚持"为基础，作出了七项重大突破性改革，即"破除集体经营性建设用地入市的法律障碍、改革土地征收制度、完善农村宅基地制度、为'多规合一'改革预留法律空间、将基本农田提升为永久农田、合理划分中央与地方的审判权限、土地监察制度正式入法"。[2]实际上，仔细研究这次修正《土地管理法》所作出的七项重大制度性突破，不难发现，它们无不与农村集体土地增值收益分配机制变革存在着

---

[1] 韩清怀：《农村宅基地使用权制度研究》，中国政法大学出版社2015年版，第133~136页。

[2] 魏莉华："农村土地制度实现重大突破——自然资源部法规司司长魏莉华解读新土地管理法"，载《国土资源》2019年第9期。

密切的内在制度性关联。可以说，这是正式从国家法律层面对农村集体土地增值收益分配机制的一次重大重塑。对此，可作如下考察分析。

首先，正式从国家法律层面在一定范围内破除了农村集体土地直接入市的制度障碍。之前的法律规定，直接封堵了农村集体建设用地使用权通过直接出让方式分享土地增值收益的市场化通道，只能借助于国家征收后取得土地补偿费的方式，得到一定的补偿，而且补偿标准一般都比较低。即使很多省份在土地征收过程中，按照《关于深化改革严格土地管理的决定》（国发〔2004〕28号）普遍实行了片区综合地价政策，农村集体和农民所能分享到的土地增值收益也是很有限的，而且各地区差别较大。其结果，大量农村集体建设用地，尤其是城乡接合部和经济发达地区，非法进入土地市场进行交易，在法不责众的心理驱使下，挑战着法律权威。2019年修正的《土地管理法》，一方面删除了原《土地管理法》中规定的"任何单位和个人进行建设，需要使用土地的，必须依法申请使用国有土地"，此举可谓开启了任何单位和个人均可依法利用集体建设用地进行建设的市场大门，释放出了市场需求。同时第63条明确规定集体经营性建设用地入市必须遵守的村民自治程序性要件，而且也严格限定了入市土地的用途。尽管新法仍然对直接入市的集体土地的类型以及建设用途进行了一定限制，如：须是集体经营性建设用地，用途须为工商业用地，不得用于房地产开发，但这仍然是一个重大性历史突破，由此结束了多年来农村集体土地不能像国有土地那样直接通过土地一级市场分享土地增值收益的历史。

其次，完善了让被征地农民能够分享到土地增值收益的土地征收制度，有助于有效化解征地所引发的社会紧张关系。长期以来，随着城市化进程的日益深化，因农村集体土地征收而引发的集体与政府、农民与政府以及集体内部的紧张关系日益普遍化，为有效化解这类矛盾，按照党中央和国务院的部署，在全国33个试点区进行了多项制度性探索，取得了许多试点经验。2019年修正的《土地管理法》正是在吸取诸多试点经验的基础上，通过采用明确列举加兜底条款的立法技术，较为明确界定了多年未决的土地征收中公共利益范围的界定问题，并对土地征收应当遵循的基本原则，作出了明确规定。在补偿标准的确定上，明确规定了采用公布片区综合地价的方式，要求各省在制定片区综合地价标准时，要充分考虑各种因素，并至少每三年重新制定一次。[1]

再次，赋予了农村集体经济组织和农民个体通过盘活利用闲置宅基地的方式，依法自行参与土地增值收益分配的权利。新中国成立后，自农村集体土地所有权制度实施以来，为满足农民家庭居住安全保障问题，在农民宅基地问题上长期施行的是"一户一宅"制度。几十年来，随着我国城市化发展所引发的越来越多的人迁移到城镇工作和生活，在不少地方，农村宅基地闲置问题，不仅带有普遍性，而且有的数量还很大，由此造成了稀缺的土地资源的巨大浪费。由于制度障碍，农民既不想无偿退回给农村集体，也无法允许他人使用宅基地以获取收益，在这种进退维谷的情况下，只能让宅基地闲置。而2019年修正的《土地管理法》则为解决这一难题扫除了法律层面的制度障碍。[2]这是近几年党中央提出的宅基地"三权分置"政策及多地试点经验在新《土地管理法》中的正式法律表达和体现，也是让农民通过盘活闲置宅基地而分享土地增值收益的一种重要路径。

最后，通过构建、完善多项制度的优化组合，助力于农村集体土地增值收益分配机制在区域不平衡发展中发挥更有效的作用。2019年《土地管理法》中关于国家建立国土空间规划体系的制度、将基本农田提升为永久农田的规定、合理划分中央和地方审批权限的规定，以及对土地督察制度的进一步完善，看似与农村集体土地增值收益分配机制没有关联，实际体现出的是以"用途管制""规划管理"和"土地督察"为表征的现代化国家土地制度的共同特征与核心内容。从一定意义上说，这是现代国家中的土地之所以实现土地巨大增值的制度源泉与秘诀，也构成了国家对土地增值收益征收高额调节税并向粮食主产区进行一定的财政转移支付的合法性与正当性根据。不过，相较于之前的《土地管理法》，有关新增建设用地的土地有偿使用费的规定，在中央与地方的分留比例上，2019年《土地管理法》第55条在沿用原分配比例规定的同时，在如何使用上，却进行了修改，如2004年《土地管理法》规定的是无论是上缴中央的，还是留给地方的，都专项用于耕地开发，而2019年《土地管理法》却删除了"都专项用于耕地开发"，而是改为"具

---

[1] 参见2019年《土地管理法》第45条、第48条第1款、第3款规定。

[2] 如2019年《土地管理法》第62条第6款已经明确规定："国家允许进城落户的农村村民依法自愿有偿退出宅基地，鼓励农村集体经济组织及其成员盘活利用闲置宅基地和闲置住宅。"

体使用管理办法由国务院财政部门会同有关部门制定，并报国务院批准"。其中奥妙，值得进一步思考。从实践发展看，新规定似乎是一种更为务实的立法选择。

第二章

农村集体土地增值收益分配的现行制度机制

迄今为止，经过改革开放后 40 多年的发展变革，尽管仍然存在诸多有待改善的问题，但不可否认，从中央到地方，再到农村集体，再到农民个体，我国农村集体土地增值收益分配机制已经形成了一个较为复杂、运作较为有序、效果较为良好的制度体系。其中包括中央与地方政府之间、地方政府与农村集体经济组之间、农村集体经济组织与农民个体之间的土地增值收益纵向分配制度机制，也包括不同地区之间、不同农民群体之间的土地增值收益横向分配制度机制。从发生学意义上看，如果以农村集体经济组织这一农村土地所有权主体为参照点，那么农村集体土地增值收益分配的纵向分配机制和横向分配机制，[1] 又可类型化为外生性机制和集体内生性机制。本章主要是对农村集体土地增值收益分配的现行制度机制，作一较为全面的体系化考察与分析。

第一节　农村集体土地增值收益分配机制的理论分析

就我国土地权利制度构建而言，改革开放后，农村土地曾经一度主要表征为农民集体所有和农民家庭承包的二元权利配置形态。之后，顺应社会经济发展的新要求，经过近些年的试点探索，无论是承包地"三权分置"制度，还是宅基地"三权分置"制度，均在一定程度上使得农村集体土地权利制度的配置更趋合理化，但也在一定程度上增加了农村集体土地增值收益分配机

---

〔1〕　纵向分配机制主要指农村集体与政府之间的分配，横向分配机制主要指农村集体内部成员之间的分配。

理的复杂性。根据土地增值收益分配的一般理论，本章立足于兼顾国家、集体、个人的土地增值收益分配机制的优化与完善，检视现行有关制度机制的正当性与合理性以及所存在的利弊得失，为完善该制度提供科学合理的理论论证与支撑。

一、土地增值来源与增值收益归属的一般理论解释

从理论上看，关于土地增值收益如何分配的问题，学界主要分为三种代表性理论主张，即"涨价归公"说、"涨价归私"说与"涨价共享"说。这三种代表性理论所涉及的却似乎又是同一个政治哲学问题，即分配正义。"分配正义面临的问题是，人们在社会经济领域应当如何平等地享有各种社会权利和经济利益？又应当如何保障这些社会权利和经济利益的享有？"[1]"涨价归公"说、"涨价归私"说与"涨价共享"说，在一定意义上，可以看作是对"分配正义"问题的三种不同的回答。

（一）先哲们源于社会发展的土地增值"涨价归公"说

在西方，上述三种代表性理论中，"涨价归公"说提出的时间相对较早。此理论主张最早可追溯到英国经济学家约翰·斯图亚特·密尔（1806~1873年，又译作约翰·穆勒）。这个时期的工业资本主义已经高度发达，他注意到随着社会进步和财富的增加，地主凭借收取地租越来越富的社会现实，认为这是一种社会不公平，其主要理论依据是社会正义原则。基于这种认识，密尔主张"应对自然增加的地租科以特别税"。[2]从密尔的有关论述可以看出，密尔认为依据正义原则，随着工业资本主义的发展所产生的地租的自然增值，不应当由地主获得，而应当通过对地租的自然增值进行课税的方式由政府获得。显然，这一时期的密尔，实际上是从地租的视角，提出了一种土地自然增值"涨价归公"的思想或者说是思想萌芽。英国著名社会活动家、城市学家，有着"花园城市之父"之称的埃比尼泽·霍华德，生于1850年，卒于1928年，从霍华德生的生卒年限可以看出他与密尔有一定的重合期，尽管笔者尚未看到霍华德受密尔思想影响的史料，但霍华德在其代表作《明日的田园

---

〔1〕　张国清："分配正义与社会应得"，载《中国社会科学》2015年第5期。

〔2〕　陈柏峰："土地发展权的理论基础与制度前景"，载《法学研究》2012年第4期。

城市》一书中所阐述的观点，表明他也是"涨价归公"观点的主张者。[1]

19世纪英国两位著名思想家都提出了土地增值"涨价归公"的理论主张，由此也就不难解释为什么进入20世纪之后的英国会成为最早提出土地发展权并对该种权利实行国有化制度实践的国家。[2]然而，体现土地增值收益的土地发展权国有化制度实践，在英国实施得并不顺利。在面对公众压力情况下，政党交替执政且执政理念不同，曾几经变化，甚至于1985年通过的财税法干脆取消了土地开发税，但土地增值的部分收益收归国有的基本制度，通过土地交易税、资本利得税等其他税种形式，仍然坚持了下来。[3]

生活于19世纪后半期的美国知名社会活动家和经济学家亨利·乔治，在关于土地增值收益如何分配的问题上，也是"涨价归公"思想的坚定主张者，并对此进行了相当充分的理论论证。乔治认为："土地价值不表示生产报酬，与表示生产报酬的作物、牲畜、房屋或任何称为个人财产和改进的东西不同。它表示垄断的交换价值。它在任何情况下都不是土地占有者个人创造的，而是由社会发展创造的。因此社会可以全部把它拿过来。"[4]并阐述："我们已经以税收方式征收少许地租。我们只需要在征税方式中做某些改变，把地租全部征收就行了。"[5]需要指出的是，乔治在谈地租问题时，实际上所谈的地租与英国古典经济学家李嘉图所谈的地租，在内容指向上是有所不同的。李嘉图主要讨论的是农业社会生产中的地租问题；而乔治话语中的地租，则已经完全指向了工商业化城市土地增值问题，正如他在《进步与贫困》一书中所指出的，"虽然许多著名的论著跟随李嘉图的榜样亦步亦趋，但李嘉图似乎仅在它（地租）与农业的关系中来考虑地租规律。他在好几处地方谈到工业生产不产生地租，实际上，工业与商业产生最高的地租。这点从工业和商业城市土地价值更高上可以看出"。[6]据此可知，亨利·乔治是较早关注到并研究土地自然增值来源于社会经济发展而非土地所有权者的个人劳动，进而主

---

〔1〕 陈柏峰："土地发展权的理论基础与制度前景"，载《法学研究》2012年第4期。

〔2〕 程雪阳："土地发展权与土地增值收益的分配"，载《法学研究》2014年第5期。

〔3〕 程雪阳："土地发展权与土地增值收益的分配"，载《法学研究》2014年第5期。

〔4〕 ［美］亨利·乔治：《进步与贫困》，吴良健、王翼龙译，商务印书馆2010年版，第369页。

〔5〕 ［美］亨利·乔治：《进步与贫困》，吴良健、王翼龙译，商务印书馆2010年版，第362页。

〔6〕 ［美］亨利·乔治：《进步与贫困》，吴良健、王翼龙译，商务印书馆2010年版，第157~158页。

张土地增值收益应当收归公有的经典论家之一。

在我国，土地赋税制度可谓源远流长，上至春秋战国，下至清朝末年，土地赋税和地租，主要针对的是土地的农业产出。中国革命的先行者孙中山先生较早从理论上论述土地发展增益来源并提出了"涨价归公"思想。1896年，孙中山游历欧美，对资产阶级的土地理论潜心考察、深入研究、综合中外，创立了平均地权学说。他在 1905 年中国同盟会成立的宣言中明确提出了平均地权的纲领："平均地权，当改良社会经济组织，核定天下地价，其现有之地价仍属原主，所有革命后社会改良进步之增价，则归于国家，为国民所共享。"[1]这表明，土地自然增值"涨价归公"思想，属于孙中山先生"平均地权"思想的重要内容。在 1919 年的《三民主义》一文中，孙中山先生指出"中国今工商业尚未发达，地价尚未增加，则宜乘此时定全国地价，其定价之法，以业主所报为准，但有两个条件：一是所报之价，则以后照价年纳百分之一或百分之二以为地税；二是以后公家有用其地则永远照此价收买，不得增加，若私自买卖，则以所增之价悉归公有，地主只能得原地价"。[2]

从以上考察可知，无论是英国的密尔、霍华德，还是美国的乔治，抑或是我国孙中山先生，他们都是认为土地自然增值是来源于整个社会工商业的发展，而不是源于地主的劳动和创造，因此都主张该增值应当归公。"涨价归公"说，从理论渊源上，属于"劳动价值"说在土地增值问题上适用。这一观点反对不劳而获的财富观，主张应根据贡献来源决定土地增值归属。

（二）当下土地发展权理论中的"涨价归公"说、"涨价归私"说与"涨价共享"说

当下，学者们引用土地发展权理论来解释我国农村集体土地增值收益分配制度的建构，已经渐趋为一种主流性话语论证路径，并将土地发展权等同于土地增值收益在法律上的表现。[3]饶有趣味的是，尽管土地发展权理论受到诸多学者的推崇，但不同学者间在土地发展权归属主体的认识上却存在较大分歧，各自分别得出了"涨价归公"说、"涨价归私"说、"涨价私公共

---

〔1〕　浦坚主编：《中国历代土地资源法制研究》，北京大学出版社 2006 年版，第 544 页。

〔2〕　浦坚主编：《中国历代土地资源法制研究》，北京大学出版社 2006 年版，第 545 页。

〔3〕　以"土地发展权"作关键词，在智网上搜索，学者们从土地发展权角度讨论土地增值收益分配的论文可谓汗牛充栋，不胜枚举。

享”说这三种代表性观点。

"涨价归公"说的主要代表学者有贺雪峰、陈柏峰等学者。其论证逻辑大体如下:其一,认为土地增值收益在法律上表现为土地发展权;其二,认同土地增值收益来源于社会发展,是社会大众共同努力的结果;其三,不认同土地发展权派生于土地所有权的观点,主张土地发展权是一项独立于所有权的权利(利益);其四,认为英国实施的是土地发展权国有化制度,美国实施的是土地发展权定额配置和转让制度。尽管英美两国土地发展权制度看起来存在很大不同,但均通过不同的方式,在一定程度和一定范围上实现了广大公众对城市化土地增值收益的分享;其五,主张我国应在大体上坚持土地发展权国有化的同时,再通过具体的公共财政和预算制度建设,保障全国各地农民公平分享土地发展增益。〔1〕从主张"土地发展权国有"说的学者们的观点看,他们一般认为土地发展权作为一种权利(权力),应当归属于国家;相应地,其所代表的土地增值收益也应归国有(或者政府),但在此种权利(权力)行使所产生的土地增值收益的分享机制中,失地农民应当享有优先地位,因为土地增值收益的实现毕竟有赖于失地农民土地权益的永久性丧失。

"涨价归私"说的主要代表有程雪阳、姜楠、蔡立东、叶必丰等学者。持有这种论点的学者一般认为:其一,土地增值收益单纯国有化不能解决中国土地利益分配的现实矛盾;其二,土地发展权是由土地所有权派生出的一种独立的用益物权,并非由国家的土地利用规划管理产生,因此,土地发展权所代表的土地增值收益应当归属于土地权利人,而不应当国有化,具有法律逻辑上的正当性;其三,主张通过税收模式,实现"土地增值社会返还"的目标。〔2〕从主张"土地发展权私有"说的这些学者们的论述中可以看出,这些学者大都立足于对私人财产权的保护和尊重的法律立场,从物权法的私权法律逻辑视角,得出土地发展权应属于派生于土地所有权的一种独立的用益物权,应当归属于私主体享有而不属于国家享有的观点,进而主张土地发展

---

〔1〕 陈柏峰:"土地发展权的理论基础与制度前景",载《法学研究》2012年第4期。贺雪峰:"征地制度的政治学思维",载郑凌志主编:《中国土地政策蓝皮书(2013):中国土地政策研究报告》,中国社会科学出版社2013年版,第327页。

〔2〕 程雪阳:"土地发展权与土地增值收益的分配",载《法学研究》2014年第5期;姜楠、蔡立东:"土地发展利益的物权法调整模式",载《河南财经政法大学学报》2015年第3期;叶必丰:"城镇化中土地征收补偿的平等原则",载《中国法学》2014年第3期。

权所代表的土地增值收益也应归属于私主体。只不过，对于全社会应当如何分享土地增值收益问题，这些学者大都认为应当通过配套的税收财政制度予以解决。

"涨价私公共享"说的主要代表性学者是周诚。实际上，周诚关于土地增值收益的归属问题，在观点上有一个前后转变，他在 2005 年之前，是"涨价归公"说的主要代表，而在其发表了《"涨价归农"还是"涨价归公"》一文之后，仅相隔半年，就改变了他之前一直坚持的"涨价归公"说，转而主张"涨价私公共享"说。周诚之所以在 2005 年之前主张"涨价归公"，从其著述可以看出，主要原因在于他同过去那些先哲们持有同样的认识，认为土地的自然增值完全来源于社会的经济发展，进而主张"体现此种增值的地价增长，从原则上来说，应当归社会所有而不应当归原农地所有者所有，也不应当归农转非之后的土地所有者所有，否则，皆有失于公平合理"。[1]但随后他似乎发现了"涨价归公"说的问题所在，最终借助于美国 TDRs 和 PDRs 制度中"公私兼顾"的启示，认为"在公私兼顾的制度条件下，在每一位土地所有者平等地拥有的开发权（发展权）不能实现时，便应当由获得开发权的土地使用者或者国家给予补偿"。[2]并由此提出"兼顾原土地所有者、相关土地所有者、国家"这三者利益的土地开发权的理论，即他所称的"全面开发权"论或"全面产权观"。

仔细考察上述三种代表性观点，会发现主要不同点在于对土地增值收益的初次分配路径上。因各自的立足点和论证的理论逻辑和法律逻辑各不同，产生了不同看法和观点，但在土地增值收益最终应当由全社会共享的认识上，并无太大分歧。就"涨价归公"说而言，该说主张在土地增值收益初次分配的制度机制中，土地发展权应配置给国家所有。因此，土地增值收益也应当首先由国家获得，而国家在分配其享有的土地发展权所带来的土地增值收益时，应当给予失地农民优先补偿和分享的地位，然后再将剩余的土地增值收益用于补贴在耕农民和其他公共建设需要。不难看出，在"涨价归公"说的土地增值收益分配机制中，无论是初次分配，抑或者二次分配，国家居于决定性主导地位，失地农民和在耕农民均处于被动地位。就"涨价归农

---

[1]　周诚："'涨价归农'还是'涨价归公'"，载《中国改革》2006 年第 1 期。

[2]　周诚："土地增值分配应当'私公共享'"，载《中国改革》2006 年第 5 期。

（私）"说而言，该说主张在土地增值收益初次分配制度机制中，土地发展权应配置给土地权利人所有，即农民集体和农民个体，由此土地增值收益应当首先由农民获得，国家通过税收制度，从农民取得的土地增值收益中征缴一定比例的增值税，再通过公共财政制度，补贴在耕农民，或者用于其他公共建设需要。在"涨价归私（农）"说的土地增值收益分配机制中，失地农民掌握着土地增值收益初次分配的主动权，国家和在耕农民均处于被动地位。就"涨价私公共享"而言，该说只是主张先由国家通过构建一种土地发展权交换机制，在土地增值收益初次分配的过程中，使国家和所有农民都能够在平等地参与土地发展权交换的过程中，分享到一定的土地增值收益，但在具体共享路径的选择与构建上，尚无明确清晰的思路。

综合上述分析可知，实际上，在"涨价归公"说、"涨价归私"说、"涨价私公共享"说所分别指向的土地增值收益分配制度的建构逻辑中，不同主张意味着对土地发展权的不同制度配置，进而决定着土地增值收益分配机制中，哪一方会掌握着分配的主动权和决定权，并最终决定着哪一方能分享到更多土地增值利益这样一个敏感的本质问题。

二、我国农村集体土地增值收益分配机制的法理分析

基于土地在人类社会中的重要性，土地的占有及其收益归属问题，也就成了人类社会始终难以绕开的一个永恒话题。从生存和发展的视角看，人们对土地的占有本身并不是目的，而只是一种手段，占有土地的目的，应是为了能够掌控并获得因土地占有而产生的利益。由于各个国家在长期历史发展中孕育了不同的文化和民情国情，随之也就产生并进而形塑出一系列带有本土化的错综复杂的土地制度关系。在当今国际化大趋势下，尽管各国法律制度在某些领域日渐趋同的现象愈益凸显，然而就土地制度而言，虽然不少国家之间也在不断地相互学习和借鉴，但在根本性和主要土地制度安排上，却大都走出了自己的道路，形成了各自富有国别色彩的土地制度体系。在这一点上，我国也不例外。新中国成立后，经过70多年的发展改革，已经发展出并形成了适合我国国情民情的中国特色鲜明的以土地的农民集体所有这种公有制为根基的农村集体产权制度，其中所内含的农民集体土地所有权、成员资格权、土地承包经营权、土地经营权、宅基地使用权、宅基地资格权等权利配置，既形成了农村集体土地增值收益分配机制的内在法理，也存在着只有进一步进行理论创新，方能支撑更合理、更公平的制度运行的空间。

（一）农村集体土地增值收益公平分配的权利基础：土地的农民集体所有

亨利·乔治在《进步与贫困》一书中提出了一个值得世人深省的问题：为什么社会中大部分人随着社会的进步，不是变得更为富裕，相反，却走向贫困！他的回答是："邪恶与不幸、贫困和匮乏并不是人口的增加和工业发展的合理结果；他们之所以随着人口增加和工业发展而出现，是因为土地被当作私有财产，他们是破坏公正的最高法则的直接和必然的结果，是由于大自然供给所有人的土地被少数人独占。"[1]因此，在乔治看来，土地的私人所有是人类邪恶、不幸、贫困等诸多苦难的根源。对此，卢梭也持有同样的见解，甚至揭示得更为精辟。[2]

不可否认，土地私有制的产生，是人类社会发展很难避免出现的一种结果，甚至在一定历史条件和历史阶段下代表着人类文明的一种进步。无论如何，难以否认的是，土地私人所有导致了社会财富占有的两极分化，乃至随着社会的进一步发展，这种两极分化进一步加剧。

从世界范围看，在人口众多的大国中，也只有中国人民在中国共产党的领导下彻底摧毁了土地私有制，建立并发展形成了八亿农民能够平等享有农村土地权利的中国特色社会主义集体土地公有制度。该制度最大的制度优势就是破解了几千年来因为土地私有制而导致的土地占有严重失衡而造成的贫富两极分化问题，彻底废除了以地主阶层为代表、以收取地租为手段的少数农用地占有者这个食利阶层。新中国成立至今，70多年历史发展的实践充分证明，农村土地的农民集体所有，是中国社会稳定发展的基石，是中国社会各项事业能够蓬勃发展并确保发展动力持久续航的各种资源的源泉。一直以来，党中央、国务院高度重视农村土地制度改革与完善。2013年12月24日，中央农村工作会议指出并强调：坚持农村土地农民集体所有。这是坚持农村

---

〔1〕〔美〕亨利·乔治：《进步与贫困》，吴良健、王翼龙译，商务印书馆2010年版，第306页。

〔2〕"谁第一个把一块土地圈起来，硬说'这块土地是我的'，并找到一些头脑十分简单的人相信他所说的话，这个人就是文明社会的真正的缔造者。但是如果有人拔掉他插的界桩或填平他挖的界沟，并大声告诉大家：'不要相信这个骗子的话；如果你们忘记地上的出产是大家的，土地不属于任何个人，你们就完了。'如果有人这么做了，他将使人类少干多少罪恶之事，少发生多少战争和杀戮人的行为，少受多少苦难和恐怖之事的折磨啊！"参见〔法〕卢梭：《论人与人之间不平等的起因和基础》，李平沤译，商务印书馆2007年版，第85页。

基本经营制度的"魂"。[1]农村土地属于农民集体所有，这是农村最大的制度。农村基本经营制度是农村土地集体所有制的实现形式，农村土地集体所有权是土地承包经营权的基础和本位。坚持农村基本经营制度，就要坚持农村土地集体所有。李克强强调，"要坚持从实际出发，因地制宜，深化农村土地制度改革试点，赋予农民更多财产权利，更好保护农民合法权益"。[2]因此，在农村土地权利制度的配置上，要以"坚定不移地坚持中国特色社会主义集体土地所有的道路自信、理论自信、制度自信和文化自信"为理论基础和指导，这是深入研究我国农村集体土地增值收益分配机制的立足点和出发点，也是构建"兼顾国家、集体、个人利益"的农村集体土地增值收益合理共享机制的政策基础。

当前，农村集体土地各项制度改革已经进入深水区，每前进一步既有风险也有希望，但无论是承包地"三权分置"改革，还是农村集体经营性建设用地入市改革，抑或是宅基地"三权分置"改革，党中央都要求坚守住"四条底线"不能突破。[3]这四条改革底线的提出，具有重要的现实意义、理论意义和战略意义，具体来说：（1）只有坚持农村集体土地公有制，才能实现农村集体组织内部农民土地占有和经营权的相对平等性和公平性，才能进一步实现农村集体组织内部成员间的土地增值收益的公平分享，即经由农村集体土地权利的内部公平分享，达致农村集体土地增值收益的集体成员公平分享。（2）"耕地不能改少了"意味着就全国而言，耕地总量应当保持不能减少。2013年12月23日，习近平总书记在中央农村工作会议上指出："保障国家粮食安全的根本在耕地，耕地是粮食生产的命根子。农民可以非农化，但耕地不能非农化。如果耕地都非农化了，我们赖以吃饭的家底就没有了。"[4]

---

〔1〕 "中央农村工作会议举行　习近平、李克强作重要讲话"，载 http://www.gov.cn/ldhd/2013-12/24/content_ 2553842.htm，最后访问日期：2023年1月15日。

〔2〕 "国务院关于农村土地征收、集体经营性建设用地入市、宅基地制度改革试点情况的总结报告——2018年12月23日在第十三届全国人民代表大会常务委员会第七次会议上"，载 www.npc.gov.cn/zgrdw/npc/xinwen/2018-12/23/content_ 2067609.htm，最后访问日期：2023年1月15日。

〔3〕 即不能把农村集体土地所有制改垮了、不能把耕地改少了、不能把粮食生产能力改弱了、不能把农民利益损害了。

〔4〕 "习近平关于'三农'工作论述摘编——四、确保国家粮食安全，把中国人的饭碗牢牢端在自己手中"，载 www.moa.gov.cn/zczl/xjpgysngzzyls/zyll/202105/t20210521_ 6368126.htm，最后访问日期：2023年1月15日。

习近平总书记反复强调："中国人要把饭碗端在自己手里，而且要装自己的粮食。"[1]粮食生产是安天下、稳民心的战略产业。美国的基辛格曾有句名言："谁控制了石油，谁就控制了所有国家；谁控制了粮食，谁就控制了所有人。"可见粮食生产的重要性。在现代社会，保障粮食战略安全的主要做法有四种，即"藏粮于库""藏粮于市""藏粮于地"及"藏粮于技"。[2]就我国而言，正如习近平总书记于2013年11月在山东考察、2014年5月在河南考察时所指出的，我们的粮食安全重在"藏粮于技"和"藏粮于地"。但难以回避的一个现实问题是，在我国社会经济发展的过程中，必然会出现区域性的发展不平衡，进而必然会出现经济发达地区的耕地数量不得不减少而经济欠发达地区的耕地开发储备资源较为丰富的问题。因此，社会经济较为发达地区需要利用一定的土地增值收益换取经济欠发达地区的耕地开垦与保护，其结果则使得那些社会经济欠发达地区的农民也能够分享到一定的土地增值收益。这些客观的现实国情，为重构土地增值收益公平分享机制，提供了现实基础和法政策依据。(3)在农村集体土地制度改革的过程中，粮食生产能力不能减弱，这是对中国自古至今所追求的"洪范八政，食为政首"的传统粮食安全观的当代传承与体现。自古以来，粮食安全都是我国治国安邦的头等大事。要实现国家粮食安全战略目标，保护在耕农民的种粮积极性，尤为关键和重要。而面对资源集聚的现代工商业的高额利润，土地的农业经营却是一种收益非常低的土地利用方式，这是全世界的经验共识，如果不构建起使在耕农民也能分享到土地增值收益的有效路径，在耕农民必然会放弃农业种植，因此而产生的最终的结果，只能是使整个国家的粮食生产能力不断弱化。从这个角度看，在一定程度上实现土地增值收益的区域性平衡，既是党和国家发展大局所需，也是一种实质意义上的公平。(4)在农村集体土地制度改革的过程中，不能损害农民利益，应当是指全体农民，而不应仅仅指失地农民。在土地增值收益分配机制中，如果只考虑大幅提高对失地农民的补偿，而忽视在耕农民、进城务工农民对土地增值所作出的贡献，就会造成另一种形式

---

[1] "中国人要把饭碗端在自己手里"，载 https://www.chinanews.com.cn/gn/2020/10-1619314500.shtml，最后访问日期：2023年1月15日。

[2] 贺汉魂："农地公有：'藏粮于地'、'藏粮于技'的制度保障——重读马克思土地所有制思想"，载《当代经济研究》2017年第2期。

的不公平，即失地农民与在耕农民、进城务工农民之间的新的不公平。从这个意义上看，构建什么样的农村集体土地增值收益分配制度机制，与能否守住这四条改革底线，有密切关联性。这四条底线之间，也存在相互依存的关联性，而其中最核心之处在于土地的农民集体所有。深化农村制度改革必须坚持农村土地的农民集体所有这一农村最根本的制度。[1]因为这种土地所有权制度，为实现农村集体土地增值收益的公平分配，奠定了权利制度基础。

（二）农村集体土地增值收益公平分配机制有效运行的核心所在：权利配置平等性

我国农村集体土地增值收益分配机制是随着改革开放的进程逐渐形成、发展并不断完善的。这一过程的主要特点表现为：在由计划经济向市场经济转变的过程中，各个部门和行业领域的市场化进程并非采取苏联激进式"休克疗法"，而是采取了"摸着石头过河"的改革路径。在反复试点探索、总结经验的基础上，逐渐进行市场化改革。在农村集体土地增值收益分配机制形成上，也呈现出这样的特点。尤其是近些年，多种路径的带有分享模式的农村集体土地增值收益分配机制在实践中不断试点探索。早期受制于新中国成立后逐步形成的土地征用征收补偿机制的路径依赖，受制于农村土地的集体所有体制"一大二公"性，再加上新中国成立后，乃至改革开放后在相当长的时期内，国家总体财政状况并不富裕，在国家重大建设领域亟需农村给予大力支持。因此，特定时期对农民土地权利保护力度不够，对失地农民补偿也不充分。近些年，随着国家财政力量的逐渐强大和城市经济的大力发展，也源于农民个体与农民集体土地权利意识的增强；同时，在"城市反哺农村"的政策逐渐深入人心并达成共识的大背景下，不仅农民土地权利受到前所未有的重视，对失地农民补偿标准也在逐年提高。而且，通过一系列制度创新和措施完善，对在耕农民和新市民的财政支持力度也在不断加大。但整体上看，农村集体土地增值收益分配机制一直是一种公权力主导下的行政化色彩浓厚、市场化空间极为有限的纵向多层级、横向财政转移支付的分配机制。其中，既有不同私权主体之间的权益平衡，也充满着私权利与公权力之间的张力。

权利，是法律应当保护的利益。以权利为本位的法为私法，私法中以土

---

〔1〕 徐俊忠："土地农民集体所有是农村基本经营制度之魂"，载《马克思主义与现实》2017年第4期。

地权利为代表的物权，具有法定性，私权主体的法律地位具有平等性。公权力，则意味着受到法律约束下的权力命令与服从，以规范和约束公权力的法为公法，因为公权力天然具有容易侵犯私权的特性，因此公权力须具备法定许可性，其行使须受到严格的正当程序约束，这是最基本的法理。现代文明国家正是借助于权利与义务、权力与职责这样的立法技术，完成了人类社会复杂的利益分配制度的建构。从这个意义看，我国农村集体土地在私权利与公权力交织配置上，是一个独具典型的实例。

从私权层面看，农村土地的集体所有，农民集体成了农村土地的所有权主体，农民以集体成员的形式组合成了集体土地所有权主体，并据此取得了成员身份权。农民基于其集体成员身份权又取得了一系列与集体土地有关的土地财产权，如集体资产分享请求权等一系列请求权。在立法上平等赋予农民集体与农民应有的土地权利，并对这诸多权利作出明确的界定与赋能，是促进农村生产发展和实现农村政治民主的制度基础，也是承接国家和社会各方面支持新农村建设的制度基础，[1]更是进一步完善农村集体土地增值收益分配机制的立足点和出发点。相反，如果不重视对不同农民集体和农民个体在土地权利配置上的平等性，就容易出现土地增值收益分享不公平的现象，其结果只能进一步加剧社会经济发展的不平衡性。

从公权力的角度看，无论是农村集体土地所有权，还是农民的土地承包经营权和宅基地使用权，无不受到国家公权力的限制与约束。国家公权力出于公共利益的考量，主要通过土地用途管制与土地利用规划的方式来实现对农民集体土地所有权和农民各类土地用益物权的限制和约束。甚至为了公共利益的需要，通过征收补偿的方式完全剥夺了农民集体所有权和农民个体的土地用益物权。但是，只要根据农民集体所有权与农民享有的用益物权，使农民集体与农民分享到公平的土地增值收益，不仅不会增大农民集体、农民个体与政府之间的矛盾张力，而是有助于社会经济发展的协调性、平衡性，避免农民个体因失地而造成的贫困化与无助感。因此，通过完善立法，优化对农民集体和农民土地各类实体土地权利的配置，以及由此所形成的权利话语，构成了农村集体土地增值收益公平分配机制有效运行的核

---

〔1〕　韩松："农民集体所有权是新农村建设法律保障的制度基础"，载《西北农林科技大学学报（社会科学版）》2007年第4期。

心问题。

(三) 农村集体土地增值收益公平分配机制有效运行的关键所在：程序民
　　主性

良法之治之于人类社会发展的重要性，已毋庸赘言。法律规定的实体正义与程序正义，是实现良法之治的重要保障。如果说实体正义强调的是保障权益分配正义实现的前提与结果，体现的是对个体权益的应然尊重和对分配结果的重视；那么程序正义则是通过强调实现分配正义的有效途径和方法，更加注重分配结果的公正性要通过正当程序予以实现。正是在这个意义上，程序正义被称为"看得见的正义"。程序的对立物是恣意。[1] 程序正义，既是防止公权力恣意侵害私权益的重要法器，也是协调平衡私权益之间张力的有效工具。程序正义原则的一个重要含义是允许各方充分地表达意见，从而达到兼听则明。由此，凸显出程序正义的民主性要求，即无论是制度的制定过程，抑或是制度的实施过程，在多大范围内、多大程度上，哪些人参与并进行了充分的意见表达和协商沟通，通过什么样的规范制度来保障？决定了程序正义的质量与水平，尤其是涉及较为复杂群体权益。"理论和实践都证明，人们对程序偏好可以相对独立于对结果偏好，并且，程序偏好的确可以使当事人接受对于他而言'不利'的结果。"[2]

倘若从宏观、中观与微观三个层面考察农村集体土地增值收益分配机制，均可看出其所关涉主体的多样性、主体诉求的差异性、权益的纷繁性、公权与私权的紧张性、公益与私益的交织性。在这个意义上，我国农村集体土地增值收益分配机制被称为最复杂的一种增值收益分配机制，并不为过。

从宏观层面看，土地利用规划制度与用途管制制度，哪个更具有民主性？就征收机制与市场机制而言，国家与农民集体之间关于土地增值收益分配究竟选择什么路径更为公平有效？着眼于我国国情民情，市场机制在土地增值收益分配机制中是否具有天然的正当性与有效性？[3] 土地出让金制度与税收

[1] 季卫东：《法律程序的意义》（增订版），中国法制出版社 2012 年版，第 24 页。

[2] 丁建峰："博弈论视角下的过程偏好与程序正义——一个整合性的解释框架"，载《北京大学学报（哲学社会科学版）》2019 年第 3 期。

[3] 贺雪峰一直认为，中国土地制度，包括土地征收制度，是世界上最先进的，主张对征地制度的改动要慎之又慎，对集体经营性建设用地入市规定要慎之又慎。参见贺雪峰、杜华、夏柱智：《地权的逻辑Ⅲ：为什么说中国土地制度是全世界最先进的》，中国政法大学出版社 2018 年版，第 281 页。

制度以及相关联的财政转移支付制度，应然层面与实然层面应当如何配置，
方能在有效防止权力寻租的基础上实现土地增值收益较为公平的社会分享。
同一区域以及不同区域间的耕地与建设用地如何平衡，才能更好地实现国家
粮食战略安全与社会经济发展之间的张力。从中观层面看，基层政府和农民
集体在土地增值收益分配中如何进行权、益、责的制度配置以及对有关程序
如何设置，方能既可激励基层政府和农民集体对土地的合规利用，又可解决
基层财权与事权合理匹配的问题。从微观看，农民集体内部土地增值收益如
何使用才能更好地实现农民权益最大化？农民分享土地增值收益的成员资格
如何认定才能更公平？在耕农民通过什么路径可以分享到一定的土地增值收
益？进城务工农民分享土地增值收益的资格和条件是什么？诸如此类问题的
判断与解决，不经过正当程序保障的充分的民主参与和协商过程，就难以保
障土地增值收益分配在国家、集体和个人之间的公平分享，其结果将很可能
会进一步引发群体矛盾、造成不同群体之间权益的失衡以及政府公信力危机。
因此，重视土地增值收益分配机制中程序民主的创新和完善，是预防并化解
土地增值收益分配中各类权益冲突的有效举措，也是确保农村集体土地增值
收益公平分配机制有效运行的关键所在。

（四）农村集体土地增值收益公平分配的秩序性保障：权利救济有效性

美国当代著名法理学家罗纳德·德沃金，是新自然法学派的主要代表人
物。在《认真对待权利》一书中，他基于对 20 世纪 60、70 年代美国社会权
利日渐凸显的多元化诉求所造成的美国一系列尖锐、敏感的社会矛盾的思考，
构建了卓有影响的权利理论。在该书中，德沃金批判了西方 100 多年来法学
实证主义和功利主义的内在缺陷，并提出了一系列影响深远的命题：认真对
待权利！权利为什么需要认真对待？如何对待权利才算是认真对待权利？这
是思考德沃金权利命题的应然性逻辑追问与现实拷问，也是研究农村集体土
地增值收益公平分配机制绕不过去的一个理论向度。

"无救济则无权利"，这一古今流传甚广的西方法谚，无疑说明了救济对
权利的重要性。权利的有无，代表着人的尊严、自由、平等这些关涉到人的
生存与发展的重要价值能否实现以及所能实现的限度。财产权，无疑是这些
价值实现的重要物质性保障。正所谓"无财产无人格"。"'人成其为人'首
先需要基本的物质保障，仅仅赋予人们一种毫无任何实体权利，尤其是财产

性权利的'法律资格'，是不足以使人真正成其为人的。"[1]但是，"法律对公民权利规定得再完备、列举得再全面，如果这些权利在受到侵犯之后，无法获得有效的法律救济的话，那么这些法律上的权利都将成为一纸空文"。[2]也正因为如此，德沃金指出："权利是使法律成为法律的东西。"[3]从权利结构上看，一种有救济的权利应当包括原权利（基础权利）和由其派生出的救济权（请求权），如物权及其物权请求权；或者原权利（基础权利）本身即含有救济权（请求权），如债权及债权请求权。不过，不管是物权的救济权，抑或是债权的救济权，均需要法律明确规定其行使的程序和依据，否则就会因缺失救济权基础而无法行使。在农村集体土地增值收益分配机制中，这种程序性规范的阙如，并非少见。如在农村集体内部土地征收补偿款分配中，入赘女婿成员资格认定问题，因为涉及农村集体经济组织自治问题，当事人寻求司法救济时往往会被挡在司法大门之外。又如按照现行法律规定，土地征收补偿款的分配方案具有不可诉性。诸如此类问题，一旦法律不能提供正常的救济程序，当事人只能选择长年累月的上访之路。因此，"认真对待权利，就是认真对待每一个个体的权利，其中既包括认真对待多数中的每个个体的权利，也包括认真对待少数中的每个个体权利"。[4]认真对待权利的立场观和态度，要求我们亟须深入反思现行土地增值收益分配机制中，尤其是涉及土地征收过程中，适用传统反射性利益理论或保护规范理论所导致的行政诉讼救济不足问题。[5]在现代法治文明国家，随着"新的保护规范理论乃至值得保护的利益理论"等理论的出现，有关土地增值收益分配权益的救济制度也在逐步完善。权益救济范围逐步扩大，权益救济方式逐步增多，权利救济的适格主体条件逐步放宽，权益救济规范从注重客观性基准逐步转向程序性基准。诸多权利救济机制要素层面的变革，立足土地权益的公益性与人权保障之间的衡平，成就于各方主体在土地权益分配中的有效利益均衡机制的

---

〔1〕 尹田：《法国物权法》（第2版），法律出版社2009年版，第586页。

〔2〕 杨健："认真对待权利：权利救济的文明与方式"，载《检察日报》2019年3月16日。

〔3〕 ［美］罗纳德·德沃金：《认真对待权利》，信春鹰、吴玉章译，中国大百科全书出版社1998年版，第270页。

〔4〕 林喆："尊重'少数'个体的权利与公民的平等权——读德沃金《认真对待权利》所思"，载《山东大学法律评论》2003年第1期。

〔5〕 杨建顺："论土地征收的正当程序"，载《浙江社会科学》2019年第10期。

进一步完善。一个良善的法治体系，应当是具有对社会发展付出代价的主体赋予相应的公正补偿请求权并提供有效救济途径的完善的制度体系。

法院对于土地增值收益分配纠纷是否受理，以及哪些情况应当受理，受理后如何裁判属于权利救济有效性的重要内容。本书将在第五章专门就该问题展开论证，以回应农村土地增值收益分配的程序性保障这一问题。

第二节　农村集体土地增值收益分配的外生性机制

长期以来，在我国农村集体土地增值收益分配的整体性机制中，发挥着主导性作用的机制就是土地征收补偿机制。这种机制的启动与运行主要由政府主导，相对于农村集体经济组织而言，是一种源于集体外部的行政权力，政府几乎掌控着这种土地增值收益分配的绝对决定权与强势话语权，基于对这种本质特征的认识，本书将这种机制称为农村集体土地增值收益分配的外生性机制。

一、全国国有建设用地总体出让情况和土地出让金收入考察

在以农村集体土地征收补偿机制为表征的农村集体土地增值收益分配机制中，比较敏感而又十分重要的一个概念是土地出让金。国家有关部门每年公告的出让金总额，包括了存量国有建设用地出让金与新增建设用地出让金的总和。此外，土地出让金中含有没有扣除对农村集体和农民个体的土地补偿款、安置费等费用，以及土地熟化开发过程中的开发配套成本等，即政府年度出让金数额并不等于土地增值收益数额。但是通过考察国家年度土地出让金收入，有助于在一定程度上了解土地增值收益状况，也是了解土地增值收益分配情况的前提。

首先来看近些年全国国有建设用地总体出让情况和土地出让金收入情况。表 2-1 统计的是自然资源部发布的 2010 年至 2016 年间每年的国有建设用地总体出让情况和土地出让金收入情况。从表 2-1 中不难看出，自 2010 年至 2013 年，国有建设用地出让面积逐年增加；自 2013 年至 2016 年，国有建设用地出让面积又逐年减少。在这 6 年期间，国有建设用地出让面积于 2013 年达到 6 年间的峰值。但土地出让金增减并没有表现出与国有建设用地出让面积的完全同步性，如 2016 年土地出让面积为 20.82 万公顷，但土地出让金却

高达 3.56 万亿元。

表 2-1　2010 年至 2016 年全国年度土地出让面积与年度土地出让金数额对比表

年度	2010	2011	2012	2013	2014	2015	2016
出让面积（单位：万公顷）	21.95	33.39	32.28	36.70	27.18	22.14	20.82
出让合同价（单位：万亿元）	2.71	3.15	2.69	4.20	3.34	2.98	3.56

（数据来源于自然资源部发布的 2010 年至 2016 年《中国国土资源公报》）

再来看 2010 年至 2016 年间的每平方米土地出让综合地价和各类用地地价以及各类地价同比增速情况。从表 2-2 不难看出，从 2010 年至 2016 年，整体看工业用地地价偏低，商服地价和住宅地价较高，全国综合地价、商服地价、住宅地价、工业用地地价均呈现出不同幅度的上涨，尤其以商服地价和住宅地价涨幅明显。同比增速并不呈现稳步上升的趋势，2010 年、2013 年和 2016 年增速加大，而 2011 年、2014 年、2015 年增幅均有回落。

表 2-2　2010 年至 2016 年全国年度土地出让综合地价、商服地价、住宅地价、工业用地价（单位：元/平方米）及同比增速比较表

年度	2010	2011	2012	2013	2014	2015	2016
综合地价/平方米同比增速	2881 8.6%	3049 6.0%	3129 2.6%	3349 7.02%	3522 5.2%	3633 3.2%	3826 5.3%
商服地价/平方米同比增速	5181 10.0%	5654 9.0%	5843 3.3%	6306 7.93%	6552 3.9%	6729 2.7%	6937 3.0%
住宅/平方米同比增速	4244 11.0%	4518 6.6%	4620 2.3%	5033 8.95%	5277 4.8%	5484 3.9%	5918 7.9%
工业用地/平方米同比增速	629 5.3%	4518 3.9%	670 2.7%	700 1.32%	742 1.4%	760 2.4%	782 2.9%

（数据来源于自然资源部发布的 2010 年至 2016 年《中国国土资源公报》）

二、农村集体土地外生性增值收益分配考察——以山东省为视点[1]

（一）土地出让金收入总体情况考察

山东省是我国东部沿海经济较为发达的省份，共有 17 个地市，但省内社会经济发展并不均衡，东部较为发达，西部属于欠发达地区。根据课题组对山东省有关土地增值数据的调研材料和深度访谈，发现在 2008 年到 2013 年之间，山东省在国有建设用地出让数量上，基本处于一种显著增长的趋势，尤其在 2009 年这一年，国有建设用地出让力度明显增大，在 2013 年全省土地出让达到高峰，土地出让总面积为 41 907.58 公顷，相应的，土地出让金的增幅也较为显著，2013 年土地出让金总额为 34 657 495.46 万元。这似乎与 2008 年金融危机有关，因国家大幅增加了投资力度，在房地产开发上有明显体现，具有逻辑与现实的必然性。但从 2014 年开始，全省土地出让面积又开始减少。

从调研情况看，全省 17 个市的土地出让金具体情况存在较大差异。其中，济南、青岛为山东省经济较为发达的市，其土地出让金收益在全省也最高，每年大约在 300 亿元以上，相较之下，莱芜（现划归济南，下同）、泰安均为经济欠发达的市，人口相对较少，土地总面积也相对较小，土地出让金在 100 亿元左右。

相较于建设用地单位面积出让金而言，新增国有建设用地的单位面积出让金比明显偏低，这应当与新增建设用地与存量建设用地的区位不同有关，因为新增建设用地多位于城乡接合部区域，而存量建设用地多位于城镇区域内部，前者的土地出让金低于后者，符合社会现实逻辑。在济南市土地出让金中，存量土地的出让金占比较大，这是研究农村集体土地增值收益分配问题中需要注意区分的一个细节问题。

（二）土地征收补偿机制运行中的成本支出情况考察

在土地征收补偿机制的农村集体土地增值收益分配中，成本支出主要包括征地补偿安置、土地开发费及各项税费等各种成本。其中的征地成本又包括农村集体土地补偿费、农民的各种补偿费、地上建筑物等补偿费、社会保险费和征地管理费等。从 2013 年山东省的征地情况来看，青岛市的征地总成

---

[1]　注：该部分所有数据均来自作者亲自参加的课题组在山东省自然资源局的调研和访谈所得。

本最高，为 174 044.42 万元，这与青岛市征地数量较大有关，但青岛市每亩征地成本并不是最高，为 20 万/亩左右。济南市每亩征地成本最高，为 24.05 万元/亩，因为济南市是省会城市，且经济发达，其次为枣庄、东营等地市，每亩征地成本均较高，枣庄市为 20.25 万元/亩，东营市也是 20.25 万元/亩。从全省单位面积的征地成本支出来看，平均水平为 16.53 万元左右/亩。德州市和聊城市的征地成本最低，德州市为 13.39 万元左右/亩，聊城市为 13.52 万元/亩。在山东省，德州市与聊城市均为经济发展较为落后的地区。

据学者对全国 2013 年、2014 年的数据测算，[1]2013 年的全国土地出让金为 41 638.36 亿元，征地和拆迁补偿费用支出为 20 917.69 亿元，占土地出让收入的比重平均为 50%，土地开发支出为 8350.28 亿元，开发性成本约占土地出让收入比重的 20%，两项测算成本总和为 70%。2014 年的全国土地出让金为 42 949.61 亿元，征地和拆迁补偿费用支出为 20 281.78 亿元，占土地出让收入的比重平均为 47%，土地开发支出为 8952.01 亿元，开发性成本约占土地出让收入比重的 21%，两项测算成本总和占比为 68%。与全国相比，山东省的平均征地成本在土地出让金中的占比为 12.15%，比重明显偏低，对农民的土地征收补偿偏低。由此可以推断，即使按照区片价对农民进行补偿，农民得到的也仅仅是不充分的补偿而已，并没有完全获得相应的对土地增值收益的分享。当然，这只是根据山东省 2013 年土地出让金情况与土地征收成本、开发成本进行计算后，得出的结论。不过，需要注意的是，近几年山东省已经大大提高了对农民土地征收补偿数额。另外，由于学者是根据搜集的公开的数据进行的测算，其中难免有数据准确度以及一些不知因素的影响问题，其结论的可靠性也还是需要再验证的。

（三）土地增值收益情况

从调研收集到的数据看，2013 年山东省土地征收机制中的出让金总额扣除成本总额之后的土地增值收益总额为 4 682 519.23 万元，其中临沂市的增值收益总额最高，为 860 753.40 万元，其次是潍坊市为 531 016.41 万元，莱芜市最低，为 12 239.36 万元。从土地增值收益占土地出让金的比重来看，全省平均占比为 57.82%。在全省 17 个地市中，枣庄市占比是最高的市，为 73.69%，最低的是莱芜市，占比只有 18.54%。从单位面积的增值幅度来看，

---

〔1〕 汤林闽："中国土地出让金收支状况：2007—2014 年"，载《财经智库》2016 年第 1 期。

枣庄市每亩增值高达 56.73 万元，是最高的，莱芜市市最低，每亩增值仅为 3.36 万元。

从土地用途的角度看，不同用途的土地出让金增长幅度存在较大差别。商服用地和住宅用地增幅较大，而工业用地增幅很小，有些工业用地甚至没有增幅，为了招商引资，各市很多出让的用于工业的用地，几乎都是以征收成本价进行出让的。笔者在潍坊市青州市调研了解到，该市城区每亩工业用地的出让价格大约为 22 万元/亩，而土地征收补偿费大约为 12 万元/亩，青苗费和及地上附着物的补偿费大约为 2 万元/亩，土地开发成本和税费大总计约 8 万元/亩。这样总算起来，用于工业用途的土地征收机制几乎直接产生不了什么增值收益，当然，招商引资之后，政府会有一定的企业税收，这就另当别论了。从调研用地的情况看，山东省各地市征收的土地，大部分用于工业用途，少量的土地用于商服和住宅。因此，对于土地增值收益状况，需要从整体角度看，不能只以少部分商业用地和住宅用地的出让金为标准，就简单得出只有政府以住宅用地的出让金标准补偿给被征地农民，才是公平的补偿，这种似是而非的结论。

（四）集体土地增值收益分配现状

通过对山东省各地市的调查，多年来，各地政府一般按照山东省政府公布的片区综合地价对被征地农民进行补偿，该补偿标准明显高于法律规定的 30 年亩产倍数，而且每三年涨一次。在补偿方式上，除了进行直接货币补偿之外，还采取多种方式对农民生计予以安置，如留地补偿，由农村集体统一为被征地农民建沿街门头房用于出租等。从调研中了解到，农村集体经济组织内部对土地征收补偿的分配，大体存在三种做法：第一种是将土地征收补偿款按照集体成员资格和承包地情况，一分了之，这样的农村集体，尽管分钱时都很高兴，但由于集体经济组织没有留下必要的公益性资金，集体在图谋发展时也没有启动资金，村集体缺乏应有的凝聚力，基本上是分完钱后，各干各的。第二种是将政府给的土地补偿款只分掉一小部分，大约 30%，将其余大部分土地补偿款存入银行，每年将固定利息取出后，作为过年福利，发给村民。这种做法是为了以后集体如果有了发展的机会，就有了启动资金，但村委会的困惑是，将土地补偿款存入银行，感觉利息太低，但一时又找不到很好的投资项目；第三种情况是村支书或者村主任是能人型的村领导，将土地补偿款在通过村集体民主决策后，又通过银行贷款等方式筹措资金，投入商业地产的运营中，经多年的经营，村集体已积累了上亿集体资产。这种村的村主任大都反映，村子发展好了，最令人头痛的事，就是面临着本村集体成员资格认定难题。由于没有法律明文规定，村规民约又缺少权威性，乡镇政府一般也不愿意管这事，有些人为成员资格问题不断上访，最终成了村集体最难解决的一个"麻烦"。

（五）山东省土地征收增值收益分配机制中存在的主要问题

1. 各地市农村集体土地增值收益存在较大的不平衡

由于不同地区的社会经济和城镇化发展程度不同、土地区位不同、人口集聚度不同、产业结构不同等因素，各地之间的农村集体土地增值收益存在较大差异。如济南市，尽管在经济上不属于全省最发达的市，但毕竟是山东省的政治文化中心，城市基础设施完备，各种发展资源较为丰富，人口集聚度高，出让的土地中用于商服和住宅的较多，房价也较高，因此无论是在土地出让金总额上，还是在土地单位面积出让金上，都在全省处于相对高位，增值收益幅度很大。青岛因为经济优势和地理优势，也存在类似情况。而那些经济欠发达地市，大部分新征土地属于工业用地，土地出让金偏低，即使是住宅和商服用地，土地价格也不是很高。这种地区间巨大的土地增值收益差异，在一定程度上也诱导着各地区的土地向不同土地用途转变，从而地区间社会经济发展差距存在逐渐拉大的趋势。

2. 政府掌握决定权易加剧农民与政府之间的利益博弈

从山东省以"土地征收补偿安置"为表征的土地增值收益分配机制看，在农民集体、农民与政府之间的分配关系上，分配多少？如何分配？决定权和主动权是掌握在政府手中的，农民集体和农民主要处于配合的地位。尽管在征地补偿程序上，也经过一定的协商、公告告知等程序，但农民集体和农民基本上没有多大话语权和决定权。在这种机制下，农民通常会用"弱者的武器"，与政府在土地增值收益分配上进行博弈。一旦有些人在博弈中获得一定利益，就会产生"羊群效应"，所以即使政府有时已经作出了很大让步，有些农民仍然难以满足对土地利益的渴望与想象。所以，尽管土地征收的决定权和主动权是掌握在政府手中，但政府有时是强者，有时也会成为"弱者"。

3. 总体看各地农民在土地增值收益中的分配占比差距较大

近些年，山东省一直在施行片区综合地价来确定征地补偿和安置标准，并且每三年调整一次，整体看被征地农民补偿标准在逐年提高，但由于片区综合价的制定需要考虑多种因素，因各地市经济发展、地理地貌、生活消费等因素存在差别，所有各市地的片区综合价之间差距也比较大。这样就很容易出现仅一条路之隔，但补偿标准却差了不少的情况，农民感觉这样的补偿机制不公平。

4. 不同时期土地征收补偿标准逐渐走高不利于社会稳定

按照规定，片区综合地价每三年调整一次，补偿标准总的趋势是不断提高，这原本对被征地农民而言，是一件好事。但是这样的做法却也给政府带来了意想不到的麻烦。因为以前土地被征收的农民会找政府再要补偿，他们认为以前的补偿标准低了，会再找政府讨要补偿。此外，以前对被征地农民多采用货币方式补偿，现在多采用货币和留地补偿，这样留有土地的集体利用土地开发综合商业地产，收取租金用于集体成员分红，而原来被征地的农民看着这种方式"眼红"，就会找政府再要地或者再要钱，总之，以上问题，是土地征收补偿机制存在的一个隐患问题。但如果是市场机制，因为土地入市取决于农民集体自愿选择，而且土地增值收益如何分配的决定权掌握在农民集体手中，政府只是依法征税而已，因此，在市场机制下，农民在找政府"后账"的情况基本可以避免。

5. 农村集体内部土地增值收益分配缺乏政府规范和引导

按照现行规定，有关土地征收补偿款的分配问题，政府一般只要按照规定将给予农民集体的补偿款拨付到位，就算完成了政府的付款任务，至于农民集体内部如何使用和分配，基层政府一般不会干预，因为大部分基层政府认为这是村民自治问题，政府也不应当干预。法律也没有明确规定村集体内部如何利用土地征收补偿款的一般原则，因此，很多农村集体拿到那么多征地补偿款之后，大都不知怎么办好。有的根据多数农民意见，一分了之，有的存入银行后，采取了既给农民分配征地补偿款，也分配一部分利息的补偿方式，但农民意见很大。此外，在集体成员资格认定上，也是一件棘手的事。总之，土地征收补偿机制中，如果国家法律层面缺少对集体内部如何分配土地征收补偿款的一般性规范和引导，将会使很多农民集体围绕着土地补偿款利益分配问题发生纠纷和矛盾，进而影响到基层社会稳定和有效治理。

三、国家与农村集体经济组织之间土地增值收益分配的综合分析

在现行土地征收补偿机制运作中，地方政府与农村集体经济组织、农民个体之间关于集体土地被征收后再通过土地一级市场出让所取得的土地出让金分配，主要通过法律规定的土地征收补偿安置费用制度实现。本书将土地征收补偿安置费用界定为，涵盖了土地征收过程中所支付给农村集体及其组织成员的全部费用，包括土地补偿费、安置补助费、地上附着物和青苗的补偿费、房屋拆迁补偿、被征地农民社会保障以及其他相关方面的安置补助。

（一）土地补偿费和安置补助费

从法律规定层面看，土地补偿费与安置补助费是两项独立的内容，分别确定相应的补偿或安置标准。安置补助费是指征收主体（通常是政府）在征收土地时，为了安置以土地为主要生产资料并取得生活来源的农业人口的生活，所给予的补助费用，[1]安置补助费给付的初衷是"解决失地农民生存、生活问题而设立的补偿费用"。[2]但从现行政策规定和地方实践的做法来看，这两项内容往往又是交织在一起的，所以笔者在此一并予以分析。

按照 2004 年《土地管理法》的规定，土地补偿费和安置补助费均采用被征收土地"前三年平均年产值的倍数计算方式；安置补助费则按照需要安置的农业人口数计算，每人安置补助费标准为该耕地被征收前三年平均年产值的四至六倍；土地补偿费和安置补助费的总和不得超过土地被征收前三年平均年产值的三十倍"。但实践中，土地年产值受气候、市场、政策等各方面因素影响较大，不稳定性较强，如果赶上极端天气，法律规定的"前三年平均年产值"将明显低于正常值，被征地集体经济组织和农民的权益无法得到有效保障。在这一背景下，2004 年《关于深化改革严格土地管理的决定》（国发〔2004〕28 号）首次提出"省、自治区、直辖市人民政府要制订并公布各市县征地的统一年产值标准或区片综合地价，征地补偿做到同地同价"。自此，各地开始陆续制定征地统一年产值标准或区片综合地价，结束原来按前三年平均年产值确定补偿标准的方式，有效解决了征地过程中存在的补偿标

---

[1] 童航："论集体土地征收补偿范围"，载《福建法学》2012 年第 3 期。

[2] 关保俊："征地安置补助费分配问题探析"，载《人民法院报》2010 年 9 月 22 日。

准偏低、随意性较大等问题。实际上，在 2019 年《土地管理法》修正之前，很多地方的征地区片综合地价或统一年产值标准，早已超出了"土地补偿费和安置补助费的总和不得超过土地被征收前三年平均年产值的三十倍"规定的标准。当然 2019 年《土地管理法》修正之后，各省、自治区、直辖市均已经通过制定公布区片综合地价的方式，对征收农用地的土地补偿费和安置补助费的标准予以确定，并至少每三年调整或者重新公布一次，已经成为实践中的常态。

关于土地补偿费和安置费的归属和使用问题，2004 年《土地管理法》、2019 年《土地管理法》和《民法典》均未明确，[1]当然一般都解释为"土地征收补偿费应当归属于农民集体"，安置补助费则区分安置主体的不同情形，支付给农村集体经济组织或被安置人员个人。由于有关法律规定较为模糊，实践中，集体经济组织和村民之间围绕土地补偿费和安置补助费的分配问题产生了诸多矛盾，难以调和，成为影响社会安全稳定的一个隐患。为此，一些地方政府通过制定规章或规范性文件对土地补偿费和安置补助费的分配进行规范，例如湖北省原国土资源厅《关于进一步加强和规范征地管理工作的通知》（鄂土资发〔2011〕18 号，已失效）规定"将不低于 70% 的土地补偿费分配给被征地农民。土地被全部征收，同时农村集体经济组织撤销建制的，土地补偿费应全部用于被征地农民生产生活安置"。《山东省土地征收管理办法》规定"土地征收补偿安置费的 80% 支付给土地承包户，主要用于被征收土地农民的社会保障、生产生活安置，其余的 20% 支付给被征收土地的农村集体经济组织，用于兴办公益事业或者进行公共设施、基础设施建设"。

严格来讲，由于土地补偿费归农村集体经济组织所有，其内部成员如何分配问题应属于基层组织自治的范畴，包括政府在内的外部力量是不能干涉的，地方政府通过规章或规范性文件对土地补偿费的分配直接作出规定，是和《村民委员会组织法》等国家法律规定相抵触的。但如前所述，实践中往往会通过区片综合地价或者统一年产值的补偿方式，把土地补偿

---

〔1〕　如 2004 年《土地管理法》第 47 条、第 2019 年《土地管理法》第 48 条均只是规定了如何确定土地征收补偿标准，但对土地征收补偿费应当补给谁？并未明确规定。《民法典》第 243 条规定，也只是规定了土地征收补偿应当遵循的原则，即足额补偿，亦未明确规定应当补给谁？

费和安置补助费混合在一起，而安置补助费在不需要集体经济组织或其他组织统一安置的情况下可以直接支付给村民，所以地方政府对这种混合的土地征收补偿安置费用如何分配进行制度规范，也有其基于现实基础的合法合理性。需要说明的是，安置补助费是一种特殊的征地补偿费，具有鲜明的本土气息。

为了更好地考察安置补助费在各地区之间的现实运作，本书根据自然资源部所发布的政府征收利用土地公告中的内容，选取了吉林、四川、江苏、河南、广西、广东等省区作为考察对象（选取时间段为 2012 年至 2021 年，为了更好地进行对比分析，在补偿标准部分本书统一换算为"万元/亩"）。为了更好地在不同区域之间进行比较，本书根据地区、地类、计算标准、安置方案制作了以下表格。

地区	时间/年	地类	补偿标准	安置方案	其他
吉林长春	2012	建设用地	区片综合地价：10.67 万元/亩（土地补偿费 30%，安置补助费 70%）	货币+社保安置	一类区
	2020	建设用地	区片综合地价：3.33 万元/亩，其中 30% 是土地补偿费，70% 是安置补助费	货币+社保安置	七类区
四川绵阳	2012	耕地（含园地）	征地统一年产值的 6 倍，非耕地为 3 倍	货币+社保安置	
	2020		区片综合地价：区分Ⅰ、Ⅱ、Ⅲ三类地，分别为 5.04 万元/亩、4.75 万元/亩、4.48 万元/亩（游仙区）。其中，30% 是土地补偿费，70% 是安置补助费	货币+社保安置	
江苏南京	2012		区片补偿标准：8.21 万元/亩	货币+社保安置	
	2020		区片价补偿标准：8.21 万元/亩	货币+社保安置	

地区	时间/年	地类	补偿标准	安置方案	其他
河南焦作	2012		征地补偿标准为2.1万元~3.7万元/亩（包括土地补偿费和安置补助费）	货币安置等方法	
	2020		农用地5.8万元/亩	货币补偿安置、留地安置、就业安置等其他安置方式+社保安置	
广西柳州	2012	农村宅基地	统一年产值标准：5.53万元/亩（包括土地补偿费和安置补助费）	货币安置	安置补助费由农村集体经济组织管理和使用，需要安置的人员由农村集体经济组织安置，不需要统一安置的，安置补助费发放给被安置人员个人
	2020	建设用地	区片综合地价标准：7.05万元/亩（包括土地补偿费和安置补助费）		
广东广州	2012	耕地/园地/其他农用地	年产值标准：16.8675万元/亩；17.0924万元/亩；11.245万元/亩	货币补偿、留用地和社会保险的形式安置	建设用地、未利用地无安置补助费
	2021	农用地、建设用地和未利用地	区片综合地价标准：征收农用地、建设用地和未利用地的补偿标准均为30万元/亩（含土地补偿费15万元/亩，安置补助费15万元/亩）	货币补偿	建设用地、未利用地也有安置补助费

续表

地区	时间/年	地类	补偿标准	安置方案	其他
浙江绍兴	2012	耕地	C（Ⅲ）类区片综合地价 2.38 万元/亩	货币安置	只有耕地有安置补助费
	2021	耕地	Ⅰ类区片综合价 6.8 万元/亩，Ⅲ类区片综合价 6.2 万元/亩	货币安置+社会养老保障	
安徽阜阳	2013	农用地/建设用地	统一年产值（1730 元/亩）的 15 倍，即 2.595 万元/亩；统一年产值（1730 元/亩）的 7 倍，即 1.211 万元/亩	采取货币补偿、产权调换等方式进行	
	2020		区片综合地价标准： （1）Ⅰ类区域补偿费标准区片标准为 5.593 万元/亩，其中土地补偿费 2.0974 万元/亩，安置补助费 3.4956 万元/亩。 （2）Ⅱ类区域补偿费标准区片标准为 5.3 万元/亩，其中土地补偿费 1.9875 万元/亩，安置补助费 3.3125 万元/亩	采取货币补偿、产权调换等方式进行	
湖北黄石	2012	农用地	三级综合片区地价 2.431 万元/亩	货币安置、就业安置和社保安置	
	2021		区片综合地价标准： Ⅳ级，5.8 万元/亩。其中土地补偿费占 40%、安置补助费占 60%	货币安置、就业安置和社保安置	

　　根据 2004 年修正的《土地管理法》第 47 条至 50 条的规定可知：（1）征用耕地的安置补助费标准"按照需要安置的农业人口计算。需要安置的农业人口数，按照被征用的耕地数量除以征地前被征用单位平均每人占有耕地的数量计算。每一个需要安置的农业人口的安置补助费标准，为该耕地被征用前三年平均年产值的 4 倍至 6 倍。但是，每公顷被征用耕地的安置补助费，**最高不得超过被征用前三年平均年产值的 15 倍**"。其中，年产值的计算，与

土地补偿费年产值的计算方法相同。被征用单位耕地的安置补助费，因人均耕地的数量和平均年产值多少而不等，人均耕地少，平均单位年产值高，支付的安置补助费就高，反之则低。（2）征用其他土地的安置补助费标准，由省、自治区、直辖市参照征用耕地的安置补助费标准规定。对征用有收益的非耕地的安置补助费，各地一般按该土地年产值乘以略低于邻近耕地的安置补助费倍数计算；对征用房屋和其他建筑物的地基以及无收益的非耕地，不支付安置补助费。省、自治区、直辖市在制定安置补助费标准时，一般是在《土地管理法》规定的范围内，结合当地的情况，对耕地和非耕地（如园地、鱼塘、藕塘、林地、牧地、草原等）的安置补助费作统一规定。在确定安置补助费时，被征地单位要有准确的应该享受安置补助费的人口数字。为此，《土地管理法》规定，人口数必须按农业人口计算，非农业人口不在计算之中，必须是拟议征地前居住的人口，开始拟议征地后迁入的户口不包括在内。（3）按照以上规定计算支付的安置补助费，尚不能使需要安置的农民保持原有生活水平的，经省、自治区、直辖市人民政府批准，可以增加安置补助费，但是土地补偿费和安置补助费的总和不得超过土地被征用前三年平均年产值的30倍。（4）国务院根据社会、经济发展水平，在特殊情况下，可以提高征用耕地的土地补偿费和安置补助费的标准。安置补助费应该用于安排因土地被征用而造成的多余劳动力的就业和不能就业人员的生活补助，不得挪作他用，任何单位和个人不得占用。

然而，在实践中，2020年之前有些地区的安置补助费的运作方式明显脱离了《土地管理法》（2004年修正）的规定。2020年以后，按照2019年《土地管理法》第48条第3款的规定，一个很大变化就是改变了之前《土地管理法》所确立的"年产值法"的征收补偿标准，采用"区片综合地价标准"。这也是对之前各地实践的立法回应，至少从规范层面提高了补偿标准，至于实践运行如何，我们通过对以上表格数据结合相关背景的分析可知：

第一，安置补助费的实践运行逻辑存在地区差异性。安置补助费的本意是让失地农民尽快实现就业转移，因此安置补助费的计算应以当地的劳动力平均转移成本为依据。但现行安置补助费的计算标准却过于注重各地区的资源禀赋，缺乏与当地实际的劳动力转移成本的有机联系。上表中明显可以反映出：东部地区的安置补偿费高于西部地区。对此，是否应在制定各地区的"片区综合地价标准"时将国家土地总体规划因素考虑在内，值得思考。这就要求自然资源部应确立一个全国性的"国土空间规划"影响下的地价标准。

第二，2020 年之前，安置补偿费的计算标准多样化；2020 年以后，统一为区片综合地价法。2004 年《土地管理法》规定的计算标准是"统一年产值法"，实践中有些地方确实是如此操作的。但有些地区的安置补助费的计算，明显脱离了 2004 年《土地管理法》的规定，或者将之与土地补偿费进行捆绑性支付，称之为"综合价"，或者以被征收土地的数量为基础进行计算，而不以所受影响的农业人口为计算依据，或者对"需要安置的农业人口"进行人为性夸大或缩小解释。[1]由此可知，安置补助费目前的分配并不符合法律的规定。但我们不能否认，综合价法所计算出来的安置补偿费大于按年产值法所计算出来的数额。这一方面反映出当时标准的僵化性和不合理性，地方积极探索符合农民利益的补偿费用计算方式，值得肯定（上文也提到 2004 年原国土资源部在统一年产值标准外，又增加了征地区片综合地价标准）；另一方面这些实践操作的标准由于缺乏地区间的协调性，极易在相邻地区，因补偿费的差异而激化矛盾。

此外，实践中有的地区的计算标准不区分土地的类型，如湖北黄石，吉林长春等地区；有的地方是区分土地类型的，如安徽阜阳、广东广州等地区。2020 年之前，广东广州规定建设用地和未利用地无安置补偿费，这估计是考虑到了在这些土地上可能不存在需要安置的人口；2020 年之后有安置补偿费，这主要是受到区片综合地价的影响。

第三，2020 年之前安置补助费的补偿标准低，不能明显改善生活水平；2020 年之后，安置补助费标准有所提高，但各地存在差异，某些地方甚至依旧采用 2010 年的标准。2019 年《土地管理法》之前规定的征地补偿费是按照土地原用途的年产值倍数来进行测算，这种测算办法，没有体现土地的潜在收益和利用价值。按重庆市政府〔2008〕45 号文件，土地补偿费最高每亩 1.6 万元，安置补助费每人 2.8 万元，这两项费用还要用于缴纳养老保险，用完之后，其生活将面临困境。欣喜的是，十八届三中全会通过的《关于全面深化改革若干重大问题的决定》指出：要"保障农民公平分享土地增值收益""完善对被征地农民合理、规范、多元保障机制""完善农业保险制度"等。

---

〔1〕 参见钟水映、胡晓峰："土地征用安置补助费计算的误区及其纠正"，载《中国土地科学》2004 年第 4 期。

2019 年《土地管理法》对这一问题进行了回应，在第 48 条确立了"片区综合地价标准"，提高了土地补偿标准（含安置补助费）。但在实践运行中，我们发现大部分地区根据 2019 年《土地管理法》的要求，颁布了最新的各地方"片区综合地价标准"，但仍有个别地区仍然适用之前的标准。如吉林长春，10 年之间（2010 年至 2020 年）没有任何变化。这明显是违背《土地管理法》（2019 年修正）规定的，该法要求区片综合地价的公布周期，从原有的五年缩短为三年。

第四，安置补偿人员的认定标准不一致，有的按照农民户口认定，有的按照是否享有承包地认定，有的还考虑是否在本村居住。这一问题的核心是"集体经济组织成员权"问题，在现实中，农民成员权的实现和行使与集体经济组织常年纠缠不清，有待从立法上予以理清。[1]对此，本书认为需安置补偿人员的认定，对于确定集体土地征收土地补偿费、安置补助费及落实有关基本生活保障，意义重大。在认定被征地农民资格和名单时，应以村民户口为基本标准，但应考虑一些特殊情况：一是因在大中专以上院校就读、应征义务兵、劳改劳教等原因而迁出户口的人员，在征地报批前回到原籍，要求恢复集体经济组织身份并享有征地补偿安置的，人民法院应予支持；二是在土地承包期内全家迁入小城镇落户但保留其土地承包经营权的人员，如其户口迁出符合《农村土地承包法》第 27 条第 4 款的规定，对其要求享有征地补偿安置的请求应予支持；三是农村集体经济组织在籍人员应视为需要安置的农业人口，但与农村集体经济组织就其村民待遇有约定的，从其约定。[2]

第五，实践突破了规范中单一"货币安置"的限制，发展出就业安置、留用地安置和社会安置等多种安置方式，是对安置补助费功能的多方面体现。通过上表，我们发现，目前的征地安置实践已经很少仅仅进行货币补偿，而是多种安置方式的组合。其中，以"货币安置+社保安置"居多，但笔者认为还需要加上留地安置。如此，理想的安置方式应是"货币补偿+社保安置+留

---

〔1〕　陈小君："构筑土地制度改革中集体建设用地的新规则体系"，载《法学家》2014 年第 2 期。

〔2〕　江苏省高级人民法院行政审判庭课题组："积极寻求问题应对方案　促进土地资源公平分配——江苏高院关于农村集体土地征收行政案件审理的调研报告"，载《人民法院报》2011 年 3 月 17 日。

地安置"的组合，货币补偿着眼于失地农民的临时性救济，社保安置着眼于安置补助费的社会功能，留地安置可为发展一定集体经济奠定一定物质前提和基础。关于社保安置又存在多种形式，实践中探索出"被征地农民纳入城镇职工基本养老保险、为被征地农民建立独立开放的养老保障和政府+商业保险三种主要养老保障模式"，[1]各地区应结合当地实际，并考虑失地农民的选择权来选择合适的社保安置模式。

从以上分析可知，在目前征地补偿费结构中，安置补助费本质上不同于土地补偿费。土地补偿费着眼于集体土地的所有权，安置补助费着眼于土地所承载的保障价值的转化。故而，以技术手段将土地补偿费和安置补助费合并确定为一综合价是不当的，这不仅违背法律精细化的要求，也不符合分配正义的宗旨。2019年《土地管理法》修正以后，各地在"区片综合地价标准"中明确了土地补偿费和安置补助费的分配比例，说明了立法者认识到了两者在功能上的差异性。但本书仍建议将土地补偿费和安置补助费彻底分离（即明确征地区片综合地价中人均农业人口安置补助费数据），同一县（市、区）内采用相同的农业人口安置补助费标准，以真正实现"同地同价、同人同标准、地有级差，人无等级"。[2]

（二）青苗和地上附着物补偿费

青苗补偿费，是指国家征收集体土地时，就地上正在生长的农作物，向其所有权人支付的补偿费用；地上附着物补偿费，是对被征收土地上的各种地上建（构）筑物，如房屋、水井、水渠、桥梁、管线等进行的补偿。按照《土地管理法》的规定，被征收土地上的附着物和青苗的补偿标准，由各省、自治区、直辖市规定。例如《山东省实施〈中华人民共和国土地管理法〉办法》第27条规定："……（一）青苗补偿费按一季作物的产值计算；（二）被征收土地上的树木，凡有条件移栽的，应当组织移栽；付给移栽人工费和树苗损失费，不能移栽的，可给予作价补偿；（三）被征用土地上的建筑物、构筑物等附着物，可按有关规定给予折价补偿，或者给予新建同等数量和质量的附着物。对在征地期间，突击栽种的树木、青苗和抢建的建筑物、构筑物，

---

〔1〕 陈正光、骆正清："现行被征地农民养老保障主要模式"，载《华中科技大学学报（社会科学版）》2009年第2期。

〔2〕 谢巧巧："新法实施后各省征地区片综合地价政策分析"，载《中国土地》2021年第5期。

不予补偿；在非法占用土地上建设的建筑物和其他设施，不予补偿。"对于集体土地上的青苗和地上附着物，虽然各地都规定了具体的补偿标准，但在具体执行过程中，负责清点的一线人员还是有相当大的"自由裁量权"。因为就同一种植物而言，处于不同生长期的补偿标准也不一样，其究竟处在哪个生长阶段需要工作人员的主观判断，无疑增加了各种违规操作的空间，也相应引起大量的行政纠纷。

应当指出的是，集体土地上的房屋在法律层面被列为地上附着物的一种确定补偿标准，在各省级地方政府颁布的具体补偿标准中，一般是根据房屋建筑结构如钢混、砖混、平房、楼房的不同，按照建设重置价格进行估算，确定不同的补偿数额，每平方米从几百元到一千元左右不等，差距不是很大。但具体到一些市县，事实上已经将房屋拆迁补偿从地上附着物中单列出来进行规定，因为很多时候对农村，特别是城郊接合部房屋的拆迁补偿往往和安置政策交织在一起，选择以货币化方式补偿的，获得的补偿价格可能远远高于房屋作为附着物本身的补偿价格。特别是近几年，一些地方集体土地上房屋拆迁补偿标准飞速提高，例如 2017 年山东省济南市万达文旅城和国际医学中心征地项目，拆迁补偿达到了 16 000 元每平方米，与周边国有土地上房屋拆迁达到了同地同价。刨除各地政策性影响因素外，如果从法律层面进行分析，这种较高的补偿价格也有其一定的法理基础，因为它不仅仅是房屋本身的补偿，也包含着对房屋所占土地的补偿，体现了房地一体的补偿方式，在相关司法解释中也得到了确认。

（三）被征地农民社会保障费用（政府出资部分）

被征地农民社会保障，是为从根本上解决被征地农民的长期基本生活保障，国家征收集体土地后，通过为被征地农民安排一定的社会保险费用，将被征地农民纳入社会保障体系。根据《社会保险法》的规定，被征地农民社会保障并未单独设立保险种类，而是结合现行的相关社会保险制度，纳入城镇企业职工基本养老保险或城乡居民基本养老保险。

按照现行政策，被征地农民社会保障费用一般由政府、集体、个人共同出资，在资金来源上主要有两块：一是来自征地时支付给农村集体经济组织和农民的土地征收补偿安置费用；二是政府再单独列出一块保障资金，即征地补偿安置费用不足以支付社会保障费用的，由当地政府从国有土地有偿使用收入中解决。[1]国家对被征收土地农民社会保障资金政府出资部分落实的环节也有明确要求，应当在征收土地报批时足额拨付至当地社会保障资金专户，社会保障费用不落实的，不得批准征地。

（四）对集体经济组织及农民的其他补偿安置费用

除了一次性货币补偿外，一些地方政府还积极探索其他补偿安置方式，保障被征地农民的长期生活不受影响。例如，深圳市为了促进农村集体经济组织的可持续发展，规定了原农村集体经济组织可以保留使用一定的征收后返还的土地。济南市在推进城中村改造过程中，专门规定按人均建筑面积30平方米建设生活保障用房，产权归集体经济组织，其收益用于保障原村民的未来生产生活，建设资金按普通商品住宅的建安成本纳入改造成本。此外，被征地农民医疗保障也是征地补偿安置的一项重要内容，有的地方专门列入财政预算，被征地农民在参加城乡居民基本医疗保险时，可以免缴医疗保险费用，在生病住院时仍享受报销福利。

四、农村集体土地征地机制中国家收取的相关税费及其他相关支出

土地征收过程中，地方政府除了向被征地农村集体经济组织及其成员支付补偿安置费用外，还要向国家缴纳相关税费，一般列入土地取得成本，也是土地出让收益分配的路径之一。

（一）新增建设用地土地有偿使用费

新增建设用地土地有偿使用费，是国务院或省级人民政府在批准农用地转用、土地征收时，向有偿供应土地的市、县人民政府收取的平均土地纯收益。按照《土地管理法》及相关政策规定，土地有偿使用费30%上缴中央财政，70%上缴地方财政。地方分成的70%部分，一律全额缴入省级国库。

新增建设用地土地有偿使用费征收标准，由原国土资源部按照全国城市土地分等和城镇土地级别、基准地价水平、各地区耕地总量和人均耕地状况、社会经济发展水平等情况确定，并定期调整。国家将全国城市土地分为十五等，新增建设用地土地有偿使用费征收标准最早为每平方米5元至70元不

---

〔1〕 例如《山东省土地征收管理办法》规定，实行被征收土地农民社会保障制度，政府出资部分原则上不低于社会保障费用总额的30%，从土地出让收入中予以安排；单独选址项目的政府出资部分，由用地单位承担。

等，后来为抑制地方政府大肆征地的利益驱动，强化对土地的经济调控手段，2007年1月1日起将新增建设用地土地有偿使用费征收标准提高1倍，最高的一等由原来的70元/平方米变为140元/平方米，最低的十五等由原来的5元/平方米变为10元/平方米。

新增建设用地土地有偿使用费，由地方政府在征地报批环节缴纳，纳入政府性基金预算管理，专项用于基本农田建设及保护、土地整理、耕地开发等支出，任何单位和个人不得截留、挤占或挪用。

（二）　耕地开垦费、基本农田异地补划费及使用挂钩指标费用

（1）耕地开垦费。耕地开垦费的收取是为了落实"耕地占补平衡"制度而设定，即国家在城镇化建设进程中，出于保持耕地总量动态平衡的考量，按照"占多少，垦多少"的原则，要求占用耕地的建设单位，负责开垦与其所占用耕地的数量和质量相当的耕地，以保证耕地数量不减少、质量不降低。如果建设单位没有条件开垦或者开垦的耕地不符合要求，则应当按照依法缴纳耕地开垦费，专项用于开垦新的耕地。

对于耕地开垦费的缴纳标准，各地规定并不一致，一般会根据所占耕地具体情况确定。例如《山东省基本农田保护条例》第17条第2款规定："没有条件开垦或者开垦的耕地经验收不符合要求的，应当按照被占用耕地前三年平均年产值的十至十二倍缴纳耕地开垦费。"有些省还会进一步划分不同地域来确定相应耕地开垦费，例如陕西省区分陕南、陕北、关中等不同区域以及水田、水浇地、旱田等不同土地类型，征收不同标准的耕地开垦费。

事实上，由于各地耕地后备资源日益紧缺，新开垦耕地难度不断增大，一些经济发达地区特别是东部沿海城市已经很难在本地域内完成耕地占补平衡，而是需要易地购买占补平衡指标。占补平衡指标作为一种稀缺资源，近年来紧随日益火热的土地市场，在交易价格上呈现"水涨船高"之势。例如山东省各地市之间的占补平衡指标交易价格近5年内几乎翻了4倍，从原来的不到5万元每亩涨到了2018年的近20万元每亩，并且一直保持"卖方市场"的态势，缺乏统一规范的交易平台，而这些费用最终要以耕地开垦费的形式落到建设主体头上。为了扭转这一局面，2017年1月国家发布《关于加强耕地保护和改进占补平衡的意见》，首次提出耕地占补平衡探索以县域自行平衡为主、省域内调剂为辅、国家适度统筹为补充，后来又发布《跨省域补充耕地国家统筹管理办法》，进一步规范易地补充耕地运行机制。

（2）基本农田异地补划费。所谓基本农田异地代保，是指经依法批准占用基本农田的建设项目，如果在本行政区域内无法补充划入数量和质量相当的基本农田，可以委托本省其他行政区域在当地划定相应数量和质量的基本农田代为保护，并向受委托方支付基本农田建设保护的补偿费用。易地代保的委托方向受委托方支付的补偿费用，应专款用于基本农田建设与保护。事实上，这种异地代保的方式只是解决经济发达地区土地供需矛盾的短期措施，不利于经济欠发达地区的长远发展，随着各地永久基本农田和城镇开发边界的划定，其自身对土地资源的需求逐步扩大，但因为之前的基本农田代保，本地更多区域被列为禁止或限制开发区域，可能束缚自身的发展，也容易造成新一轮的地区发展不平衡。

（3）挂钩结余指标调剂费用。有的建设项目还会使用城乡建设用地增减挂钩节余指标，缴纳一定的挂钩指标调剂费用。所谓增减挂钩，是指一定区域内城镇建设用地增加与农村建设用地减少相挂钩，最终实现建设用地总量不增加，耕地面积不减少，质量不降低。2006 年 4 月，山东、四川等五省市被原国土资源部列为第一批城乡建设用地增减挂钩试点地区，对于试点地区节余的挂钩指标，在相当长时间内只允许在本县域内进行流转，一定程度上限制了交易对象范围及流转价格，项目常常因资金困难难以启动和正常运转。

为了使挂钩指标保持较为合理的交易价格，保障挂钩机制的正常运转，国家逐步放开挂钩指标的流转范围，2014 年 9 月，原国土资源部在四川推出了"可在省内跨县、市开展增减挂钩"等特殊支持政策；2018 年 3 月 10 日，国务院办公厅印发《城乡建设用地增减挂钩节余指标跨省域调剂管理办法》，规定特定地区的增减挂钩节余指标可由国家统筹跨省域调剂使用。流转范围的扩大，既可以缓解经济发达地区用地指标紧缺的状况，也可以为一些贫困地区脱贫攻坚筹集一定数量的扶贫资金。此外，一些地方政府还对挂钩指标流转的用途进行了限定，例如《山东省城乡建设用地增减挂钩试点管理办法》规定"周转指标调剂到城镇使用的，应当最大限度用于经营性用地，提高土地收益"。目前一些地区挂钩节约指标的流转价格达到了 40 万元每亩，可以较好地满足农民住房拆旧建新资金需求，对于改善农民居住环境、促进农村产业发展发挥了重要作用。

（4）耕地占用税。耕地占用税是根据其实际占用耕地面积、按照规定税额，由国家对占用耕从事其他非农业建设、开发的单位和个人，一次性征收的一种税。该税种主要是为了合理利用土地资源，加强耕地保护，利用经济手段遏制乱占滥用耕地行为，同时也为农业综合开发提供必要的资金来源。

耕地占用税在税率设计上采用了地区差别定额税率，根据人均耕地的不同，每平方米从 5 元到 50 元不等。按照现行政策，用地单位在征地报批环节就要缴纳耕地占用税，报批时没有确定土地使用人的，一般由地方政府或国土资源部门代为缴纳，列入土地出让成本，所以这里把耕地占用税也列为土地出让收益首次分配的范畴。而同样依托土地资源设立的城镇土地使用税、土地增值税等则是在土地使用权人取得土地后所征收的税种，不属于本书所研究的土地增值收益范畴。

（5）其他相关费用。与土地出让相关的其他费用，主要包括土地熟化成本、土地出让业务支出等，例如因出让土地涉及的相关道路、供水、供电、供气、排水、通讯、照明、土地平整等基础设施建设支出，以及相关需要支付的银行贷款本息等支出。此外，政府进行片区集中开发时，整个区域内基础设施配套费用也要总体平衡到每一个地块上，以土地出让成本的形式予以体现。

五、农村集体土地征收机制中政府对土地增值收益的再分配

政府土地增值收益的再分配，主要是指各级政府将取得的土地收益，通过财政支出的形式在整个社会范围内进行再次分配的过程。从这个角度来看，收益分配其实是收益的分享，实践中土地增值收益更多的时候体现为"收益分享"。之所以将这一部分内容纳入研究视角，是因为土地增值收益的形成及分配是一个系统的链条，必须综合全面地审视现状，理清现行运行机制的利弊优劣，从而有针对性地进行分配模式的重构。目前，政府土地收益的再分配主要包括国家、省级政府对新增建设用地有偿使用费的分配、市县政府对土地出让净收益的分配两个层面的内容。

（一）市、县政府土地出让净收益的再分配

地方政府土地出让总价款的分配，主要分为两个方面：一是成本性支出，即前面提到的征地补偿安置费用、被征地农民社会保障、保持被征地农民原有生活水平相关补贴、国家收取的各项税费、土地熟化费用、土地出让相关业务经费等成本支出。实际上这些支出不应属于土地增值收益中的支出，而

应当计入征地成本。

本书认为，只有下列支出属于农村集体土地增值收益或曰土地出让净收益的再分配。

第一，支农支出。按照国家相关规定，土地出让净收益的15%用于农业土地开发，10%用于水利建设。此外，政府土地出让净收益还要用于农村基础设施建设，例如农村饮水、沼气、道路、环境、卫生、教育以及文化等项目支出。

第二，国有土地收益基金支出。国有土地收益基金属政府性基金的一种，是为了对土地开发利用进行长远规划而设立的专项政府性基金，按照缴入国库土地出让收入的一定比例（一般不低于1.5%，具体由地方政府确定）计提。国有土地收益基金主要用于土地收购储备及前期开发等支出，专款专用、循环使用，防止土地储备过度依赖银行贷款，避免地方政府"寅吃卯粮"。

第三，保障性住房支出。为了解决城镇低收入家庭住房困难问题，国家要求地方政府从土地出让净收益中计提5%左右用于廉租住房建设，后来又扩展为保障性安居工程建设，包括公共租赁住房、工矿棚户区改造等，各地要从土地出让净收益中提取10%用于保障房建设。

第四，教育发展资金。国家从2011年1月1日起，要求各地政府从当年的土地出让收入中，按照扣除征地和拆迁补偿、土地开发等支出后余额10%的比例，计提教育资金，作为各地财政性教育经费来源之一，着力解决教育发展关键领域和薄弱环节的问题。

第五，破产或改制国有企业职工安置费用支出。根据国家有关规定，破产或改制国有企业国有土地使用权出让收入，优先安排用于支付破产或改制国有企业职工安置费用支出，具体比例一般由地方政府根据企业实际情况予以计提。

第六，城市建设支出。主要包括城市基础设施建设以及配套设施建设等支出，例如城市道路、桥涵、公共绿地、公共厕所、消防设施等基础设施建设，具体计提比例由各地自行确定。

（二）国家、省新增建设用地有偿使用费的再分配

地方政府在土地征收环节要向国家、省缴纳新增建设用地有偿使用费。

对于新增费使用方向，国家也有明确规定，[1]作为省级提成的新增建设用地使用费，各地在使用上也基本参照国家的支出范围作出规定，[2]对新增建设用地使用费的使用和管理进行规范，在具体内容上与国家规定基本一致。

六、征地过程中不同主体之间的利益博弈

近年来，围绕集体土地征收引发的群体性上访、行政复议、诉讼案件不断上升，根据国家信访局统计，全国40%以上的群众上访事件由土地问题引发，其中因征用农民土地而引起的上访、群体性事件更是高达60%以上。据某省政府法制办统计，2011年至2012年该省收到行政复议案件400件，其中征地类行政复议案件304件，占76%；另外该省2008年至2012年土地征收行政诉讼案件有2156件，占收案总数的17.5%，以省人民政府为被告的行政诉讼则全部是征地案件。这反映出近年来征地过程中围绕补偿安置问题产生的纠纷与日俱增，不同主体之间的利益博弈日益突出，由此引发的行政复议、诉讼案件也呈现出量多面广、情况复杂、矛盾集中的特点。

（一）政府与集体经济组织及个人之间的利益博弈

征地补偿过程中，政府（主要是地方政府）与农村集体经济组织及其成员间存在复杂的利益博弈：一方面，一些地方政府为了城市建设和经济发展，违法违规征地屡禁不止，征收补偿不到位或标准偏低，失地农民长远生计无法得到有效保障；另一方面，一些被征地农民在获知征地信息后，抢栽、抢种、抢建或者无正当理由拒不拆迁、漫天要价现象时常出现，个别所在村集体经济组织予以默许甚至推波助澜，地方政府权威受到损害和质疑，在被征地农民中引发新的不公平。

1. 集体土地上房屋拆迁补偿方面的利益博弈

从国家法律层面看，集体土地上房屋是作为地上附着物的一种，有关拆

---

〔1〕　1999年，财政部、原国土资源部专门制定《新增建设用地土地有偿使用费收缴使用管理办法》规定中央分成的新增费应专项用于土地整治支出及其他相关支出，其中土地整治支出包括基本农田建设支出、土地整理支出、耕地开发支出，其他相关支出包括基本农田保护支出、土地整治管理支出和财政部商原国土资源部确定的其他支出。同时，国家鼓励地方政府以土地整治项目为平台，统筹安排新增费、用于农业土地开发的土地出让收入、耕地开垦费、土地复垦费和其他涉农资金用于农业保护开发，充分发挥资金整体效益。

〔2〕　例如，2016年山东省施行《山东省新增建设用地土地有偿使用费资金使用管理办法》。

迁补偿的标准，授权各省、自治区、直辖市自行规定。在各地颁布的征地房屋拆迁补偿标准中，又基本都是按照房屋重置成本价进行补偿，每平方米从几百元到上千元不等。但如前所述，很多时候征地拆迁补偿往往又和村民安置政策交织在一起，补偿价格远远超出了房屋价值本身。

在集体土地征收过程中，争议最大、最容易激发矛盾的往往就是房屋拆迁补偿问题。各地在征地拆迁中经常出现对补偿标准不满意、拒绝搬迁的"钉子户"，甚至在对抗中发生人员伤亡的恶性事件，比较典型的如2011年广东乌坎事件、2014年平度征地纵火案等，造成极大社会影响。统计显示，近十年来中国农村所发生的重大事件有半数以上是因为土地问题。

2. 地方政府在征地拆迁方面的两个极端

从地方政府的角度看，在集体土地房屋拆迁的问题上，除了按正常程序和标准补偿安置外，面对实践中复杂多样的实际情况，在不能与被拆迁农户就拆迁补偿达成一致时，经常会因当地经济发展水平以及主政者政绩观的不同，走向两个不同的极端：

第一，违规野蛮拆迁。为了加快项目建设，不顾被拆迁群众的利益，不经过任何法定程序，即对农民房屋予以强拆，各地相继发生暴力征地事件，严重损害了被征地农民权益，影响了社会稳定与和谐发展。根据现行法律法规，地方政府在征地过程中，对房屋及其他地上附着物并没有强制拆除的权力，只能依照法定程序申请法院强制执行。所以，这种暴力强拆的行为也被国家紧急制止，一些地方官员因为违规征地受到责任追究。

第二，无原则妥协。随着国家对征地管理越来越严格，暴力征地的问题逐步得到有效解决，但有时一些村民又提出超出正常补偿标准的无理要求，双方无法就补偿金额达成一致，而一些重点项目对开工日期要求又比较紧，这种情况下，一些地方政府官员既要树立政绩又不敢违规强拆，便对这部分村民的无理补偿请求进行了妥协，直接或变相地提高了补偿安置标准。这种做法不仅增加了征地拆迁成本，还在社会上形成了"谁拆得早谁吃亏、谁当钉子户谁沾光"的不良风气，影响了社会公平和政府公信力。

3. 部分村民对征地补偿的额外利益追求

从被征地农民的角度来看，近年来，随着征地拆迁补偿标准的不断提高，部分被征地农民受经济利益的驱动，再加上政府之前对不合法要求予以妥协补偿所形成的示范效应，想方设法在正常标准之外再获取更多的补偿，这主要表现为两个方面：

第一，在现有房屋上违规加盖房屋和附属设施，以便获取更多拆迁补偿。这种现象在各地城郊接合部最为明显，一些村民为了征地时加算补偿面积，在不大的宅基地上加盖起了三层、四层小楼，有的甚至到了五六层还装上了电梯。很多城中村都布满了各种违章建筑，整个村子密密麻麻，征地前出租给外来务工者，进入征地程序则可以获得高额补偿。而地方政府为了加快推进项目建设，制度执行刚性不强，对没有合法产权的部分也予以超出成本价、低于正常补偿价的补偿。以每户加盖 300 平方米为例，成本大概在每平方米200 元，如果能补偿到 500 元，就可以额外获利 9 万元，这对农民显然具有很大的吸引力。由于这些临时加盖的房屋不按照正常施工流程，偷工减料比较普遍，因而建筑质量较差，存在很大的安全隐患，各地经常出现这些违规加盖房屋在施工过程中就发生安全事故的现象。

第二，对正常补偿标准不满意，向政府索要超出法律规定的补偿。有时候是一个利益群体，有时候是一两个零散的农户，他们会提出超出当地征地补偿标准的要求，否则就当"钉子户"，要么安排老人等特殊群体住在拆迁房里，通过软暴力拒绝搬迁，要么公然抗拒执法，实施一些危险行为予以阻挠甚至以命相搏，政府工作人员根本无法进地。这种情况下，地方政府为了避免恶性事件，往往会明里暗里让渡一些利益，尽量满足这些村民的要求，以便快速推进项目建设。从长远来看，虽然只是少数村民获得了超额利益，但是其他农户获悉情况后就会感觉不公平，也会效仿，要求政府按照新的标准进行补偿，造成矛盾越积越深，给下一届地方政府留下沉重历史负担。

此外，一些村集体还会通过虚报或者违规增加人口的方式，套取国家征地补偿款。一项调查报告显示，某地大学城一个村庄在征地前一下多出了 200余人，除正常进入者外，大部分的人口为村集体违规操作迁入，使国家利益遭到严重损害。

4. 青苗和地上附着物补偿的利益博弈

在征地补偿过程中，基于土地的不可移动性特征，土地补偿费和安置补助费的标准和数额相对比较统一和客观，除非个别情况下虚增土地面积外，一般虚报造假的空间很小，且很容易通过实际核对被发现和纠正。而青苗和地上附着物则不同，不同品种、不同生长阶段下的青苗和附着物补偿标准差距较大，从几元到几百元不等，且这些附着物在征地完成后因新的项目建设而灭失，不易进行核实，因而实践中虚报造假违规操作的较多。

虽然国家和各地地方性法规、规章中都明确规定，在征地期间突击栽种的树木、青苗不予补偿，但实践中这些规定可执行和操作性不强，经常出现一些村民在听闻征地消息后，马上抢栽、抢种补偿标准较高的果树、花卉等经济作物，并且栽种密度非常高，整片地里密密麻麻，脚都插不进去，以便获取更高的补偿利益。甚至在有些村庄还存在"击鼓传花"的荒唐现象，当政府工作人员刚完成一块地上的青苗和附着物清点，村民马上将地里刚栽的树苗拔起，借给后面其他尚未清点的村民再次种在地里，再次获取青苗补偿。而一些工作人员对此采取"睁只眼闭只眼"的态度，一般会按现状予以清点补偿。

在这种背景下，一些地方政府开始探索实行包干制，即对于地上附着物和青苗的补偿不再具体区分种类、数量等情况，而是统一按照每亩多少钱支付给村集体经济组织。如海南省三亚市 2011 年颁布的《三亚市征收集体土地青苗补偿费和征地经费包干管理暂行办法》（已失效）规定，征地青苗补偿费实行包干的，包干标准为每亩地 5 万元。山东省在相关文件中也有规定，农用地地上附着物和青苗补偿费，除坟墓和电力通信线路外，可实行包干方式补偿，最高标准不得超过每亩地 7.2 万元。当然，具体到某一户村民而言，实行包干制并不意味着无论地上多少附着物和青苗都能获得相同的补偿，因为所在村集体经济组织一般还会自行组织逐户清点，并将清点结果在村内进行公示，根据地上附着物和青苗实际情况进行补偿，也有比较涣散的村集体为了减少自身工作压力，直接按照地方政府下发的包干标准发放到每个农户。

事实上，在行政包干模式下，地方政府是各种行政任务的发包者，村委会则是承接相应任务的承包者。这一模式既是地方政府在征地管理现实操作中的无奈之举，也是一种行政管理上的"庸政"，虽然避免了地方政府与农户直接打交道的尴尬以及由此而产生的大量争议，但也造成了征地补偿安置的不公平。这种制度设计的漏洞极易在社会价值理念上形成误导，不利于构建公平合理的土地征收补偿分配机制。

5. 征地补偿安置费用发放过程中的利益博弈

对于地方政府特别是县级政府而言，城镇化进程中不可避免地要征收大量农村集体土地，但受制于地方财力等因素，普遍希望短期内以较低的征地成本来获取新增建设用地。而被征地农民在自身利益无法得到保障的情况下，往往会通过上访、诉讼等方式表达诉求，有的也会拒绝项目建设单位进入被征收土地，导致工程建设不能顺利进行，甚至做出一些极端的举动，影响社会安全稳定。

第一，地方政府不能在规定时限内将征地补偿款发放到位。根据 2014 年《土地管理法实施条例》第 25 条的规定，土地征收补偿费以及其他各项费用，应在征地补偿安置方案批准之日起 3 个月内支付到位，而实践中可能会因为财力紧张，无法按时将补偿安置费用拨付到位。前些年在征地补偿方面存在的最大问题就是拖欠征地补偿费，据原国土资源部统计，1999 年至 2004 年，全国征地拖欠农民补偿费 175.46 亿元，很多失地农民无法及时获得补偿，引发大量社会矛盾。2010 年原国土资源部下发《关于进一步做好征地管理工作的通知》，开始探索实施征地补偿款预存制度，要求市县政府在组织用地报批时，根据征地规模与补偿标准测算征地补偿费用，预存征地补偿款，这一状况得到很大扭转。

第二，基层政府截留、克扣征地补偿款。一般情况下，上级政府下拨的征地补偿安置费用都要经过乡镇政府（街道办事处）发放到村里，并且乡镇政府对村委会如何支配征地补偿安置费用负有指导和监督职责，很多地方实行"村账镇管"。在土地征收补偿款发放时，经常因为信息不透明，发生镇、村随意挪用、截留征地补偿款的行为，严重侵害农民利益，政府提取得多了，农民得到的自然就少了。

第三，被征地农民社保费用落实不到位。虽然国家一再要求征地报批前必须落实社保费用，大量被征地农民逐步被列入社保，但仍有一些地方政府因各种原因无法落实到位。例如根据原国土资源部通报，山东省济宁市 2013年上报 134 个城镇批次用地，涉及征收土地 2.99 万亩，需缴纳被征地农民社会保障资金 4.09 亿元，但未能落实到农民个人，长远生活保障无法得到落实。当然，这里面也不排除前些年一些村民过多关注眼前利益，只希望尽快拿到尽可能多的补偿款，自身不愿意参加社保，影响了被征地农民社保政策的落实。

（二）中央政府与地方政府在征地问题上的博弈

在征地过程中所形成的各种法律关系中，最主要的就是作为被征地主体的农村集体经济组织及其成员与作为征地主体的国家之间的关系。这里的"国家"实际上包括中央政府和地方政府两个不同层面的角色，并且在土地征收的问题上，中央政府与地方政府的利益考量和关注点并不完全一致，甚至从一些角度观察是相互博弈的关系，主要表现为以下几个方面。

1. 土地财政的依赖与纠正

自 1994 年的分税制改革开始，地方政府财政收入大幅下降，而地方财政的支出比重却没有发生改变，为了弥补财政收支的缺口，地方政府纷纷"广开财路"，其中土地出让收入日益成为其弥补财政缺口、加快城市建设的重要途径。特别是 1998 年住房制度改革以后，房地产市场带动的土地价值日益攀升，很多地方政府沉迷于土地增值收益，每一届都有着较强的征地和卖地冲动。但毕竟土地是不可再生的资源，稀缺性日益突显，卖地收入也不具有可持续性，而且推高了房价，带来了一系列社会问题，长期来看难以为继，对土地财政的依赖存在非常大的社会风险和隐患。

在这种背景下，中央政府层面实际上对地方土地财政持非常审慎的态度，通过一系列宏观调控政策努力改变过去依靠土地过度开发所形成的畸形财政结构和经济发展方式，要求地方政府加快推进供给侧结构性改革，鼓励创业、创新，优化产业结构，培育新的经济增长点，减少地方财政对房地产市场的依赖，增强地方经济增长后劲。但毕竟全国范围内的土地监管仅靠中央难以执行到位，政策在落地过程中实施效果难免会打折扣，地方政府首先考虑的是最起码本届政府利益最大化，对土地财政的依赖短期内难以根除到位。

2. 征地范围的扩张与限制

在征地范围的问题上，中央与地方政府的态度也不一致。国家在法律上规定了土地用途管制和耕地保护制度，严控各地建设用地总规模和年度新增建设用地计划，每年征收的集体土地必须限定在可控范围之内；而地方政府则需要每年新征大量农村集体土地，对土地指标的渴求非常迫切，想尽一切办法来增加建设用地规模。

之所以出现这种征地规模扩大与缩小的"拉锯战"，是因为中央政府站在保障粮食和生态安全以及转方式、调结构的角度，要求征收集体土地只能以公共利益为前提，逐步限定征地范围。党的十七届三中全会《关于推进农村改革发展若干重大问题的决定》、十八届三中全会《关于全面深化改革若干重大问题的决定》连续强调要"缩小征地范围"。虽然这需要一定的时间，但毕竟代表了我国农村土地制度改革的方向。

地方政府为了推动经济发展，加快城市建设，各项公共支出不断增大，日益增大的收支缺口主要靠土地征收和出让来实现，所以对土地征收"情有独钟"，不断扩大征地规模，扩张城市范围。据统计，2002年至2011年，全国城市累计征收土地面积1.63万平方公里，相当于城市建成区新增面积的83%。2001年中国城市建成区面积是2.4万平方公里，2015年城市建成区面积已达5.21万平方公里，翻了两番还多，而城区的面积比这个还要大得多。

3. 补偿标准的提高与抵触

为了保障被征地农民合法权益，确保社会长治久安，中央提出被征地农民"生活水平不降低、长远生活有保障"的要求，不断提高征地补偿安置标准。为此，国家需要改变一直以来单纯的以土地年产值倍数来确定补偿安置标准的做法，通过规定合理、公平的补偿标准，建立相对稳定且定期调整的价格确定机制，保障被征地农民生活。而地方政府则站在本地财政的角度，不希望土地征收补偿费用太高，特别是地方财力有限的中西部地区，地方政府财政支出能少即少。

在这方面，最典型例子就是《土地管理法》的修改问题。2019年之前的《土地管理法》，自1986年颁布后，仅分别在1988年、1998年和2004年作过修改，2009年、2010年、2012年连续三年进入人大立法修改计划，但结果都不了了之。2012年12月全国人大审议《土地管理法》修正案草案时，拟将征地补偿标准由之前的"按照被征收土地原用途给予补偿"以及"土地补偿费和安置补偿费总和不超过土地被征收前三年平均年产值的30倍"修改为"公平补偿"。但在2013年的全国人大立法计划中，《土地管理法》的修改却并未纳入正式的审议范围，原本要在2012年底就该完成的工作，却被调整为"适时"审议，实际上表明《土地管理法》修改又延期了。这种前后变化应当是在征求意见时遇到社会众多方面的阻力，其中最主要的就是地方政府的反对声音，因为真正的"公平"补偿将给各地实施征地带来很大被动，农民会基于现行补偿政策的不公平、不合理提出更多诉求。

基于上述分析，本书对征地过程中"国家"角色的定位，既包括代表全国层面的中央政府，也包括代表本地利益的地方政府，二者在不同的环节行使着不同的权力，承担着不同的角色。

（三）集体经济组织与其成员之间的利益博弈

尽管外界对一直以来的征地补偿机制一直批评声音不断，提高补偿标准的呼声也日益高涨，但作为被征地主体的村集体和村民除了希望补偿标准本身提高外，他们更多关注的是自身获取的补偿数额是否公平合理，而这很大程度上又取决于征地补偿费在村集体经济组织内部的再次分配。一次次征地补偿纠纷，很多时候实际上就是集体经济组织内部的一次次土地利益的博弈。

1. 补偿安置费的分配比例

从《土地管理法》等国家法律规定看，土地征收补偿费应当拨付给农村集体经济组织，安置补助费则应根据安置方式的不同支付给村民个人或村集体组织。但在现行补偿安置机制下，由于土地补偿费和安置补助费最终合并为征地区片综合地价或统一年产值标准，二者一般统一支付给村集体经济组织。对于征地补偿安置费用在村集体和村民之间的分配比例，国家层面的法律法规只是作出原则性规定，如 2007 年的《物权法》第 59 条规定，土地补偿费等费用的分配办法，应当由集体成员共同决定；《土地管理法实施条例》（2014 年修订）第 26 条第 2 款、第 3 款规定："征收土地的安置补助费必须专款专用，不得挪作他用……市、县和乡（镇）人民政府应当加强对安置补助费使用情况的监督。"

根据《村民委员会组织法》，征地补偿费的使用、分配方案，须经村民会议讨论决定方可办理。但实践中集体经济组织与其成员围绕征地补偿费的分配也存在利益博弈，并且带有更强的此消彼长特点，村集体与村民之间的分配比例，更多在于村委会的影响力和决策权。一般比较强势的村委会留取的补偿款多一些，村民拿到手的则相对少一些，而比较弱的村委会则留取的较少，特别是当村内维权村民力量比较强大时，甚至将补偿费用全部发放到村民个人，由此也造成村集体经济基础较差，没有财力建设农村基础设施和公益事业，发展壮大集体产业，不利于乡村振兴战略实施。

由于法律层面在土地补偿费分配过程中缺乏统一的规定，一些村委会表现出极大的随意性，特别是前些年村集体和被征地农民个人在征地补偿标准等方面存在严重的信息不对称，以致大量村民到当地政府或国土资源部门申请信息公开，查询该村的征地补偿标准和数额。如果认为不够公平合理，则会进行信访或提起相关纠纷和复议诉讼。此外，有关农村集体土地承包关系长久不变的国家政策和土地承包经营权的用益物权性规定，原本在于增强农民的土地承包权利的长期稳定性，消除农村集体或者他人任意侵害农民土地承包权的违法性行为，但很多农民由此认为国家所给予农村集体的土地征收补偿款应该大部分甚至全部归自己所有，而不应只给予青苗补偿费。由此也造成农村集体经济组织与其成员在征地补偿安置费用分配方面产生大量的纠纷。一些地方政府为了规范土地征收补偿安置费用分配机制，减少因分配不公引发的纠纷，在地方规章或文件中作出相应规定，例如《山东省土地征收管理办法》规定"土地征收补偿安置费的80%支付给土地承包户，主要用于被征收土地农民的社会保障、生产生活安置，其余的20%支付给被征收土地的农村集体经济组织，用于兴办公益事业或者进行公共设施、基础设施建设"。根据该规定，《山东省土地征收管理办法》将土地征收补偿费和安置费没有区分性地混在一起，但从2004年《土地管理法》第47条规定看，土地征收补偿费和安置费属于两个不同的补偿名目，有区别，而且土地征收补偿费应当直接给集体而不是直接给个人，安置补偿费才应当直接给农民个人。至于补偿给集体的土地征收补偿费如何分配，那是集体内部的分配事宜。但是《山东省土地征收管理办法》的该项规定，就直接剥夺掉了农村集体经济组织应当享有的分配权。

2. 围绕土地承包所产生的补偿纠纷

对于农村集体经济组织成员而言，除了关注村集体及其成员在征地补偿安置费用上的分配比例外，其更关心的还是各种征地补偿安置费用自己最终能分配多少，相对他人是否公平合理，更多时候体现的是一种"不患寡而患不均"的心理状态。如果村集体土地被全部征收，则村民会实行同等的补偿安置政策，但实践中经常遇到村集体土地被部分征收的情况，即只有部分村民的承包地被征收，其他村民的承包地未被征收。在这种情况下，村委会对于领取的土地补偿安置费可能会有多种分配方式，由于涉及不同的利益主体，每一种方式都可能引发相应的纠纷。

第一，征收未承包的农民集体所有的土地，村委会对下发的补偿安置费用会有两种不同的处置方式：一是平均分配到每个村民，此时一般不会有什么异议；二是直接将该笔补偿安置费用留存村集体，不再分配给村民个人，这种做法经常会引发村民的不满，造成村集体和村民个人之间的矛盾。

第二，征收的是已承包土地但是村委会有条件再调整承包土地，也会有两种不同的处置方式：一是给予被征地的承包户重新安排同等数量、质量的承包地，征地补偿安置费用归村集体所有；但如果被征地的承包户不愿意再继续承包土地，则此时会造成二者之间的纠纷。二是不采用重新调整承包地的方式，直接将补偿安置费用支付给被征地的承包户，此时其他村民可能会对此不满，要求调整承包地，将村集体领取的补偿安置费用平均分配到每个村民手中。

第三，征收已承包的土地且村里没条件重新调整承包地的，村委会通常会将领取的补偿安置费用直接支付给被征地的村民，此时一般情况下不会产生什么纠纷，但也有个别村委会将领取的补偿安置费用予以截留，真正分配到被征地户的数额较少，这一般会引发信访或行政复议、诉讼。

实践中还有村委会将土地发包给本集体经济组织以外的单位或者个人，但在承包合同中未就如果遇到国家土地征收如何补偿进行约定，在村集体经济组织和承包人之间也很容易围绕土地补偿款的分配发生纠纷，特别是一些村委会"新官不理旧账"，置当初签订的承包合同于不顾，随意侵害承包权人合法权益的现象时有发生。

（四）用地主体与政府、村集体及个人的利益博弈

按照现行土地供应政策，划拨、协议出让方式供地的项目在征地时就已经确定了土地使用者，经营性用地虽然要通过招拍挂方式公开出让，但很多项目特别是工业用地在征地环节已经有了用地意向人，这些用地主体既是将来土地收益再分配的受益者，同时在征地环节又与地方政府以及村集体、村民之间产生相应的利益博弈。

1. 用地单位与地方政府之间的利益博弈

土地征收补偿安置费用，按照法律规定应当由地方政府支付给集体经济组织和个人，计入土地取得成本，待土地出让后再从出让金中进行列支。但是实践中地方政府往往因财力有限，而项目建设又急需开工，经常会要求用地单位先行垫付各种征地补偿安置费用，待其取得土地后再从土地出让金或划拨价款中予以返还。

这种由用地单位垫付征地费用的方式存在很大的弊端，不仅违背现行法律规定，还带有很大的隐患，因为在土地"招拍挂"模式下，垫付征地费用的单位并不一定能取得该宗土地，最后很容易因为征地补偿费返还的问题与政府产生纠纷。还有的项目主体在土地征收后，因自身原因不愿意再继续竞拍该宗土地，而因为其先行垫付了征地补偿费用，政府对该宗地再行开发利用的时候就会受到很大的制约，造成土地长期闲置浪费。

2. 用地单位与村集体及村民之间的利益博弈

对于一些村集体以及部分村民而言，除了通过正常途径取得征地补偿安

置费用外，为了获取额外的利益，还在征地过程中通过其他非正常途径阻挠建设项目施工，例如组织群众群体性上访，拒绝施工人员进场，挖断路基、用挖掘机、大卡车堵门等非法手段强行阻止工程施工，借机向用地单位提出各种超出正常标准的利益诉求。而用地主体迫于压力，经常会通过增加青苗补偿款等方式额外支付补偿安置费用，还有的被迫让土地所在村村民承包项目土石方工程，这在很多地方几乎都成了约定俗成的规则，也造成一小部分在当地有势力的村民在相对短的时间里迅速暴富，一些地方政府对此往往采取"睁一只眼闭一只眼"的态度，只要建设项目能够尽快开工即可。

这种征地过程中非正常途径的利益博弈，也引起了中央的高度关注。近几年，中央部署开展的持续性"扫黑除恶"专项斗争中，就明确将在征地、拆迁、工程项目建设等过程中煽动村民闹事、组织策划群体性上访的行为，列入重点整治的对象，上述借助征地获取非法利益的行为得到了有效遏制。

第三节　农村集体土地增值收益分配的集体内生性机制

与改变农村集体土地所有权性质为表征的土地征收补偿安置这种外生性增值收益分配机制相对应，农村集体土地内生性增值收益分配机制，是一种在不改变农村集体土地所有权性质或者仅是名义上改为国有土地的前提下，农村集体经济组织或者农民个体依法自我主动地、自发地通过对其所有的集体土地的非农化利用而实现土地增值并取得相应收益的一种分配机制。这种机制的形成，与特定历史时期、特定区域、特定文化传统等因素有关。目前，我国比较典型的农村集体土地内生性增值收益分配机制，大体可类型化为南海模式、苏南模式与浙江模式。

一、农村工业化：典型模式中农村集体土地内生性增值的共同路径

司马迁在《史记·货殖列传》中有句流传至今的论断，"夫用贫求富，农不如工，工不如商"，从农、工、商这三种行业的经济收益大小的角度看，司马迁此言可谓一言中的，也为我国改革开放后社会经济发展中脱颖而出的南海模式、苏南模式与浙江模式所佐证。2019 年《中国省域竞争力蓝皮书》发布，不算北京与上海，广东、江苏与浙江在省份经济发展竞争力排名中位列前三，而且自新中国成立至今，尤其是改革开放之后，尽管三个省份各自社

会经济发展的具体路径并不相同，但广东、江苏与浙江无疑属于我国社会经济发展最为发达的省份，所谓南海模式、苏南模式与浙江模式的称呼，也由此而来。广东、江苏与浙江三省的社会经济何以如此发达而领先于全国其他省份，其发展秘诀归结为一句话，即农村工业化发展得好。而该秘诀的背后则是这三省的农村集体富有智慧性地获取了农村集体土地非农化利用中的土地红利。

据考察，在改革开放前，社队企业在广东、江苏与浙江三省均已经有了一定的发展。改革开放后，三省的社队企业（乡镇企业）均有不同程度的发展，这为三省的农村集体谋求从农业为主转型为工业为主的产业转型，实现农村工业化，奠定了一定有利的基础。

（一）南海模式中农村集体土地内生性增值路径

南海市位于珠江三角洲，原为广东省的一个县，于 2002 年划归佛山市的一个区。在 1978 年，南海还是典型的农业县，经济总量为 10.37 亿元，农业在经济总量中占比 30.5%。但到了 2008 年，其成为广东农村工业化发展的典型代表。在这一转型过程中，相伴而来的是大量农地非农化利用。"1992 年以后，南海制度实验的重点就从通过土地流转实现农业生产规模经营，转为以土地为资本，参与工业化和城市化的发展，即通过农村集体建设用地入市，使农民能够分享工业化和城市化发展的收益。"[1]南海农村集体建设用地的产生有其独特的路径，主要是通过实施"三区规划"来实现的。"所谓'三区规划'是指将南海全县的土地划分为三个区，即用于农业生产的农业保护区，用于工业发展的经济开发区和用于商住用的商业为住宅区。"[2]"'三区'划分的实质意义在于：可以将部分属于农村集体所有的土地，转为建设用地，从而给集体土地入市开了一个口子。也就是说，属于集体所有的土地可以不通过国有化，可以直接进入建设用地市场。"[3]

1998 年之前的《土地管理法》规定，乡（镇）村企业建设需要使用土地

---

[1] 刘宪法："'南海模式'的形成、演变与结局"，载北京天则经济研究所主编：《中国土地制度变迁的案例研究（土地卷）第八集》，中国时政经济出版社 2011 年版。

[2] 刘宪法："'南海模式'的形成、演变与结局"，载北京天则经济研究所主编：《中国土地制度变迁的案例研究（土地卷）第八集》，中国时政经济出版社 2011 年版。

[3] 刘宪法："'南海模式'的形成、演变与结局"，载北京天则经济研究所主编：《中国土地制度变迁的案例研究（土地卷）第八集》，中国时政经济出版社 2011 年版。

的，只需要经过县级人民政府批准即可。从法律层面看，只要当地政府支持，农村集体将农业用地转为农村集体建设用地，并非难事。在改革开放政策春风的吹拂下，南海人的思想获得了空前的大解放，与港澳毗邻的地域优势得以在引进港澳商投资上充分显示出来。这一机缘巧合，为南海农村集体农用地转为建设用地提供了工业化发展的契机。

南海农村集体早期工业化发展路径与苏南并无二致，即主要通过农村集体在集体所有的土地上建造厂房进而经营集体企业或者与外来投资者合作经营企业。[1]不久后，南海的农村集体意识到，集体自己经营企业不仅费心费力，且充满无法控制的市场风险。基于规避集体自己经营企业的风险考虑，南海农村集体企业开始退出。土地股份合作社应运而生，开始扮演"地主"角色，并逐渐形成了以出租集体建设用地的或者厂房为主业的"租地"工业化经济发展模式。"据2006～2011年的农村经济统计数据，南海土地租金占村组两级总收入的81.7%。"[2]南海农村地区工业化的蓬勃发展，外来人口的大量涌入，为当地村民造就了一条利用宅基地建造高层楼房并通过"房租"经济而致富的捷径。南海农村地区工业化发展以及由此产生的连锁效应，最终使南海走出了一条具有规模效应的南海农村集体土地自有的有效实现土地增值的路径。

（二）苏南模式中农村集体土地内生性增值路径

改革开放后，"苏南模式"的兴起与蓬勃发展，并非历史偶然，而是有其深厚的路径依赖。当然，这也根源于苏南地区人多地少的紧张关系。在中国传统的乡土社会，人多地少是乡村社会的一种普遍现象，而这种现象在苏南农村更为凸显。

关于工业与农村的关系，费孝通先生曾指出，"我们不能说中国没有工业，中国原有工业普遍地和广大农民发生密切的关系"。[3]"乡村工业的一个特性，就是它是用来帮助农业维持我们庞大的乡村人口的。"[4]当然，费孝通

---

〔1〕　刘宪法："'南海模式'的形成、演变与结局"，载北京天则经济研究所主编：《中国土地制度变迁的案例研究（土地卷）第八集》，中国时政经济出版社2011年版。

〔2〕　郭炎等："集体土地资本化中的'乡乡公平'及其对城市包容性的影响——珠三角南海模式的再认识"，载《城市发展研究》2016年第4期。

〔3〕　费孝通：《乡土中国》，上海世纪出版集团2007年版，第224页。

〔4〕　费孝通：《乡土中国》，上海世纪出版集团2007年版，第225页。

先生所说的工业主要是指分散在中国乡村中的手工业。在历史上，苏南地区是我国手工业较为发达的地区之一，尤其以蚕丝业为代表。"蚕丝业是这个村里的居民的第二主要收入来源，这是太湖一带农民的特点。"[1]新中国成立之前，苏南已经有了一定的工商业基础。改革开放之前，苏南又经历了我国社队企业的大发展，"1978年，苏州社队两级集体工业企业固定资产原值3.35亿元，年产值9.92亿元，占农村工农业总产值的37.76%"。[2]"改革开放头十年，苏南乡镇企业异军突起，至1989年，苏南乡镇企业创造的价值在农村社会总值中已占到60%。"[3]苏南的农村集体经济领先于全国发展起来，很大程度上与苏南工业发达的乡村传统有关。正是基于对这种传统的沿袭，苏南的农村集体利用毗邻大城市的地理优势，抓住了上海等大城市工业等产业转移的机会，充分利用了苏南在上海等大城市的人脉关系及其知识、技术，率先发展起了"苏南模式"的乡村工业经济。在这一过程中，苏南基层政府对乡村企业建设用地实施相对宽松、包容的土地管理政策，为苏南农村集体经济组织释放出了巨大的农村集体自主利用集体土地的制度自由空间；[4]形成了以乡村工业化为核心，以乡镇企业为载体的农地非农化利用模式，进而内生性地实现了农村集体土地增值收益分配的"苏南模式"。[5]

苏南乡镇企业的蓬勃发展，与改革开放后苏南因地制宜地选择了适合当地的农村集体土地承包制度存在密切关联性；与我国大多数农村集体将土地几乎全部分包到户不同，苏南采取的是"两田制"——人均6分口粮田，分配到户；户均2亩责任田，确权到户而不确地到户，由集体统一发包给种植

---

〔1〕 费孝通：《江村经济》，华东师范大学出版社2018年版，第118页。

〔2〕 宋林飞："苏南区域率先发展实践与理论的探索——从'苏南模式'新苏南模式到'苏南现代化模式'"，载《南京社会科学》2019年第1期。

〔3〕 宋林飞："苏南区域率先发展实践与理论的探索——从'苏南模式'新苏南模式到'苏南现代化模式'"，载《南京社会科学》2019年第1期。

〔4〕 改革开放后，从土地管理法律制度的演变及有关内容看，早期对村镇兴办企业用地只要履行一定的审批手续即可，较少有其他管制，即使后来国家对土地的管理日趋严格，但仍然对村镇企业利用集体所有土地兴办企业留出了制度通道，并没有完全封住。

〔5〕 "苏南模式"是费孝通先生首次提出的概念，并将其解释为"以发展为主，集体经济为主，参与市场调节为主，由县乡政府直接领导为主农村经济发展道路。"参见宋林飞："苏南区域率先发展实践与理论的探索——从'苏南模式'新苏南模式到'苏南现代化模式'"，载《南京社会科学》2019年第1期。

大户经营或者出租给乡镇企业收取租金。农村集体土地"种工厂"的收益远大于"种粮"收益，由此诱发了越来越多的农村集体土地用于发展乡镇企业。农村集体的这种做法，也得到了当地政府在政策方面的大力支持。"为推动乡镇企业的发展，政府允许市场开发、放开市场准入，在政策、土地、准入等方面给予较多优惠，且管理相对宽松，释放出许多政策红利。"[1]在这种模式的发展过程中，农村集体土地增值收益，并非像土地征收机制那样通过一次性土地出让的方式实现，也不是以土地出让金的形式明显表现出来，但却内含于乡镇企业经营收益之中。

当然，以"农村集体企业"为表征、以乡村工业化为土地增值路径的"苏南模式"在发展过程中经历了蓬勃兴起、调整分化、转向发展、转型发展等多个阶段。[2]相应地，内生于这一发展变迁过程中的农村集体土地增值路径，也随之发生了一定的变化——由最初主要依赖发展农村集体工业企业实现土地增值，转型为依靠农村集体工业企业发展中的"强者越强"实现增值与依靠"厂房出租"模式实现土地增值的土地增值路径。

（三）浙江模式中农村集体土地内生性增值路径

浙江省是我国民营经济与个体经济最为发达的省份之一，其农村集体土地内生性增值模式的形成、发展与浙江农村的工业化进程具有密切的内在关联性。浙江农村工业化发展模式，与苏南模式和南海模式有所不同。"浙江农民主要依靠自我个体和群体力量，以市场为导向，有钱出钱，有力出力，大办新一代农村家庭工业和乡镇企业，启动了农村工业化。"[3]

改革开放初期，浙江农民依托沿海区位条件，立足于"轻、小、活"的产业发展，以家庭作坊为特点，发展起了农村工业化。在这一发展过程中，当地基层政府"无为而治"的包容性行政发挥了关键性作用。有学者指出："浙江农村工业得以制度创新的一个重要原因在于浙江各级政府在制度变迁中采取了一些默许乃至支持的做法。浙江各级政府从实际出发，较少对农民群众自主的创业行为设定各种禁区，较少明令禁止，较少大面积打压。这种默

---

〔1〕 王琳："生活世界中'集体所有'的地权表达与实践——基于苏南 J 村的田野考察"，载《理论月刊》2019 年第 1 期。

〔2〕 雷诚等："苏南'工业村'乡村振兴路径研究"，载《现代城市研究》2019 年第 7 期。

〔3〕 陶济："从农村工业化到城乡一体化：浙江模式的创新演进及意义"，载《毛泽东邓小平理论研究》2008 年第 6 期。

许的做法，实际上是在特定的历史条件下对农民自主创新的一种支持，形成中央政府与基层之间的一个缓冲带，非常有利于推进制度变迁……其实质是一种经济民主，即坚持以经济建设为中心，尊重农民群众的首创精神，支持群众的制度选择，使千百万人民群众真正成为社会生产力发展的主体，从而使整个社会经济的发展具有了持续的动力和创新力。"[1]尽管浙江农村工业化发展几经波折，但到 1994 年，乡镇工业总产值占全省工业总产值比重已经提高到 63.5%，农村工业化高涨促进了浙江省工业的跳跃式增长。[2]在这样的背景下，随着农村工业化、城镇化发展的大力推进，基于农村集体因政府土地征收而采用的"留地"制度在发展中的不同选择，土地增值路径又形成了带有个人主义制度结构的"温州模式"与带有集体主义制度结构的"杭州模式"。

土地征收中"留地安置"政策，肇始于 20 世纪 80 年代的深圳，随后逐渐在各地的土地征收实践中被采用。1994 年温州市出台《温州市区国家建设征用土地补偿费和安置补助费等问题的规定》，标志着温州市在土地征收实践中正式实施"留地安置"政策。按照该政策规定，以行政村为单位，由国土规划部门确定被征地村的生产、生活和劳动力安置用地；安置用地面积，一般按一个农村劳动力留用 55 平方米至 70 平方米之间的建房用地指标；并规定实行留地安置政策的村，土地征收时一律不再支付劳动力安置费。但该政策在规定留地安置的同时，并未明确建房主体，这就等于默认了农民个体自行建房、建厂的权利。1999 年温州市又出台了《温州市鹿城、龙湾区征用土地补偿标准》，该文件要求安排一定的用地计划，用于鼓励和支持被征地的农民集体和农民从事土地开发经营、兴办企业。"农户个体可以利用分配得到的留用地指标单独进行土地非农开发，甚至可以转卖已经获得的留用地指标，从而通过市场交易直接获得农村土地非农开发的级差地租收益。"[3]应当说，这一带有个人主义制度机构特征的留地安置方式，正好适应并满足了当地农民家庭作坊式的农村工业化发展对建设用地的需求。这是在以土地征收为表征的农村集体土地外生性增值收益分配机制之外，预留出了以"农民自主建

〔1〕 黄祖辉、朱允卫："浙江农村工业化的发展与启示"，载《中国经济史研究》2006 年第 4 期。

〔2〕 殷荣林："'浙江模式'的方法论启示——改革开放 40 年浙江经济发展回顾"，载《观察与思考》2018 年第 8 期。

〔3〕 姚如青："农村土地非农开发和集体经济组织重构——基于浙江两种留地安置模式的比较"，载《中国经济问题》2015 年第 6 期。

设开发"为表征的农村集体土地内生性增值收益的通道。尽管目前温州留地安置模式面临着进一步发展的困局,但在当时看来,无疑是在农村土地征收机制之外,最适合当地农村工业化发展要求的带有包容分享性发展的一种土地权益制度安排。

杭州的"留地安置"政策,肇始于 1998 年杭州市委发布的《关于在市区开展撤村建居改革试点工作意见》(市委办〔1998〕126 号)及其附件《关于在市区开展撤村建居改革试点工作中有关集体所有土地处置的实施办法》。1999 年 4 月,杭州市政府发布《杭州市撤村建居集体所有土地处置补充规定》(杭政办〔1999〕13 号),根据该规定,有两类农村集体土地在经依法转为国有土地后,仍然留在农村集体内使用。[1] 从有关规定看,杭州的"留地安置"政策有以下三个特征:一是在土地所有权性质上已属于国有,但按划拨土地性质留给集体使用,即农村集体转为国有建设用地使用权主体。二是留出的土地,实际上包括两类地,一类是属于征收时转为建设用地的农用地总面积的 10% 的留用地;另一类是征收时的存量建设用地,包括宅基地,仍然留在集体内由现用地单位或个人继续使用。三是留出的土地的开发利用,必须严格按照规划用途使用。从日后的发展看,这些留给农村集体的土地,主要用于工商业项目的开发。这一"留地安置"模式,作为在杭州市土地征收机制中产生的一个"副产品",已成为杭州市农村集体自我发展工商等产业的重要载体和支撑,也由此获取了农村集体土地的内生性增值。有学者考察后,得出结论:"市区主要留地安置项目的抽样调查显示,每个项目年均产生效益约 925.5 万元,已占所在村级集体经济总收入的 50%~80%。"[2]

---

〔1〕 一类是为解决撤村建居后原村集体经济组织及其成员的生产、生活问题,可由原村集体经济组织提出申请,经区人民政府审核,报市政府同意,在杭州市土地利用总体规划确定的建设留用地范围内留出部分土地,其面积控制在可转为建设用地的农用地总面积的 10% 以内。留出的土地必须符合城市规划的要求,明确土地的用途,并严格按规定用途使用,不得转让和出租。留用地在实施非农建设时,免收各项规费,按行政划拨方式供地;另一类是经依法批准的原集体所有的非农建设用地,包括乡(镇)村企业用地、乡(镇)村公用事业用地、农居点用地(宅基地)等,经依法批准转为国有,由现用地单位或个人继续使用,发放国有土地使用证(应备注说明撤村建居)。以后国家建设需使用时,应参照当时的征用集体土地的补偿标准对原村集体经济组织予以补偿。

〔2〕 姚如青:"农村土地非农开发和集体经济组织重构——基于浙江两种留地安置模式的比较",载《中国经济问题》2015 年第 6 期。

二、农村集体土地内生性增值收益在"三种模式"中的分配路径

(一) 南海模式中农村集体土地内生性增值收益的分配路径

从农村土地权利配置结构的层面看，南海模式中农村集体土地增值收益的分配路径受制于南海在农村集体土地制度改革中所形成的权利结构。改革开放之后，相比于全国其他地区，南海市是最晚实行农村集体土地家庭联产承包制的地区之一。但农村集体土地的家庭承包经营制度与南海市传统的"桑基鱼塘"生产方式存在一定的冲突，为了解决这一矛盾，南海市开始尝试集中有偿投包的方式，即按照"价高者得"原则，在村里进行竞投，并没有对基塘分田到户。后来随着大量劳动力的非农就业，南海农村集体又将有偿投包的方式扩大到所有农田，并且投包人的范围也不再限于村民。[1]在人与地关系的不断变化中，农村集体与投包人之间的关系逐渐演变成一种土地租赁关系，"对于工商业经营的收入较高的村集体，投包租金大部分分配给村集体成员，而以农业为主的村集体，投包租金则主要用于村公益事业，包括为村集体成员缴纳社会保险金"。[2]农村集体与集体成员之间的关系，也相应地型塑成了一种返租关系。因为农村集体是将分散在集体成员手中的土地集中起来，再由集体统一出租出去，南海的土地股份合作社由此而生。农村集体出租土地后，将收取的租金分配给集体成员。经过这一循环过程后，土地集体所有的观念已经有所淡化，而土地私有的观念却无形中得到了强化。按照南海当时的政策规定，土地股份合作社的可支配性收入，用于分红的比重不能超过60%，余下的四成中，两成用于公积金和公益金，两成用于福利，但实际情况是，"2006~2011 年，全区经济社的平均分配比例为 63.33%，人均股份分红占农村居民人均年收入的 24.17%。(其余为工资性收入)"。[3]

此外，村民利用宅基地建起的楼房出租后所收取的租金，也成为南海农村集体成员一种重要的土地增值收益来源。

---

〔1〕 刘宪法："'南海模式'的形成、演变与结局"，载北京天则经济研究所主编：《中国土地制度变迁的案例研究（土地卷）第八集》，中国时政经济出版社 2011 年版。

〔2〕 刘宪法："'南海模式'的形成、演变与结局"，载北京天则经济研究所主编：《中国土地制度变迁的案例研究（土地卷）第八集》，中国时政经济出版社 2011 年版。

〔3〕 郭炎等："集体土地资本化中的'乡乡公平'及其对城市包容性的影响——珠三角南海模式的再认识"，载《城市发展研究》2016 年第 4 期。

（二）苏南模式中农村集体土地内生性增值收益的分配路径

苏南的农村集体土地增值收益分配模式有其特色。总体来看，基层政府通过乡镇企业的税收分享土地增值收益，农村集体通过乡镇企业经营收益分享土地增值收益，但农村集体企业的收益并不对农民进行分红。"集体经济剩余的分配有两个方向：一方面用于企业扩大再生产，参与市场竞争；一方面用于维持村级组织运转和供给品供给等公益。"[1]苏南地区的农村集体，在依托集体土地兴办、发展集体企业过程中，采用不向农民分配集体企业经营收益的分配机制。即使在进入 20 世纪 90 年代之后，部分农村集体随着乡镇企业改制退出了乡镇企业经营，转而成为集体土地的出租者，仍然沿用的是这种"不分红"的分配逻辑。近几年，苏南地区进行了农村集体资产股份制改革，农民分到了一定的股份，但集体对农民的分红只是象征性的。饶有趣味的是，苏南农民认为这种分配逻辑是有道理的，"农民并不认为集体经济收入应当拿出来分红，政府也规定集体经济收入再多也不能够用于直接分给农民个人"。[2]这种观念背后的逻辑在于，农村集体企业的发展主要取决于集体企业经营者的智慧与努力。土地的资本价值因隐而未现，被集体成员所忽略。加之，集体企业的发展解决了当地农民的稳定就业问题，工资收入远高于种田收入。另外，苏南独具特色的"两田制"也是重要原因。由于责任田采用的是确权不确地的做法，在农民与责任田之间没有形成直接的支配、收益关系。因此，在农村集体土地的非农利用以及由此产生的收益上，农民并不认为理所当然地归自己所有，而是认为归属于农村集体统一支配，用于发展壮大农村集体企业，更为合理。

"苏南模式"经营思维支配下的农村集体，注重农村集体企业的经济积累，在经过一定时期的发展之后，各农村集体经济组织之间也逐渐产生了分化，"强村更强、弱村更弱"成为一种发展趋势。因此各村农民之间的收入与福利，也慢慢出现了一定差距。

（三）浙江模式农村集体土地内生性增值收益的分配路径

浙江省分别以温州和杭州为代表的留地安置这种农村集体土地内生性增

---

〔1〕 夏柱智："城市化进程中的土地制度改革比较研究——基于苏南和珠三角的经验"，载《社会科学》2019 年第 2 期。

〔2〕 夏柱智："城市化进程中的土地制度改革比较研究——基于苏南和珠三角的经验"，载《社会科学》2019 年第 2 期。

值模式，原本是对被征地农村集体和农民的一种失地补偿措施，但在发展中逻辑性地内生出农村集体和农民分享城镇化发展成果的土地增值收益的有效路径。从制度实践看，温州个人主义制度结构的留地安置模式与杭州集体主义制度结构的留地安置模式，由于安置土地的增值路径不同，在内生性土地增值收益分配路径上，也存在一定差异。

从温州情况看，按照政策规定，温州留给农村集体的土地可用于第二、第三产业；用于第二产业的土地，留给集体用于土地开发；用于第三产业的土地，直接分配到户。在开发主体上存在多样性，土地增值收益分配随着开发利用主体的不同也具有多样性，如有些农村集体经济组织利用留下的土地兴办实业，在积累了大量农村集体资产的同时，也解决了当地农民的就业问题；有些农村集体经济组织利用土地建设标准化的厂房用于出租，通过收取的租金改善和提高村民福利；留给农户的土地，村民建起的楼房，既可以出租收取租金，也可以用于经营家庭工业或者服务业，取得经济回报。[1]当然，温州这种留地安置模式，随着社会经济进一步发展，引发了不少社会矛盾，对土地征收制度的实施也产生了很大的阻力。因为农户越来越强烈要求在土地征收过程中应首先分给村民一定的安置地，但分散的安置地开发利用，越来越不利于土地统一规划使用，并在一定程度上消减了土地规模利用的经济效益。另外，由于给村民的安置地指标可以买卖，有些开发商通过购买分散的土地指标，从事商品房开发，这在一定程度上也扰乱了房地产市场。

从杭州情况看，政策明确规定，留给村集体的土地的开发利用的主体是农村集体，而不是农民个体。由农村集体集中统一开发留用土地，有利于发挥土地开发优势，有利于土地利用规划的实施，有利于壮大农村集体经济实力，也有利于农村集体成员普遍性福利的提高。杭州留用地开发项目以高档星级酒店、高档写字楼以及高档购物中心为主，[2]这些置业构成了农村转型社区集体的重要资产，也成为集体成员源源不断的分红和各种福利的源泉。尽管这种模式避免了温州模式分散开发土地所带来的土地利用功能混乱问题，但这种模式的分配效益很大程度上取决于安置留用地能否顺利开发以及开发

---

〔1〕 孙民："温州市区留地安置政策的思考"，载《浙江国土资源》2007年第8期。

〔2〕 姚如青："农村土地非农开发和集体经济组织重构——基于浙江两种留地安置模式的比较"，载《中国经济问题》2015年第6期。

项目的收益如何。此外，这种模式也难以避免集体主义公有经济所存在的贪污、渎职等种种弊端。因此，杭州留地安置模式要能顺利且有效实施，需要具备一个重要条件——高素质的农村集体领导核心。对此，笔者在浙江省自然资源厅访谈时，有关工作人员谈到了杭州市有些村的集体留地安置项目，收益和效果都很好；有些村集体留地安置项目收益并不好，老百姓不满意。其中，村干部的素质起到了很关键的作用。

总之，在农村集体土地增值收益分配机制的形成过程中，既有自发内生性的农村集体与农民可以获得大部分土地增值收益的土地利用机制，如南海模式；也有农村集体与基层政府合谋分享大部分土地增值收益的土地利用机制，如苏南模式；还有统筹性共享大部分土地增值收益的土地利用制度机制，如浙江留地安置模式。从全国范围看，各地区社会经济发展和城镇化过程中，伴随着土地征收机制的运作，也产生了各种类型的农村集体土地内生性增值收益分配机制。如山东省济南市的孝直村、河北省衡水市的内漳村、河南省临颍县的南街村、四川省成都市的战旗村等。[1]只不过，南海模式、苏南模式和浙江模式的农村集体土地内生性增值收益分配机制在各自的农村区域中，数量多，区域影响大，辐射力强，具有了各自典型性。而其他地区所形成的分配机制，数量少，相对较为孤立，辐射力有限。立足于因地制宜、实事求是的立场，各种类型的农村集体土地内生性增值收益分配机制，均具有各自的优势与弊端，在土地增值收益分配机制路径的具体选择上，一个重要而关键的方法论立场是：适合的就是最好的！

---

〔1〕　陈小君等：《我国农村集体经济有效实现的法律制度研究——村庄经验与域外视野》，法律出版社 2016 年版，第 16、21、55 页。

第三章

农村集体土地增值收益分配机制的改革与探索

　　长期以来，我国工业化、城市化等社会经济发展过程中所需要的大量建设用地，主要是通过农村集体土地征收补偿安置机制完成的。因此，该机制也自然成为我国最重要的农村集体土地增值收益分配机制。在农村集体土地征收补偿安置制度的建构中，有关农民补偿安置制度层面所存在的种种问题、缺陷以及由此产生的对农民种种不公平的研究，可谓汗牛充栋。为了最大限度地消除农村集体土地征收机制中产生的不公正、不公平的土地增值收益分配问题，党中央近些年通过顶层部署、再到基层进行试点探索，试图多路径纠正乃至替代以土地征收为表征的农村集体土地增值收益分配机制的各项改革，已经或正在有序展开。

　　本章拟重点考察分析建设用地指标管理与交易机制、农村集体经营性建设用地入市机制、宅基地"三权分置"机制和乡村治理与集体土地增值收益分配的实践探索情况。在此基础上，总结各自的利弊与得失、经验与启示，以期有助于构建公平分享农村集体土地增值收益分配的制度机制。

第一节　建设用地指标管理与交易中的土地增值收益分配机制

　　建设用地指标管理直接关系到农村土地增值收益分配机制的运行。特别是建设用地节余指标流转机制对流转方和受让方的利益影响巨大，其如何运作以及运作效果如何需要予以厘清。

一、建设用地指标管理与交易机制的缘起及其发展

（一）建设用地指标管理与流转机制的缘起

从起源上讲，现行建设用地指标流转机制脱胎于《土地管理法》中规定的耕地占补平衡制度。1997 年，中共中央发布的《关于进一步加强土地管理切实保护耕地的通知》（中发〔1997〕11 号）最早提出"实施占用耕地与开发复垦挂钩"政策，即通称的"耕地占补平衡"政策。新中国成立直至 1997 年，在国家建设用地的使用上，我国长期施行的政策是尽可能不征用或少征用耕地良田，尽量少拆或不拆房屋，〔1〕并没有在中央政策或者法律层面对耕地占补平衡予以重视。即使在 1997 年通过中央文件的形式提出了政策要求，并在 1998 年《土地管理法》中明文规定了耕地占补平衡制度，〔2〕也只是从保护耕地的角度进行了规定，重在强调社会经济发展过程中，即使确实需要占用耕地，也必须通过开垦新耕地的方式弥补耕地减少的数量，似乎与土地增值也无关联。如果说真的存在土地增值的话，也不是开垦的新耕地实现了增值，反倒是被开发利用的耕地实现了土地增值，因为开垦新耕地得到的只是开垦费。一言以蔽之，从耕地占补平衡制度的缘起看，其意旨在保护耕地。

1998 年《土地管理法》的修订，对一系列新的土地管理制度进行了改革，如"国家保护耕地，严格控制耕地转为非耕地""国家实行土地用途管制制度""各级人民政府应当加强土地利用计划管理，实行建用地总量控制"等。这些制度的实施，意味着在将耕地转为建设用地的审批层面将进行严格控制。尤其在没有条件开垦耕地或者开垦的耕地不符合要求的情况下，即使按照《土地管理法》第 31 条的规定，足额缴纳耕地开垦费，也很难获得建设用地指标。因此，1998 年修订的《土地管理法》是我国建设用地制度发展的一次影响巨大的重大制度变革。

随着社会工商业经济的快速发展，各经济发达地区一方面需要大量建设用地用于社会经济发展，另一方面又面临着自身开发复垦新耕地无门的困局。在这种情势下，异地开发复垦成为破解建设用地稀缺难题的重要手段。"浙江

---

〔1〕　参见 1952 年《土地管理法》第 3 条第 2 款规定，1982 年《国家建设征用土地条例》第 3 条规定，1986 年《土地管理法》第 20 条规定。

〔2〕　参见 1998 年《土地管理法》第 19 条规定。

省在 2000 年时，开始允许折抵指标跨区有偿调剂，发达地区可以向落后地区购买指标，以支持本地区经济的快速发展，而落后地区则可以获得一定补偿，调剂规模越来越大。"[1]2004 年《关于深化改革严格土地管理的决定》（国发 [2004] 28 号），明确提出："鼓励农村建设用地整理，城镇建设用地增加要与农村建设用地减少相挂钩。"该文件实际上也发出了进行农村闲置、废弃等建设用地整理可得到较为可观的经济回报的政策信号。根据《关于深化改革严格土地管理的决定》的政策精神，原国土资源部于 2005 年相继出台了一系列有关规范文件，[2]由此，增减挂钩被正式纳入试点探索的范围，并强调"试点市、县国土资源部门应按照'总量控制、封闭运行、定期考核、到期归还'的原则"，增减挂钩指标交易只能在试点县（区）域范围内进行。

（二）建设用地指标管理与流转机制的发展

从各地增减挂钩试点的情况来看，该制度实施得并不是很顺利，原因在于有些地方政府在试点过程中过于追求挂钩指标收益，发生了不少"大拆迁""逼农民上楼"等严重侵害农民宅基地等财产权利的一系列问题。因此，2010 年 12 月，国务院颁发了《关于严格规范城乡建设用地增减挂钩试点切实做好农村土地整治工作的通知》（国发 [2010] 47 号），明确提出，"坚决扭转片面追求增加城镇建设用地指标的倾向"；"坚决制止以各种名义擅自开展土地置换等行为"；"严禁突破挂钩周转指标"；"严禁盲目大拆大建和逼迫农民住高楼"；"严禁侵害农民利益"。2011 年 12 月，原国土资源部又下发《关于严格规范城乡建设用地增减挂钩试点工作的通知》（已失效），对增减挂钩试点中保护农民权利问题，作出了一系列具体规定，尤其在挂钩增值收益分配问题上，特别强调要确保收益返还农村，"使用增减挂钩指标的土地出让净收益要及时全部返还用于改善农民生活条件和支持农村集体发展生产。农民新居和新村基础设施、公益事业建设所需资金，不得增加农民负担，主要应由增减挂钩指标调剂使用的收益平衡，让农民分享到增减挂钩试点带来的实惠。各省（区、市）要研究制定增减挂钩指标使用管理办法，确定收益的来源、

---

〔1〕 连宏萍、陈晓兰："央地关系视角下的土地增减挂钩政策变迁——基于间断均衡理论的考察"，载《新视野》2019 年第 4 期。

〔2〕 如《关于规范城镇建设用地增加与农村建设用地减少相挂钩试点工作的意见》（国土资发 [2005] 207 号）和《关于天津等五省（市）城镇建设用地增加与农村建设用地减少相挂钩第一批试点的批复》（国土资发 [2006] 269 号）。

构成和分配，明确收益主体，规范收益分配和用途"。截至 2013 年，已批准 29 个省份开展增减挂钩试点，至此，建设用地增减挂钩试点基本在全国全面展开。在各地进行增减挂钩试点的过程中，产生了多种典型模式，如重庆和成都的地票模式，天津的"宅基地换房"模式、河南的宅基地复垦券模式、义乌的宅基地集地券模式等。自 2006 年批准的第一批正式试点的省份至今，增减挂钩政策已经试点运行了 13 年，基本涉及了全国各省份。

党的十八大以来，增减挂钩政策又增加了"精准扶贫"的新政策内涵，2014 年中央批准了 14 个连片特困地区可在省域范围内流转建设用地节余指标，这为提高这些特困地区的通过土地整理而节余的建设用地指标的交易价值提供了更大的升值空间。为了有助于打赢脱贫攻坚战，2017 年 12 月国家进一步放开"增减挂钩"的调剂范围，允许贫困地区与它们的对口支援地区之间"跨省"调剂指标，将它作为在 2020 年全面实现小康之前"脱贫攻坚"的重要举措。而仅仅三个月后，即 2018 年 3 月，国务院办公厅发布《跨省域补充耕地国家统筹管理办法》和《城乡建设用地增减挂钩节余指标跨省域调剂管理办法》，"对口"的限制也被取消，土地指标调剂将可以在这些贫困地区（主要有西藏、四省藏区、南疆四地州和四川凉山州、云南怒江州、甘肃临夏州组成的"三区三州"和其他深度贫困县）和不同省市之间广泛进行。

（三）人地挂钩政策：建设用地指标管理机制对人的城镇化体现

在我国工业化和城市化的长期发展过程中，一个不协调的普遍发展趋势及其表现出的主要特征是，土地的城镇化发展极为快速而人的城镇化却相对较为滞后，要地不要人的现象极为凸显。这与城镇化的本质归根结底应是人的城镇化这样一种发展要求，并不相符。为纠正一直以来这种过于注重城镇土地空间扩张而忽视人的城镇化发展的不科学、不合理取向，促进城乡统筹一体化与协调发展，使进城农民也能在务工地享受到城镇化土地增值的利益，在建设用地指标增减挂钩这个大的政策已经展开试点之后，2008 年，国务院办公厅转发发展改革委《关于 2008 年深化经济体制改革工作意见的通知》（国办发〔2008〕103 号，已失效），首次提出推进城镇建设用地规模与吸纳农村人口定居规模相挂钩的试点工作。2011 年 8 月时任国务委员兼国务院秘书长马凯在《实施主功能区战略　科学开发我们的家园》中明确提出并阐述了要探索完善城乡之间、地区之间人地挂钩政策。[1]同年9月，国务院出台了《关于支持河南省加快建设中原经济区的指导意见》，"人地挂钩"政策正式在河南省开始试点探索。为全面推进以人为核心的城镇化，提高农业转移人口市民化用地保障水平，2016年3月，根据《国民经济和社会发展第十三个五年规划纲要》和《国家新型城镇化规划（2014-2020年）》的要求，原国土资源部等部委联合印发《关于建立城镇建设用地增加规模同吸纳农业转移人口落户数量挂钩机制的实施意见》（国土资发〔2016〕123号），该意见规定的人地挂钩的基本原则是以人定地、人地和谐；提出按照超大城市、特大城市、大中小城市和小城镇协调发展的要求，实行差别化进城落户人口城镇新增建设用地标准；在用地计划上，将进城落户人口数量，作为合理安排、合理分解新增建设用地指标的一项依据；在建设用地供应结构上，优先保障住房特别是落户人口的保障房的用地安排。此后，根据该意见，各省市相继制定了实施办法或者实施细则，予以贯彻落实。[2]

河南省作为我国唯一试点人地挂钩政策的省份，于2012年2月制定《河南省人地挂钩试点政策实施方案》，先后启动了省、市两级试点，省级试点市为新乡市、洛阳市和信阳市，市级试点为开封市、漯河市等43个地级市。2013年河南省原国土资源厅等六厅委又印发了《关于河南省人地挂钩试点工作管理办法的通知》（豫国土资发〔2013〕8号），河南省原国土资源厅、河南省财政厅联合印发《河南省人地挂钩试点工作指标交易管理办法（试行）》（豫国土资发〔2013〕46号）。从试点开展的情况看，河南省人地挂钩试点，实际上是建设用地增减挂钩政策的进一步放大与拓展。[3]

从河南省试点市县的具体操作看，基本上是把人地挂钩试点政策当作建

---

[1] 马凯："实施主体功能区战略 科学开发我们的家园"，载《求是》2011年第17期。

[2] 如天津市于2017年4月发布《关于建立我市城镇建设用地增加规模同吸纳农业转移人口落户数量挂钩机制的实施意见》，吉林省于2017年6月发布《吉林省城镇建设用地增加规模同吸纳农业转移人口落户数量挂钩机制实施细则（试行）》，河南省于2017年11月印发《河南省城镇建设用地增加规模同吸纳农业转移人口落户数量挂钩机制的实施办法》等。

[3] 按照河南省有关文件的解释，人地挂钩政策是指将土地指标与吸纳农村人口定居挂钩，以此鼓励城市接纳农村人口，实现人口城镇化聚集，同时通过农民进城释放更多的建设用地。在人地挂钩模式上，河南省主要采用了"地随人走"和"城镇化率增长指标"这两种模式。所谓"地随人走"，意指人口迁移到哪里，这些人口所占用的建设用地面积就转移到哪里，同时，从哪里迁出的人口，哪里就相应地减少这些人所占用的建设用地面积，从而促进城乡要素流动，实现城镇化发展。

设用地增减挂钩试点的升级版。[1]对此,从河南省各个具体的人地挂钩试点县制定的《城乡建设用地增减挂钩节余指标收益资金管理暂行办法》,[2]就可略见一斑。一言以蔽之,所谓的人地挂钩试点,在本质上最终仍然落入了过度追求建设用地指标交易收益的功利主义的俗套中。

二、建设用地指标流转机制中的土地增值收益与分配

自增减挂钩试点政策实施以来,为了规范增减挂钩指标交易中产生的增值收益与分配,各地相继制定了各自的管理规定,如江苏省镇江市的《镇江市增减挂钩节余指标流转使用管理办法》第 13 条规定,"流转收益应专项用于搬迁农民安置补偿、农村土地整治、涉农基础设施和农村公共服务配套设施等方面的扶贫开发工作。流出方要加强资金使用管理,自觉接受审计等部门的监督检查"。江苏省泰州市 2016 年制定的《泰州市增减挂钩节余指标流转收益资金管理办法》(泰政办发 2018 [74] 号)规定,收益资金应当作为土地出让收入管理,全额纳入各市财政,专款专用。收益资金使用范围包括:搬迁农民安置补偿;土地整治相关费用;涉农基础设施建设和公共服务配套设施建设支出;在扣除前述支出之后的节余,全部用于扶贫开发专项资金。相较于泰州市,江苏省宿迁市在收益资金使用范围上,又增加了改善村级生态环境和农民进城购房补贴等,另外,在精准扶贫上,宿迁市详尽列举出了具体扶贫支出项目。[3]此外,有些省份开始针对特殊情况,放宽节余指标流转的地域范围。[4]

在建设用地增减挂钩节余指标流转机制中,参与的主体主要包括省、县、乡(镇)三级政府部门、建设用地整理项目所在农村集体和村民、建设用地

---

〔1〕 潘涛等:"河南省人地挂钩模式探析河析",载《资源导刊》2014 年第 6 期;李明秋等:"人地挂钩与增减挂钩的异同分析及其实施要点",载《农业现代化研究》2015 年第 1 期。

〔2〕 具体参见马山县人民政府《关于印发马山县城乡建设用地增减挂钩节余指标收益资金管理暂行办法的通知》。

〔3〕 具体参见《泰州市增减挂钩节余指标流转收益资金管理办法》第 5 条规定和《宿迁市增减挂钩节余指标流转收益资金管理办法》第 4 条规定。

〔4〕 安徽省 2016 年制定的《安徽省城乡建设用地增减挂钩节余指标流转使用管理暂行办法》规定,集中连片特困地区、国家扶贫开发重点县和开展易地扶贫搬迁贫困老区实施城乡建设用地增减挂钩后产生的节余指标,可以在省域范围内流转。

节余指标的流入地所在农村集体和村民，由于在整个机制中，县、乡（镇）两级政府部门是主导方，因此在建设用地增减挂钩节余指标流转增值收益分配机制中，按照目前各地的分配政策和分配方案，建设用地增减挂钩节余指标流转所得收益，首先由县级政府部门以土地出让金的形式，纳入县级财政，然后再由县级财政统筹安排各项支出，其中整理项目所在农村集体和村民获得的只是原有房屋等地上建筑物的补偿费，农村集体可获得一定的农村基础设施建设和公共服务配套设施建设资金，节余指标的流入地所在农村集体和村民可获得相当于土地征收的补偿费和安置费，其余资金基本由县级财政部门在县、乡（镇）两级政府之间进行分配。关于建设用地增减挂钩节余指标流转增值收益的具体分配情况，据学者对辽宁省沈阳市、辽阳市等 11 个市 19 个县的实地调查分析，拆旧区农民获得的增值收益大体在 20% 至 30% 之间，建新区居民获得的增值收益大体也在 20%～30% 之间，政府获得的土地增值收益大体在 40%～60% 之间，其中，根据出让指标用于居住工商业、房地产和公益建设的不同，在增值收益上会存在较大差距。[1]另外，拆旧区农民集体内部也会因为村民自治组织能力的强弱而致使增值收益在农村集体与村民之间有所不同。如果农村集体自治组织能力比较强，返还给农村集体的增值收益就会偏向选择集体公共发展资金，以图进一步壮大集体经济实力，如果农村集体自治组织能力比较弱，返还给农村集体的增值收益就会偏向选择一分了之。

根据作者对山东省禹城市和茌平县（今聊城市茌平区，下同）调研的情况，近几年，因为从国家政策层面不断强化对农民土地财产权保护的力度，在宅基地整理等建设用地增减挂钩节余指标流转增值收益的分配中，对整理项目所在农村集体和村民的搬迁安置补偿费用已经有所提高。如 2010 年茌平县在韩屯镇两个村实行宅基地整理增减挂钩试点，村庄整体异地重建，为每户建设标准的独门户两层楼，每户村民只需要支付 5 万元，即可住进社区新楼。在该项目实施过程中，其中一个村全村 300 多户，共有 5 户不肯搬迁。最终社区建成后，腾出的宅基地，除这 5 户不肯搬迁的仍保留其宅基地外，全部复耕，共复垦耕地 200 亩，该项目增减挂钩指标流转所得收益，在为村民支付社区建楼成本、配套设施费用和复垦耕地费之后，已所剩无几。因此，

---

〔1〕 齐丽："辽宁省城乡建设用地增减挂钩中土地增值收益分配现状研究"，载《农业经济与科技》2019 年第 11 期。

该项目完成后，茌平县建设用地增减挂钩试点基本处于停滞状态。近几年，随着山东省建设用地增减挂钩节余指标可以在省域范围内流转，流转指标增值的地域性空间被适度打开，政府在建设用地增减挂钩试点项目中，一方面可以提高搬迁村民生活居住水平，另一方面也可以获得可观的收益。因此，2018 年茌平县已经制定出全县农村宅基地整理规划，根据《茌平县乡村振兴（美丽乡村）总体规划（2018-2022）》，将全县农村整合划定社区农村 82 个，包括 29 个城镇聚合型社区和 53 个农村社区，农村社区是农村的基层管理单元，准备用 4 年时间，完成全县农村中心社区建设。

禹城市在建设用地增减挂钩试点初期同样遇到很多问题，但是经过不断总结经验，近几年取得了比较好的试点效果，在建设用地增减挂钩节余指标流转增值收益分配上，更趋于公平公正。2018 年至 2019 年，禹城市共交易城乡建设用地增减挂钩节余指标 2896 亩，交易总金额 12.14 亿元，亩均 40 万元。增减挂钩节余指标的收益资金，首先用于为搬迁村民建设新社区，无偿提供的楼房建筑面积为每人 40 平方米，再多要者，不超过 30 平方米者，按成本价购买，超过 30 平方米者，按商品房购买。新建社区楼房全部为大产权房，可自由买卖过户。剩余资金由县财政统筹支配，用于城乡统筹一体化发展和乡村振兴建设。针对宅基地整理过程中出现的"钉子户"问题，禹城市政府在难以做通工作的情况下，则尊重"钉子户"的意愿，保留其宅基地，不再进行强拆，因为在绝大多数农民已经同意搬迁的情况下，极个别的农户不愿意搬迁，并不会对宅基地复垦造成多大影响。

三、建设用地增减挂钩节余指标流转机制的创新蕴含及其局限性

（一）建设用地节余指标流转机制的创新蕴含

建设用地增减挂钩政策经过十余年全国范围内的试点探索，不可否认，在推进新农村建设、振兴乡村、统筹城乡一体化协调发展方面，已经取得了一定成效，尤其在近几年支持农村精准扶贫政策方面，更是发挥了显著作用。但笔者实地调研也发现，该政策在具体的实施过程中，也出现了对政策的某些误读误解，甚至滥用，因此，立足于对实践的考察，进行一定的理论思考，完善政策可能存在的某些不足，进而纠正实践中的某些偏差，应当是一件颇有意义的事情。当前，我国社会经济发展已经进入一个新的历史时期，社会矛盾也随之有了新的发展变化。正如党的十九大报告所指出的，"我国社会主

要矛盾已经转化为人民日益增长的美好生活需要和不平衡不充分的发展之间的矛盾"。从土地的角度看，无论作为生产资料，还是作为财产，土地的重要性都是显而易见的。因此，要逐步解决党的十八大提出的我国社会主义新时代所面临的主要矛盾，通过合理配置土地权益，在保持耕地红线不突破的前提下，尽可能加大社会经济发展所需要的建设用地供应量，无疑是不可缺少的方法之一。

实际上，自推行建设用地增减挂钩政策试点以来，尽管曾出现过这样或那样的问题，但之所以能够取得一定社会经济成效，是有其必然性的，因为该政策在一定程度上契合了人类社会自古至今始终没有放弃的一种追求，即对一定的土地利益应当进行社会共享的理想，人的财产应当来自人自己的劳动而不应取自对土地的垄断占有，这种"劳动财产观"为土地权益应当在一定程度上进行共享的观念与理想，提供了权利道德性理论支撑。关于农村集体土地所有权问题，一直在我国理论界存在着两种截然对立的立场：一种认为应当坚持和改革完善现行集体土地所有制；另一种观点则认为农村集体土地应当进行私有化取向的改革。从一定意义上讲，这两种观点之争，实际上反映了论者们对土地所具有的生产性自然资源属性与财产属性的不同认识，以及基于这种不同认识进而各自赋予了农村集体土地不同属性的不一样的重要性。在我国，在如何认识土地的这两种属性各自对社会经济发展所具有的意义这个问题上，不能脱离中国是一个尚处于社会主义初级阶段的人多地少的大国这样一个基本国情；不能无视在相当长时期内中国大部分农民还不能没有土地作为安身立命之本；不能否认在有些区位的土地之所以能被国家许可转为建设用地从而获得巨额土地增值利益，实际上是因为有些区位的土地已被国家划定为永久农田为国家粮食战略在作担保；不能否认这样论断的现实意义，即"所有权是社会的产物，是借以用来实现自由的工具。个人自由从来不可能绝对实现，因为他要面对其他所有人的自由，因此法律制度必须规定所有权的目的和内容""借助于某项权利可以追求什么利益，只能从法律制度中得出结论"。[1]那种认为，土地所有权主体或者物权性质的使用权主体有权自由开发利用其土地的观点，是一种想当然地、似是而非地将土地权利视为一种先于社会和法律的自然权利观，但是，即使是美国著名的《独立宣

---

[1] ［德］迪特尔·施瓦布：《民法导论》，郑冲译，法律出版社 2006 年版，第 174 页。

言》，也只是规定了生命权、自由权和追求幸福权这三项自然权利，并没有规定财产权也是自然权利，更遑论土地所有权。基于这些思考，本书认为，在农村集体土地增值收益分配制度的改革与完善中，应当将土地的生产性自然资源属性放在优于其财产属性的位次，因为土地的生产性自然资源属性的优位性，决定了土地权益应当共享配置的应然法律逻辑，而不应当是制度运作的结果，使少数人垄断性独占土地。当今中国，农村土地集体所有，体现了对这种土地共享理想的一种现实追求，建设用地增减挂钩政策及其试点，则是实现这种现实追求的一种实验，因此对于我国长期以来所实施的土地征收补偿安置制度中所蕴含的土地增值收益分配机制而言，这应是富有价值的一种制度改革与创新，对于改变当下人们日益强化的土地增值收益只能由土地垄断者独占的土地增值收益分配观念，具有重要意义。从这个意义上看，在土地制度的改革与完善中，对于土地既是一种生产性自然资源又是一种重要的人格性财产的双重属性的认识以及如何平衡这两种属性所承载的权益，是很值得思考的一件事情。作为一种生产性自然资源，土地应当由全社会分享而不应使其为少数人垄断独占。当然，漠视其已经实然具有的财产属性，既不符合社会现实逻辑，也不利于充分发挥土地的经济价值和经济效用。

人地挂钩试点政策，作为建设用地增减挂钩政策的升级版，尽管目前只是限于在河南省进行试点探索，且取得的有益经验尚不太明朗，但其所蕴含的社会经济发展中应当"以人的城镇化"为本的土地增值收益分配机制的道德蕴涵，应当值得重视。如果说，建设用地增减挂钩政策，是在被征地农民、政府与无缘被征地农民之间进行的一种共享土地增值收益的平衡，那么人地挂钩试点政策，不仅在政策层面提出了新市民应当分享城市化进程中土地增值收益的应然政策命题，而且也指出了一条新市民应当如何分享城市化进程中土地增值收益的可能性路径，由此在土地增值分享主体层面，进一步拓展了如何改革完善土地增值收益在国家、集体和个人之间进行合理分享的制度视野。

（二）建设用地增减挂钩节余指标流转机制在土地增值收益分配上的局限性

关于建设用地增减挂钩试点探索问题，为纠正实践中出现的片面追求建设用地指标的增加、擅自开展增减挂钩试点、擅自突破周转指标，违背农民意愿强拆强建等一系列问题，除尚需采取有力措施，加大严格管理规范的力度之外，还需要着眼于我国当今社会主要矛盾、社会经济发展需要和长远发展规划，以一定的理论创新为支撑，检讨现行建设用地增减挂钩节余指标流转机制在土地增值收益分配上所存在的局限性。

1. 改善了农民的居住条件，而部分农民的生活水平不升高反而降低

随着我国农村人口向城镇迁移已经成为常态化，农村宅基地及其上的房屋大量闲置、废弃，致使大量稀缺的建设用地资源被浪费，已经是公认的无可争议的事实。而在不能突破18亿亩耕地的严格政策约束下，城镇化发展所需要的建设用地已经极度紧张。正是在这种背景下，着眼于城乡统筹发展的需要，建设用地增减挂钩政策的实施被提上了日程。事实证明，通过宅基地整理，的确在一定程度上缓解了城镇化发展所亟须的建设用地缺口问题，同时一个一个漂亮整洁的农村社区建设起来，农民的居住条件得到了很大改善和提高，但对部分农民来说，居住条件的改变，付出的却是生活成本大幅增加的代价。因为对于这些农民来说，宅基地时代，是一个农民自己建房相对自由的时代，是一个可以在建房时量力而行的时代，也一个生活上基本可以自给自足的时代，但搬迁到农村社区之后，这一切都一去不复返了。此外，在很多地方进行的以宅基地整理为内容的建设用地增减挂钩项目中，农民要搬迁进社区住楼房，需要额外支付一定的成本费用，即使是每户平均五六万元或者七八万元，对富裕的农民家庭还不算什么问题，对于经济实力比较强的农村集体，这也不算什么问题，因为农村集体往往会给予农民足够的补贴，农民几乎不需要再自掏腰包就能住进楼房，而对于不富裕的家庭，集体经济又比较弱的情况下，当这些钱需要农民自掏腰包的时候，就不是一个小数目。因此，住进农村社区楼房，意味着部分农民不得不过上几年节衣缩食的日子，日渐上涨的生活成本，会永远纠结在这些农民的内心之中。笔者调研发现，有些农民社区，在外面看起来很漂亮整洁，但走进农民家庭，就会发现偌大的楼房里空荡荡的，高大上的楼房与房间里破旧的设施，形成了鲜明的比照，身临其境，不可能不有所反思。因此，以宅基地整理为内容的增减挂钩政策，倘若不因地制宜，则有可能成为一项对富裕农民家庭有利而对贫困农民家庭不利的政策。

2. 增减挂钩节余指标周转区域的结构性困境难以平衡供需矛盾

在建设用地增减挂钩试点的前几年，基于对建设用地指标交易的可控性考量，也为了防止建设用地市场出现混乱，国家政策层面严格要求试点市、县国土资源部门应按照"总量控制、封闭运行、定期考核、到期归还"的原

则，进行试点，建设用地增减挂钩节余指标严格限定在试点县域范围内，不允许跨县域流转。不可否认，该政策出台的初衷是值得肯定的，目的是解决城镇化过程中建设用地的巨大需求和农村宅基地大量闲置、废弃之间的矛盾，政策的实施也极为审慎，为避免市场混乱而严格要求试点必须封闭运行。问题在于该政策实施过程中，前期搬迁补偿以及复垦需要大量资金启动，这种条件要求使得该政策只能在经济相对较为发达的县区才能顺利进行，而经济欠发达县区根本无力推进项目实施。这也是为什么刚开始试点的几年，建设用地增减挂钩在"一阵风"之后会在有些县区戛然而止。另外，倘若经济欠发达县区通过融资贸然推进，就难免会酿成政府债务危机乃至金融风险。近几年随着各省将建设用地增减挂钩节余指标与扶贫攻坚相结合政策的陆续推出，开始允许国家扶贫试验区、省级脱贫任务重的县区等，建设用地增减挂钩节余指标可以在省域内跨市流转。国家政策层面也于 2018 年开始允许特困地区省份的建设用地增减挂钩节余指标可以跨省域流转，这些国家、省级层面的政策变化，无疑对于化解增减挂钩节余指标周转区域的结构性困境，最大限度实现这些欠发达地区的指标增值，将会发挥重要作用。但值得注意的问题是，增减挂钩节余指标周转区域的结构性供需矛盾将会长期存在，因为人口的流动与集聚有其自身的规律，地区间不同取向的产业选择及其发展也有一定的地理资源等约束条件的限制，这些客观问题，决定了土地用途的地区差异的客观存在性。这种客观性差异并不会像地区间经济不平衡那样，经过努力可在一定程度上实现平衡发展，而是经过人为努力也是很难改变的。就像填海造田，也只能是小范围进行，高大的山区，很难变成平原。这种地形地貌等自然因素所存在的难以人为改变的差异，决定了在社会经济发展过程中，一方面有的地区亟需建设用地指标，却求而无门，另一方面有的地区握有大量节余指标，却又无处可供。除特殊情况之外，目前将建设用地增减挂钩节余指标严格限定在县域范围内周转的政策要求，事实证明，无力解决这种供需矛盾。因此，在建设用地增减挂钩政策的进一步完善上，如何既能防范政策实施中可能出现的偏差与风险，又能最优化地发挥该政策在解决区域性发展中出现的建设用地结构性困境和供需矛盾，值得进一步深入思考研究。

3. 基层政府追求增减挂钩指标收益的动机太强而实际公平分享的意愿
太弱

对于以农业为主而工商业欠发达的市县，一般而言，政府财政来源较为
匮乏，以地生财的方式也十分有限，农村宅基地具有建设用地的性质，但布
局分散、乱而无序，宅基地闲置、废弃的现象十分严重，管理难度很大。因
此，建设用地增减挂钩政策的实施，无疑为基层政府进行统一整治提供了政
策支持，同时也为基层政府发展土地财政打开了一扇政策的小门。从实证调
研情况看，在笔者与有关政府工作人员进行访谈时，他们一般主要介绍的内
容是整理复垦了多少耕地，节余出多少建设用地流转指标，收益是多少，如
果不进一步追问，他们很少主动介绍搬迁进农村社区的农民真实的生活是什
么样的？建设用地增减挂钩项目中的增值收益中，被搬迁农民分享到多少？
当然，从政策上，建设用地增减挂钩并不是土地征收，也就没有具体规定宅
基地补偿多少？宅基地上的房屋补偿多少？安置费补偿多少？政策只是一般
性地笼统规定建设用地增减挂钩节余指标流转净收益要全部返还农村，用于
改善农村生活条件和支持农民集体发展生产。但从调研情况看，不少地方委
托由县国资委出资成立的县土地开发储备公司具体进行项目实施，因此，使
用增减挂钩指标的土地出让净收益并没有全部返还给被搬迁的农村集体用于
改善该村集体的生活条件，而是成了县土地开发储备公司的运营收益，上缴
县财政的资金被县、乡（镇）政府用于全县农村发展的统筹资金。因此，现
行政策规定的所谓"确保收益返还农村"，这个"农村"是模糊而不确定的，
很容易引起随意解释，进而造成实际的不公平。尽管不少试点市县按照规定，
大都制定了有关建设用地增减挂钩节余指标流转资金管理办法，但从这些办
法中所规定的资金支出的事项看，基本上大都属于一般事项性规定，这种规
定在实际适用时，也是容易产生解释上的随意性，最终使不该享受的群体，
却无端分配到了土地增值收益，而真正应该享有增值收益的人，却无法享受
到，也无正常渠道进行法律救济。

第二节　农村集体经营性建设用地入市机制中
土地增值收益分配的考察与分析

自改革开放至今，农村集体经营性建设用地在产生和流转环节上，经历

了鼓励、严格管理、试点探索，再到存量经营性建设用地可以依法入市这样几个阶段。在这样一个历史大变革的过程中，各地因社会经济等各方面发展不同，农村集体存量经营性建设用地的分布地区间差异很大，在东部沿海经济发达地区、大城市郊区农村集体存量经营性建设用地较多，内陆欠发达县市存量建设用地较少。2015 年 1 月，中共中央办公厅和国务院办公厅联合印发《关于农村土地征收、集体经营性建设用地入市、宅基地制度改革试点工作的意见》，确定了 15 个县（市、区）进行集体经营性建设用地入市试点，由此正式拉开了已经严格管理 17 年的农村集体建设用地入市改革试点的大幕，截至 2016 年 9 月将试点县（市、区）扩大为 33 个。"截至 2017 年 12 月，33 个试点县（市、区）集体经营性建设用地已入市地块 1 万余宗，面积9 万余亩，总价款约 257 亿元，收取调节金 28.6 亿元，办理集体经营性建设用地抵押贷款 228 宗、38.6 亿元。"〔1〕

相关统计显示："首批中国农村集体经营性建设用地试点地区的实践显示，各地对入市范围、入市途径、入市主体等制度安排较为一致，制度的差异化主要体现在土地增值收益分配方面。总体来看，试点地区调节金征收最重要的考量因素是土地用途，其次是地块区位因素。调节金计征基数以土地净增值额为主，但各地计征比例差异较大，且对商服用地征收比例高于工业用地，出让方式征收比例高于出租、出资入股方式。首批试点地区农村集体经营性建设用地入市改革存在的共性问题主要是，对入市地块存量范围的限制在一定程度上弱化了改革效果，配套制度建设的滞后影响了土地入市改革进程，入市土地增值收益分配制度没有充分调动起地方政府参与的积极性。"〔2〕基于此，本书重点对试点期间的农村集体经营性建设用地入市机制中土地增值及其收益分配问题进行考察分析。

一、农村集体经营性建设用地入市收益产生机制

农村集体经营性建设用地入市收益的产生，需要经过一系列较为复杂的

---

〔1〕　资料来源于 2018 年 12 月国务院《关于农村土地征收、集体经营性建设用地入市、宅基地制度改革试点情况的总结报告》。

〔2〕　马翠萍："集体经营性建设用地制度探索与效果评价——以全国首批农村集体经营性建设用地入市试点为例"，载《中国农村经济》2021 年第 11 期。

运作程序，其中涉及多种要素，主要包括制度规范、入市主体、入市客体、入市方式和入市收益等，制度规范是农村集体经营性建设用地入市收益产生的制度依据和保障，入市主体、入市客体、入市方式等要素关涉到农村集体经营性建设用地入市收益将如何产生。

（一）农村集体经营性建设用地入市收益产生的制度规范

在国家层面开始进行集体建设用地流转试点之前，苏州市已于 1996 年出台了《苏州市农村集体存量建设用地使用权流转管理暂行办法》。1999 年国家开始在安徽省进行集体建设用地流转的试点，芜湖成为全国第一个试点城市，并于 2000 年制定了《芜湖市农民集体建设用地使用权流转管理办法》，2001 年安徽省成为集体建设用地流转"立法实验省"，并于 2002 年制定了《安徽省集体建设用地有偿使用和使用权流转试行办法》，随后不少地方政府相继开展了集体建设用地流转试点，并出台了相应的规范性文件。[1] 农村集体经营性建设用地入市大范围推开，始于 2015 年 1 月《关于农村土地征收、集体经营性建设用地入市、宅基地制度改革试点工作的意见》的出台，2019 年通过了修正的《土地管理法》，由此标志着从中央到地方，从政策到法律，有关农村集体经营性建设用地入市的规范制度体系已经大体形成，为集体经营性建设用地入市增值收益的产生提供了重要的制度基础和保障。

2021 年，党的十九届六中全会审议通过的中共中央《关于党的百年奋斗重大成就和历史经验的决议》强调，党始终把解决好"三农"问题作为全党工作重中之重，实施乡村振兴战略，加快推进农业农村现代化。改革开放以来的实践表明，盘活农村土地资源，对于推动农村经济发展、打破城乡二元结构至关重要。中共中央、国务院《关于做好 2022 年全面推进乡村振兴重点工作的意见（以下简称"2022 年中央一号文件"》再一次明确，要稳妥有序推进农村集体经营性建设用地入市。2023 年 3 月 8 日自然资源部官网发布了一则简短的通知，《关于印发〈集体经营性建设用地使用权出让合同〉〈集体经营性建设用地使用权出让监管协议〉示范文本（试点试行）的通知》（自然资办发〔2023〕9 号）（以下简称"9 号文"）。自然资源部联合国家市场

---

〔1〕 如 2005 年广东省政府出台的《广东省集体建设用地使用权流转管理办法》，被称为一个由省级政府颁布的规范农村集体经营性建设用地入市的政府规章。

监督管理总局联合发布农村集体经营性建设用地使用权出让合同范本，通知
虽小，意义重大——意味着乡村振兴战略中最核心的要素之一，土地的市场
化改革取得了重大的突破，也是多年来农村深化改革中最重要的土地制度改
革取得了实质性的进展。农村三块地改革中的经营性建设用地，率先打破城
乡二元结构，在城乡间的实现平等流转。

2019 年《土地管理法》及 2021 年《土地管理法实施条例》规定了农村
集体经营性建设用地入市的内容，是对长期以来城乡建设用地二元分化制度
的一大突破，解除了农村集体经营性建设用地入市的限制，并且明确了入市
的条件，实现了城乡建设用地的同地同权，平等入市、公平竞争，极大地激
活了农村建设用地的潜在价值。农村集体经营性建设用地入市的具体操作细
节，监管层赋予各地一定的自主权进行试点探索，部分地方颁布了实施细则，
在入市主体、审批、入市途径和收益管理等方面有所创新。

本次 9 号文的发布正是中央层面汇集地方试点的经验，推出的阶段性重
大成果，使得农村集体经营性建设用地入市实现了可操作，9 号文推出的时机
也非常及时，经历了 2022 年国有建设用地出让市场的急剧萎缩及房地产行业
的萎靡，2023 年的经济重启需要新的土地资源投入，2023 年继续深化改革也
需要土地要素市场改革提供的新动力支持。

总之，农村集体经营性建设用地入市可以《土地管理法》（2019 年修正）
和《民法典》为基本法，建立起集体经营性建设用地入市的规则体系和结构
体系。内容层面，《土地管理法》（2019 年修正）确立了集体经营性建设用地
入市的基本规则、配套规则以及参照规则的规则体系，但也存在不足。《民法
典》则通过界定集体经营性建设用地使用权的物权属性，在结构层面实现了
对其规范的重新定位与体系整合。[1]各地则可以结合自身特点，在基本法的
指引之下，制定适合本区域的集体经营性建设用地入市管理办法。

（二）农村集体经营性建设用地初次入市主体范围

从有关制度规范文件和试点情况看，全国各地集体经营性建设用地初次
入市主体范围并不一致，存在一定差别。如内蒙古自治区和林格尔县是由农
村村民委员会提出申请，北京市大兴区是镇集体联合公司，辽宁海城市除了

---

[1] 夏沁："论农村集体经营性建设用地入市的规范体系——以《土地管理法》（修正）和《民
法典》为基本法"，载《华中农业大学学报（社会科学版）》2022 年第 3 期。

农村村委会可以作为初次入市主体外，还规定村镇可以成立具有法人资格的土地股份合作社或者土地专营公司，广西壮族自治区北流市的初次入市主体是农村集体经济组织，新疆维吾尔自治区伊宁市的初次出让主体是村委会，广东省初次出让主体是经济合作社。浙江省嘉兴市秀洲区为集体经济组织；[1]浙江金华浦江县也规定为集体经济组织，并进一步解释为：（1）农村集体经营性建设用地属于村农民集体所有的，由村集体经济组织或者村民委员会代表集体行使所有权；分别属村内两个以上农村集体经济组织的，由村内各农村集体经济组织或者村民小组代表集体行使所有权；（2）农村集体经营性建设用地属乡镇（街道）农民集体所有的，由乡镇（街道）农村集体经济组织代表集体行使所有权。[2]

总体看，大部分试点地区的集体经营性建设用地初次入市主体是行使集体经营性建设用地所有权的集体经济组织（或村委会），少数选择了委托土地股份公司或者合作社的主体形式。

（三）农村集体经营性建设用地入市的客体

在规范层面，农村集体经营性建设用地入市的客体规范指向的是2019年《土地管理法》第63条第1款，而该款仅列举了工业、商业两类经营性用途，是否可理解为省略的"等"字表示了其他经营性用途，通过有意的制度模糊留下了解释空间，需要进一步解释。《民法典》第347条第2款规定"工业、商业、旅游、娱乐和商品住宅等经营性用地"可出让设定国有建设用地使用权。在集体经营性建设用地入市试点中，超出工业和商业用途的集体经营性建设用地主要被用于绿色产业用地、科教用地等。《土地管理法实施条例》也没有明确经营性用途中是否包括商品住宅建设，依旧对集体土地能否用于商品住宅建设进行了留白。因此，学界存在《土地管理法》第63条第1款中的"等"为"等内等"还是"等外等"的争议。[3]对此，基于同地同权理念和物权平等保护原则，有学者认为该款宜解释为认可集体经营性建设用地可用于工业、商业、旅游、娱乐和商品住宅建设等经营性用途，这也是统一城乡

---

[1] 参见《秀洲区农村集体经营性建设用地入市试点实施方案》（秀洲政办发〔2021〕59号）。

[2] 参见浦江县人民政府关于印发《浦江县农村集体经营性建设用地入市管理办法（试行）》（浦政发〔2022〕4号）的通知。

[3] 高圣平："论集体建设用地使用权的法律构造"，载《法学杂志》2019年第4期。

建设用地市场的应有之义。[1]

　　从实践层面看，农村集体经营性建设用地入市的客体应当是使用权而不是土地，这应当没有疑问。有疑问的是，中央层面的规范文件通常的表述是"集体经营性建设用地"，而有些地方性文件则大多表述为"集体建设用地"，严格说来，二者在范围上并不完全一致，集体经营性建设用地主要是指集体工、矿企业用地和商服用地，而集体建设用地，则除了集体工矿企业用地、商服用地之外，还包括学校、公共设施等公益性用地，以及宅基地整理出的建设用地，因此集体建设用地的范围比集体经营性建设用地要大一些。当然，也有学者认为，尽管表述不同，但其本质内涵不是一致的。[2]对此种解释，本书实难认同，因为国家层面的法律政策对何为农村集体经营性建设用地的界定，不能说不清楚。但中央与地方之所以会出现表述的不同，主要原因在于地方似乎是在用一种似是而非的表述，模糊入市客体的范围，再加上一些不负责任的媒体混淆视听地宣传，在社会语境已经成为事实的情况下，达到更多集体建设用地获准入市的默认。此外，可以入市的是存量集体建设用地还是也包括新增集体建设用地也存在一定疑问。如果从入市探索实践层面看，国家政策规定的是对存量集体经营性建设用地入市进行试点，[3]但从实践中看，很多试点已经完全突破了存量集体经营性建设用地的范围，借助于集体建设用地表述的模糊性，将新增集体建设用地也包括在内。正因为地方政府存在这样的理解和解释，因此，调研发现，很多试点单位实际上将农村村庄土地整治出的所谓新增建设用地也纳入了农村集体经营性建设用地范围之内。

　　从影响农村集体经营性建设用地入市收益高低的因素看，土地所在的区位、规划用途是两个影响最大的因素。一般来说，区位好的土地收益明显高于区位差的土地收益，商服用途明显高于工业用途。

---

　　〔1〕　袁震："集体经营性建设用地入市法律规则释评——《土地管理法》第 63 条第 1 款、第 2 款评注"，载《河北法学》2023 年第 2 期。

　　〔2〕　宋志红：《中国农村土地制度改革研究：思路、难点与制度建设》，中国人民大学出版社 2017 年版，第 199 页。

　　〔3〕　如财政部、原国土资源部联合印发的《农村集体经营性建设用地土地增值收益调节金征收使用管理暂行办法》（已失效，下同）第 3 条规定："本办法所称农村集体经营性建设用地，是指存量农村集体建设用地中，土地利用总体规划和城乡规划确定为工矿仓储、商服等经营性用途的土地。"

（四）农村集体经营性建设用地的入市方式与途径

关于农村集体经营性建设用地入市方式问题，规范基础依旧是《土地管理法》第 63 条第 1 款。该款存在如何理解"出让、出租"以及之外的"等方式"的问题。同时，该问题也是《土地管理法》第 63 条第 2 款所规定的需要由农民集体成员集体作出决议的入市流转方式的范围。

集体经营性建设用地入市的典型方式是出让与出租。原则上，集体建设用地的出让与出租可以基于物权与债权相区分的原理，将前者看作是设定集体经济性建设用地使用权这一物权的行为；将后者看作是产生建设用地租赁权这一债权的行为。换言之，集体经营性建设用地使用权的出让，是农村集体土地所有权人为相对人创设一定年限的集体建设用地使用权，并向相对人收取土地使用权出让金的行为。而集体经营性建设用地的出租则是集体土地所有权人将集体经营性建设用地交由承租人使用、收益，承租人支付地租的债权性法律行为。[1]

实践中，农村集体经营性建设用地入市方式，主要有出让、出租、入股、抵押、转让等，但各地在对这些入市方式与途径的选择上存在一定差异，如广东省南海市（今佛山市南海区）对工业用地多选择出租方式入市，对商服用地则主要通过集体合作组织开发商业地产的途径入市；浙江省德清县既有出让方式，也有出租方式；山东省禹城市对工业用地主要通过统一开发乡镇工业园区，然后再分厂区单元，逐个出让。实践的做法进一步证成了《土地管理法》中的"等方式"应为"等外等"，即应包括入股、抵押等其他方式。

（五）农村集体经营性建设用地入市收益及其资金管理

2016 年 4 月 18 日，财政部、原国土资源部专门联合印发《农村集体经营性建设用地土地增值收益调节金征收使用管理暂行办法》（后文简称《调节金征收使用管理暂行办法》），[2]该规定为确保政府在农村集体经营性建设用地入市增值收益中分享一定利益，提供了制度规范与保障。从各地发布的关于农村集体经营性建设用地入市流转程序或者管理办法看，一般都会规定农村集体经营

---

〔1〕 袁震："集体经营性建设用地入市法律规则释评——《土地管理法》第 63 条第 1 款、第 2 款评注"，载《河北法学》2023 年第 2 期。

〔2〕《调节金征收使用管理暂行办法》第 13 条第 2 款规定："调节金缴纳凭证是农村集体经营性建设用地入市和再转让办理不动产登记手续的要件。"

性建设用地入市收益的缴纳流程、方法，并将收益缴纳与不动产登记挂钩。[1]

以《江阴市农村集体经营性建设用地入市净收益管理办法（试行）》为例，入市净收益，是指农村集体经济组织将集体经营性建设用地使用权，通过出让、出租、作价出资（入股）等方式入市交易总价款扣除调节金、取得成本和土地开发支出等相关费用后的收益。取得成本包含相关税费与补偿安置费用。补偿安置费用按照江阴市被征地农民基本生活保障等的有关政策核算。入市净收益的使用管理坚持协调统筹、权责一致、合理分配、保值增值的原则，优先保障集体发展和农民长远利益，确保集体经济持续壮大、农民稳定增收。入市净收益管理和监管的部门为：镇级入市净收益纳入财政资金监管，由镇（街道）财政部门统一管理。村级入市净收益纳入村集体资产监管，市农业农村局、镇（街道）相关职能部门加强村集体资产的指导和监督工作；各村集体经济组织做好入市净收益的日常管理工作。村级入市净收益列入村集体收益统一管理，主要用于社会保障、完善基础设施和提升农村公共服务等公益事项，以及本集体经济组织的投资发展、教育奖励、贫困户和老年人补贴等民生项目的支出，也可以折股量化到本集体经济组织成员，但不宜用于一次性分配。

二、农村集体经营性建设用地入市收益分配机制

（一）国家层面农村集体经营性建设用地入市收益分配规范

农村集体经营性建设用地入市收益分配问题，主要是指政府与集体之间、集体内部如何使用、分配农村集体经营性建设用地入市所产生的收益。为建立兼顾国家、集体、个人的土地增值收益分配机制，《调节金征收使用管理暂行办法》规定政府与集体之间的增值收益分配，主要采用征收调节金的方式。政府主要在两个环节上收取调节金：一是农村集体经济组织在初次以出让、

---

〔1〕　如《成都市双流区集体经营性建设用地初次流转程序》规定：（1）出让价款缴纳期限为自签订出让合同之日起不得超过半年，可一次性付款或分期付款。分期付款的，首次缴纳比例不得低于全部土地出让价款的50%且缴款期限不得超过1个月，第二期缴款后累计缴款总数不得低于全部土地出让价款的80%且缴款期限不得超过3个月，第三期必须付清全部土地出让价款且缴纳期限不得超过6个月。（2）出让价款全部进流转农交所的农村集体经营性建设用地的使用权流转专用账户，出让方和受让方签订《集体建设用地使用权出让合同》后，出让方向市农交所申请转账。（4）受让方缴纳税费后，向不动产登记中心申请变更登记，办理不动产权证。

出租、作价入股等方式取得农村集体经营性建设用地入市收益时；二是以出让、出租、作价入股等方式取得农村集体经营性建设用地后，再转让取得收益时。调节金的收取比例分别按入市或再转让农村集体经营性建设用地土地增值收益的20%至50%征收，调节金全额上缴试点县地方国库，纳入地方一般公共预算管理，试点期间省、市不参与调节金分成，这意味着在试点期间，农村集体经营性建设用地入市收益分配机制中，县级政府是分享主体，因此，农村集体经营性建设用地入市收益分享范围，也就被限定在了入市的农村集体经营性建设用地的所在县域内。当然，随着2019年《土地管理法》的实施，是否应当以及如何进一步扩大农村集体经营性建设用地入市收益分享主体的范围，是个值得认真思考的问题。

关于集体内部，如何分享农村集体经营性建设用地入市收益分配问题，《调节金征收使用管理暂行办法》也进行了一般性规定，[1]当然，试点县（区）也都根据国家政策文件精神制定了地方性规范文件。

（二）试点地区农村集体经营性建设用地入市收益的分配

从 IDM 中国领导决策信息中心·大数据重点实验室显示的数据看，[2]具体到各地，无论入市成交总金额，还是政府与集体之间分配比例，均存在一定差异，有些个别地区之间的收益差距还很大。根据笔者所掌握的几个县（区）的有关数据（见下表3-1），可以看出，山西省泽州县和成都市郫都区成交额均已过亿元，大多县（区）在几千万元左右，贵州省湄潭县最少，仅为548万元。

表 3-1

试点县（区）	截至时间	成交金总额	政府所得数额	集体所得数额	集体分配比例
山西省泽州县	2018 年 11 月底	2.61 亿	0.88 亿元	1.73 亿元	66.28%

---

[1]　如《调节金征收使用管理暂行办法》第16条规定："农村集体经济组织以现金形式取得的土地增值收益，按照壮大集体经济的原则留足集体后，在农村集体经济组织成员之间公平分配。对以非现金形式取得的土地增值收益应加强管理，并及时在农村集体经济组织内部进行公示。农村集体经济组织取得的收益应纳入农村集体资产统一管理，分配情况纳入村务公开内容，接受审计、政府和公众监督。"

[2]　IDM 中国领导决策信息中心·大数据重点实验室："33 个试点地区'三块地'数据盘点"，载《领导决策信息》2019 年第 4 期。

试点县（区）	截至时间	成交金总额	政府所得数额	集体所得数额	集体分配比例
浙江省义乌市	2017 年底	8933.87 万元	1933.87 万元	7000 万元	78.35%
河南省长垣市	2015~2016 年	2423 万元	250 万元	2173 万元	89.68%
重庆市大足区	2017 年 5 月	1070.03 万元	229.02 万元	841.01 万元	78.59%
四川省成都市郫都区	2017 年底	6.43 亿元	1.51 亿元	4.92 亿元	76.51%
贵州省湄潭县	2018 年 7 月	549 万元	122 万元	427 万元	77.78%

注：本表中所整理数据来源于《33 个试点地区"三块地"数据盘点》，IDM 中国领导决策信息中心。

除上表所列出的几个试点县（区）收益分配情况外，从实证研究看，各地政府、集体与农民之间的分配比例以及分配方式，大都有自己的做法，存在一定差异。在入市收益分配方面，如辽宁省海城市的具体做法是：（1）政府在确定调节金提取比例时，经过综合考虑农村集体经济组织、土地用途、区位、社会经济发展、人口等因素，将国家与集体之间的土地增值收益分配比例分别确定为工业用地 3∶7，商业用地 4∶6；在集体和个人的分配比例上，统一规定为 2∶8。（2）探索以建立农民社会保障和社会保险为主体的长效机制，免除农民对将来生活的后顾之忧，多元化补偿农民。（3）注重在征地补偿安置与集体经营性建设用地入市增值收益分配之间，维持适当平衡，避免对土地征收制度产生不当的冲击。[1] 宁夏回族自治区平罗县，截至 2019 年 8 月，已累计完成入市交易集体经营性用地 96 宗 632.68 亩，出让总价款 4037.38 万元，获得土地增值收益 1790 万元，村集体分享土地增值收益 1198 万元。在探索建立差别化的土地增值受益分配机制上，具体做法：一是根据财政部、国土部相关文件精神，合理确定国家、集体收益分配比例，实现了国家、集体合理分享土地增值收益；二是采用民主协商机制，制定集体内部公平合理的收益分配制度，一般情况下，村集体留取不低于 60%，其余可在成员间公平分配。这样一方面村集体有了一定的资金积累，可用于发展村集体公益事

---

[1] 毕云龙等："海城集体经营性建设用地入市试点调查研究"，载《中国土地资源经济》2018 年第 9 期。

业，另一方面农民也有了自己进一步发展的资金准备。

三、农村集体经营性建设用地入市收益分配中存在的问题

实践证明，农村集体经营性建设用地入市试点改革，对于化解长期闲置、废弃的农村集体建设用地，以及集体建设用地低效利用问题，助力乡村振兴，解决工商业发展建设用地紧张问题，确实取得了积极成效，但也凸显出不少需要进一步研究和解决的问题：

（一）不同村镇之间土地收益加大，不公平现象日益凸显

目前政策主要允许存量农村集体经营性建设用地入市，而存量集体经营性建设用地主要是历史发展过程中形成的，各村、镇之间分布不平衡。而凡是集体经营性建设用地多的村、镇，大都是早些年乱占耕地进行非农利用的村镇，由于早已成为建设用地事实，政府大都罚款后给予办理了用地手续。在全面放开集体经营性建设用地入市之后，这些早些年乱占耕地的村镇，大有一夜暴富之事实，而那些过去遵纪守法的村镇，现在却无利可图。因此，集体经营性建设用地入市，已经使不同村镇之间土地收益差距加大，不公平现象日益凸显。

（二）对国家基于公共利益而实施的征收将产生不小的冲击

按照《调节金征收使用管理暂行办法》，调节金的收取比例分别按入市或再转让农村集体经营性建设用地土地增值收益的20%～50%征收，但从实践看，不少县（区）的政府与集体之间分配比例在2∶8左右，像广东有些县（区）的政府与集体之间分配比例甚至为1∶9左右。此种趋势长期发展下去，由于农村集体经济组织通过集体经营性建设用地入市所获得的收益远远高于土地征收制度机制下所获得的补偿，在这种巨大的利益悬殊的刺激和诱惑下，农村集体很有可能会动员集体成员力量，抗拒一切有可能的土地征收行为。即使为了公共利益，农村集体组织同意征收，也绝非以什么区片价就能达成征收补偿协议。

（三）集体成员资格认定难题困扰着集体内收益分配秩序

因为按照长期形成的传统做法，农村集体成员资格意味着一定的土地权益。一直以来，全国各地普遍实行的土地征收补偿，是最能显示农村集体成员资格重要性的场合，一旦涉及农村集体土地补偿金分配中有关集体成员资格认定问题，农村集体的两委工作人员乃至基层乡（镇）工作人员都会深感这是一件令人非常头痛的事情。同样，在农村集体经济组织内部分配农村集体经营性建设用地入市收益的过程中，也没法绕过集体成员资格认定这个难

题。从政府层面看，政府工作人员往往借口集体成员资格问题是农村经济组织的自治问题，政府不便干预，但从实证调研的情况看，农村两委的工作人员却又大都非常急切地希望政府能够尽快制定出统一的认定规则，实际上，农村干部渴望国家政策出台是有一定道理的，因为我国的民情是只要国家法律政策已经明确规定了，老百姓一般都会服从。目前看，国家层面认为集体成员资格如何认定，属于村民自治问题，采取不干预立场，而实际上，农村集体经济组织通过村民自治，又无力公平解决这个问题。长此以往，集体成员资格如何认定？已经成为困扰着集体内收益分配秩序的一个久而难决的问题。

四、在土地增值收益分配层面农村集体经营性建设用地入市的试点经验

自 2015 年全国多县（区）正式进行农村集体经营性建设用地入市试点改革以来，历经 7 年时间，尽管其间出现过不少问题，也难免有些试点地区进行超范围试点的情况，但在农村集体经营性建设用地入市增值收益分配方面，有许多有益经验值得研究总结。

（一）制度先行是保障，分配公平赢民心

相较于单一的土地征收制度，农村集体经营性建设用地入市所涉及的问题，要复杂得多，比如由于历史原因，农村集体存量经营性建设用地涉及权利主体不甚清晰，需要在入市前予以界定，明确入市主体。尽管土地是有体有形的客观存在，在政策文件表述的是农村集体经营性建设用地入市，但实际上入市的却不是土地，而是建设用地使用权，这样就需要政府提供一个公开、公平而且高效率的交易平台，如浙江省德清县在这方面就做得很好，在土地交易大厅，所有供求信息及时发布，交易手续现场就可进行，既公开、公正，又权威、便捷。农村集体经营性建设用地入市的核心在于土地利益，一旦分配不公就会出现意想不到的问题。然而，经验已经证明，只要把制度制定好了，想象中的许多问题也都不会成为现实问题。如试点之初，财政部联合原国土资源部发布《调节金征收使用管理暂行办法》，该办法确定的政府征收的调节金比例为农村集体经营性建设用地土地增值收益的 20% 至 50%，该比例的上线，大体相当于土地征收机制中政府通过土地出让的所得利益，因此，该制度一方面可以确保基层政府通过农村集体经营性建设用地入市机制也能取得一定的财政收入，另一方面也为基层政府收取一定的调节金提供了国家层面的制度依据，使老百姓认同政府收取调节金的合法性与合理性，有

利于形成共享和谐的"不与民争利"的公私关系。

（二）就地入市育潜能，异地流转保增值

从实证调研情况看，在农村集体经营性建设用地入市增值收益分配机制中，就地入市与异地入市各有优势，只要各地因地制宜，平衡、处理好眼下利益与长远利益之间的关系，都会对促进当地社会经济发展，积累基层政府公共财政，大有助益。山东省禹城市在试点过程中就较好地平衡了就地入市与异地入市之间的关系，如禹城市政府在莒镇和伦镇两个乡镇，分别利用历史形成的两个占地规模比较大的已经长期闲置的乡镇企业，就地入市建成了两个乡镇工业园区，利用济南新旧动能转换而转移出大量产业的机会，吸引、承接这些转移的产业，同时为资金较少的小微企业提供孵化、发展的土地空间，取得了很好的经济效果和社会效果，一方面破解了乡镇公共财政积累来源少的发展难题，另一方面解决了当地农民当地就业问题。此外，禹城市政府利用农村集体经营性建设用地节余指标可以在省域内跨市区流转的政策利好，通过将复垦整理出的建设用地指标，在履行法定的审批手续后，置换成规模性国有建设用地指标后，建成了禹城市高新技术开发区，引进高新技术产业，效果良好，如近几年引进的韩国松果新能源汽车公司，其集成全部核心技术的测试车，已通过欧盟安全认证，实车路试超过13.7万公里，市场前景非常好，其研发的新能源汽车材料，是2019年省重点项目，新能源汽车轻量化智能化关键技术开发及产业化项目，被列入省2019年重点研发计划。

（三）民主协商促发展，共享收益筑和谐

社会经济的健康发展，是实现中华民族伟大复兴之梦的重要基础和保障，人民生活幸福、社会稳定，是社会经济健康发展的基石，而人民生活幸福、社会稳定，在一定程度上，又取决于利益分配，尤其是土地增值利益能否通过法律制度机制得以实现合理公平的分享。任何对土地利益的垄断与独占，都不利于社会稳定，也是不道德的。从农村集体经营性建设用地入市试点中的增值收益分配机制看，民主协商，是促进农村集体经营性建设用地入市机制健康运行的重要政治保障，因为有些看起来的难题，通过民主协商，做到因地制宜，多样化发展，就能达致互相理解，纠正不合理诉求，所谓的难题，最终就能顺利化解。关于土地增值收益，由于主要来源于社会贡献，而不是任何个人劳动的结果，任何主张垄断乃至独占土地增值收益的诉求，都应当是于法难容、于理难通。实践证明，通过民主协商构建起的农村集体土地增值收益分配的共享机制，不仅行得通，而且社会效果良好。如关于农村集体土地增值收益如何分配的问题，通过民主协商，禹城市政府就找到了适合当地的合理路径。市政府在民主协商的基础上，专门成立了资金代管机构，为农村集体和农户的征地补偿款和集体经营性建设用地入市收益代管，并实现代管资金的保值增值。运作程序是：首先广泛征求农民意愿，在绝大多数农民同意代管的基础上，由资金代管中心、财政局与村集体经济组织签订代管协议，将代管的资金存入存款利率最高的商业银行，代管期限为5年，每年分两次将固定收益兑现到村，再由村兑现给村民（每年按麦季700斤小麦/亩，秋季800斤玉米/亩的市场价格确定固定收益）。合同到期后，资金代管中心与委托村集体再重新签订代管合同，代管资金封闭运行，农户可在确保本金不受损失的前提下，取得固定收益，由政府财政提供担保担。代管期间村集体须提前提取的，须经村民会表决通过并提出书面申请。这种资金代管，也许会受到不少学者的质疑，在其他地方也许行不通。但是笔者调研发现，当地老百姓很赞成这种资金代管方式，理由是由政府兜底，放心！自己分得那么多钱，很容易花没了！代管中心付给的利息高，有保障，自己个人存款，没有这么高的利息。选择商业银行时，采用竞标方式，所以存款利息高。因此，实践证明，中国农村的事，各地有各地的民情，重要的是：适合就好！像"增人不增地，减人不减地"政策，可能适合于贵州那样的山坡地区，但不一定适合于一马平川的大平原地区。调研发现，禹城市很多农村仍然在实行几年一调整的"增人增地，减人减地"政策，这种政策的实行，也没有发生有些学者所认为的什么影响土地流转或者农民不愿投资土地的现象，禹城市是"全国基本农田保护工作先进单位"，这种荣誉就足以证明。禹城市已经实现连续四年进入"全国中小城市综合实力百强县"，连续12次荣获"全省国土资源执法模范县"称号。

第三节　基于乡村治理的土地增值收益分配的考察与分析

"集体收益分配制度是农村集体经济组织的支架性制度之一"，[1]农地增

---

〔1〕　管洪彦："论农村集体经济组织收益分配的基本原则和制度构造"，载《学习与探索》2022年第12期。

值收益如何分配，直接关系到集体成员的切身利益以及乡村治理机制的有效性。是否具有本集体成员资格是取得分配资格的前提性条件，因此成员资格的取得、丧失和权利义务的合理配置就成了关键。农地增值收益如何分配，X村在实践中形成了以下两种分配机制，即"人地利益变动分配机制"和"精神文明奖励分配机制"，这是局部正义理论和"多主体有效参与"乡村治理模式的实践。《农村集体土地征收补偿条例》进行农地增值收益分配的规则设计时可以借鉴 X 村的分配模式，根据增值收益产生路径的不同，区分分配的均等性规则和激励性规则。

一、基于乡村治理的农村集体土地增值收益分配问题

"快速城市化过程中如何合理分配土地增值收益，是我国当前土地制度深化改革亟需处理的重大问题之一"。[1]土地增值收益的产生路径有二：一是通过劳动等手段使土地产生自然增值；二是土地性质转变后产生市场化增值，这主要是指通过征收制度，将农用地转化为建设用地后所产生的增值。

关于土地增值的原因，[2]前者的分配主要集中在人口增减所产生的个体性差异；而后者的分配"关系到农民的切身利益，甚至整个经济社会的发展与稳定"，[3]是当前农村纠纷产生的主要根源之一，是乡村治理的难点。突出的矛盾亟需中央的回应。2011 年 12 月国务院时任总理温家宝在中央农村工作会议指出要"大幅提高农民在集体土地增值收益中的分配比例"；[4]2013 年11 月，十八届三中全会通过的《关于全面深化改革若干重大问题的决定》再一次强调要"建立兼顾国家、集体、个人的土地增值收益分配机制，合理提高个人收益"。针对土地增值收益分配机制不健全，兼顾国家、集体、个人之间利益不够等问题，要建立健全土地增值收益在国家与集体之间、集体经济组织内部的分配办法和相关制度安排。"然而，目前学术界对土地增值收益分

---

〔1〕 程雪阳："土地发展权与土地增值收益的分配"，载《法学研究》2014 年第 5 期。

〔2〕 邓宏乾："土地增值收益分配机制：创新与改革"，载《华中师范大学学报（人文社会科学版）》2008 年第 5 期；魏刚、李霞："基于'包容性增长'视角下的农地增值收益分配问题研究"，载《农村经济》2013 年第 1 期。

〔3〕 徐会苹："提高农民土地增值收益分配比例的对策建议"，载《经济纵横》2015 年第 5 期。

〔4〕 "大幅提高农民在集体土地增值收益中的分配比例"，载 https://www.chinabaogao.com/detail/124608.html，最后访问日期：2023 年 1 月 15 日。

配的研究主要集中在其归属层面，形成了三种理论观点，即"涨价归私"论、〔1〕"合理补偿"论〔2〕和"涨价共享"论〔3〕，而且关注的焦点是政府与私人之间的分配，〔4〕但对土地增值收益在集体经济组织内部如何分配以促进乡村治理优化的个案实证研究及其有益经验性规则的提炼却有所欠缺，而这恰恰是关涉乡村现代化治理体系和治理能力的构建以及农民个体所能享有和获得的最终收益不可或缺的重要问题，值得引起重视。

对此，本书基于对山东省 X 村的实地调研，进行一定的考察分析，从中提炼出规则理性和制度价值，以期获得农村集体土地增值收益分配路径的个案经验和启示，进而有助于《农村集体土地征收补偿条例》中土地增值收益分配规则的科学化设计。X 村位于山东省济南市的一个欠发达的县，是 X 镇的驻地村，是 2009 年全国 300 名村之一。X 村在农地增值收益分配方面积累了一定的经验，形成了具有代表性的"人地利益变动分配机制"和"精神文明奖励分配机制"。

二、乡村治理中农地增值收益分配的前提性条件：成员权资格的认定

农地增值收益的享有主体具有封闭性的特征，仅限于本集体的成员，所以成员权的资格认定就尤为关键。而成员权的取得、丧失以及成员与其所依附的农村集体经济组织的权利义务关系将会深刻影响农地增值收益分配制度的现实运作，也影响着乡村治理体系和治理能力的现代化。可见，成员权资格问题不能局限于取得机制，而应进行"时间序列"层面的动态性考察，这才是制度运行的生命力所在。那么，X 村的成员权制度有何特点，本书将首先考察 X 村的成员权资格的取得、丧失和权利义务关系。

（一）农村集体经济组织成员资格的取得

现行法律规范没有对农村集体经济组织成员资格的取得作出很明确的规定。一般认为，土地承包经营权的主体仅限于本集体经济组织成员。然而，2002 年《土地承包法》第 26 条第 2 款规定对迁入小城镇落户的承包方仍应保

---

〔1〕 陈小君："农村集体土地征收的法理反思与制度重构"，载《中国法学》2012 年第 1 期。
〔2〕 蔡继明："必须给被征地农民以合理补偿"，载《中国审计》2004 年第 8 期。
〔3〕 陈柏峰："土地发展权的理论基础与制度前景"，《法学研究》2012 年第 4 期。
〔4〕 何仁伟："中国农地非农化增值收益分配研究"，载《湖北农业科学》2012 年第 17 期。

留其土地承包经营权，似乎说明集体经济组织成员在迁入小城镇落户后仍可享有村集体的成员资格。2005 年，最高人民法院在《关于审理涉及农村土地承包纠纷案件适用法律问题的解释》提出：如果承包方没有纳入国家公务员序列或城镇企业职工社会保障体系，应认定其仍具有农村集体经济组织成员资格。这一司法解释是对《土地承包法》的继承和发展，明确了在小城镇落户的哪些农民仍可享有集体成员权的资格。

那么，这一具有前提性的农村集体成员资格认定问题在实践中运行状态如何，根据我们所获取的资料，X 村可以取得本村集体经济组织成员资格的情形有以下几种：（1）具有本村集体所在地户籍的村民及其子女；（2）因婚姻关系取得成员资格，女方嫁入本村集体或男方入赘本村集体女家者可以取得本集体经济组织成员资格，但若有儿子的家庭，女婿不能在本村集体取得成员资格；若有两个及其以上女儿的家庭，只有一个女婿可以取得本村集体经济组织成员资格；（3）因国家移民政策等原因，落户本村集体的移民可以取得村集体成员资格（在调研过程中，我们发现本村有部分村民是由于三峡库区移民过来的）；（4）因升学等原因将户口迁出本集体的成员，毕业后未就业者可以落户并取得原村集体经济组织的成员资格；（5）向村集体缴纳一定的费用后，可以落户并取得该村集体经济组织的成员资格（这一情形伴随着 X 村经济的发展，人口的不断增长，从 2009 年开始村委会已经取消了这一情形）；（6）经村集体经济组织成员大会或者成员代表大会认定可以取得集体经济组织成员资格的其他情形。据此，我们认为，X 村在集体成员权的取得方面与现行法律规范有不一致的地方，其村集体经济组织成员资格的取得并非依赖于土地承包权，而主要依据其是否具有本村户口，因此迁入小城镇落户但没有纳入国家公务员序列或城镇企业职工社会保障体系的也不能取得本集体经济组织成员的资格。在与 X 村集体经济组织成员访谈中我们了解到一个案例：郝大爷的妻子和其儿子都是非农户口，因此不具有承包村集体土地的资格，也不能享有村集体收益分配权，不能享受村集体经济组织过节费等福利。在 X 村的实际情况是只要不具有 X 村的户口就不能行使村集体经济组织成员权利，享受村集体经济组织成员权带来的收益。

（二）农村集体经济组织成员资格的丧失

成员资格在农村集体经济组织内部是一个动态的系统，并不是固定不变的，会伴随着时间的流逝或者个体情况的变化而变化。这也是农村集体经济组织活力的源泉之一，成员资格的取得和丧失是集体经济组织的"两扇门"。如果成员资格的变动能够实现制度性建构，则可提升乡村治理机构的运作效率。成员权资格的丧失是指，作为某个村组集体成员的资格丧失而导致的相关权益丧失，包括绝对丧失和相对丧失。绝对丧失是指集体成员死亡而导致的集体成员资格的绝对失去，相对丧失是指集体成员的主体身份依然存在，但已经通过某种方式转化为市民或其他集体成员，相对于原集体则意味着丧失集体成员权资格。[1]

根据我们的调查，X 村集体经济组织成员资格丧失的情形主要有以下几种：(1) 原村集体经济组织成员死亡；(2) 原村集体经济组织成员因婚姻关系等取得其他村集体经济组织成员资格；(3) 原村集体经济组织成员申请退出集体经济组织或者转为非农户口。据此，笔者认为，X 村在集体经济组织成员的退出机制方面是比较谨慎的，充分尊重了集体成员的成员权，尊重"集体土地世代相传的自然关系以及因伦理习惯决定的与社区集体的生活联系"；[2]而且成员权资格的丧失对丧失主体的利益影响是巨大的，其将失去农地增值收益的分配资格。因此，将成员权资格的丧失情形限定在自然死亡、主动退出或者取得其他村的成员权资格外，不允许乡村治理机构运用其权力将某一成员"逐出"本集体是正确的。

(三) 农村集体经济组织成员的权利和义务

集体成员的权利义务是集体经济组织行使权利和履行义务的前提，成员的权利和义务与集体经济组织的权利和义务具有对等性。成员的权利是其个体能动性的集中体现，成员的义务可以反衬集体经济组织的地位。然而农民集体成员对于集体享有何种民事权利，在现行法律中并无明确规定和体现。学者对这一问题有深入的探讨。[3]理论研究需要实践的支撑，如此方能实现理论和实践的良性互动，即理论研究指导实践，实践运作为理论研究提供样本和素材。

笔者通过对 X 村集体经济组织管理者和成员、村集体企业管理者的访谈

---

〔1〕 童列春："论中国农民成员权"，载《浙江大学学报（人文社会科学版）》2015 年第 2 期。

〔2〕 韩松："论成员集体与集体成员——集体所有权的主体"，载《法学》2005 年第 8 期。

〔3〕 郭继："农村集体成员权制度运行状况的实证分析——基于全国 12 省 36 县的实地调查"，载《南京农业大学学报（社会科学版）》2012 年第 1 期；戴威、陈小君："论农村集体经济组织成员权利的实现——基于法律的角度"，载《人民论坛》2012 年第 2 期。

以及收集到的相关资料了解到，不仅 X 村集体经济组织享有权利负担义务，而且作为 X 村集体经济组织成员的村民同样享有相关权利、负担一定义务。X 村的集体经济组织成员享有的成员权包括：（1）选举、监督、罢免权。全体村集体经济组织成员选举产生本村集体经济组织的管理者，管理者对全体成员负责；（2）村集体经济组织事务的参与权。村集体经济组织一般性事务由村民代表大会表决（据 X 村集体经济组织成员描述，由于村集体成员人数太多，要召开成员大会难度较大，因此成员大会极少召开，一般重大事项都是通过成员代表大会决议通过。而成员代表的选举由每 15 户产生 1 名代表的比例在一定程度上保证代表大会决议的代表性），重大事务需通过村民大会表决通过；（3）村集体收益分配权。村集体经济组织的收益是村集体经济组织全体成员共同作用的结果，应当由村集体经济组织成员按照贡献的大小进行分配（据了解，X 村的村集体收益分配按照对村集体经济发展的贡献大小进行分配，同时将村集体收益分配与 X 村精神文明建设紧密结合，形成两种文明建设并驾齐驱的局面）；（4）宅基地申请、无偿使用权。只要是 X 村集体经济组织的成员，达到村集体经济组织规定的条件（比如，结婚后与父母分居等）就可以无偿取得宅基地的使用权；（5）土地承包经营权。土地是农民赖以生存的根本，这一权利不仅承载着集体经济有效实现的基础，更是农村社会稳定发展的前提，X 村集体经济组织成员有权依法承包村集体经济组织管理的耕地、自留山、自留地等承包地；（6）获得社会保障权。集体经济组织应当为集体成员的生存权和发展权服务，成员的社会保障权利是集体经济不断发展壮大的坚强后盾。村集体经济组织成员的义务有：（1）按照规定缴纳承包地找平款。这一义务可以说是 X 村特有的，但并没有违反法律的强制性规定，是 X 村成员权的创造性体现，具体内容详见本书第三部分的论述。（2）遵守村规民约。村规民约是村民基于法律的授权，根据当地的实际情况，依照村民集体的意愿，经过民主程序而制定的规章制度，集体成员应当遵守。（3）执行集体经济组织通过的决议。集体经济组织决议是集体成员行使权利的体现，集体成员应当执行。

据此，笔者认为，X 村在集体成员的权利义务配置方面，基本按照现行法律规范运作，并根据具体情况，按照集体权利和成员权利对等性原则创新了某些权利义务。关于集体成员资格的认定，学界至少形成了六种学说，即

"户口说"〔1〕"复合标准说"〔2〕"形式标准+实质标准"说〔3〕"户口+社会保障标准说"〔4〕"财产投入说"〔5〕"社会保障标准说"〔6〕，分歧较大。该村以户籍为基础，并考虑社会保障因素，同时开放性地赋予成员代表大会在特定情况下的决定权，是值得肯定和借鉴的。因此，以上关于 X 村的成员权资格的实证考察，为接下来该村农地增值收益分配的创新奠定了经验理性和集体权威性。

三、X 村农地增值收益分配的两种机制

基于农地增值收益产生路径的不同，X 村创造了两种不同的增值收益分配机制。一是"人地变动利益分配机制"，着眼于农地自然增值所产生的收益；二是"精神文明奖励分配机制"，着眼于集体土地被征收后所产生的增值收益。以上两种分配机制是乡村治理机构的成员（主要是村委会成员）和集体成员个人之间在"追逐各自目标下博弈的结果"，深刻影响着各参与者主体的行为选择和乡村治理模式的形成。

（一）人地变动利益分配机制

农地自然增值所产生的收益分配具有特殊性，按照"增人不增地、减人不减地"的政策就归实际承包人所有。但面对新增人口无地耕种与某些集体成员死亡后的承包地闲置或者由其家庭成员耕种之间的矛盾，如果任由这一矛盾的持续性存在，将不利于农村的稳定，也不利于集体成员基本权益的保障。为此，X 村根据人口增减的变化，创设了"人地变动利益分配机制"，这种分配方式是每年将全村的承包地自然增值收益纳入村集体统一分配，是为了追求人均享有承包地利益的均等化。

---

〔1〕　孟勤国："物权法如何保护集体财产"，载《法学》2006 年第 1 期。

〔2〕　管洪彦："农民集体成员资格认定标准立法完善的基本思路"，载《长安大学学报（社会科学版）》2013 年第 1 期。

〔3〕　戴威："农村集体经济组织成员资格制度研究"，载《法商研究》2016 年第 6 期。

〔4〕　高飞："农村集体经济组织成员资格认定的立法抉择"，载《苏州大学学报（哲学社会科学版）》2019 年第 2 期。

〔5〕　刘竞元："农村集体经济组织成员资格界定的私法规范路径"，载《华东政法大学学报》2019 年第 6 期。

〔6〕　肖新喜："论农村集体经济组织成员身份的确认标准"，载《湖南师范大学社会科学学报》2020 年第 6 期。

人地变动利益分配机制主要分为六个步骤：（1）确定土地总体利益，由全体村民代表对全村土地进行分类划价，并按实际亩数求和；（2）确定本村的实际人口；（3）确定人均享有的土地利益和每户应享有的土地利益；（4）逐户核定实际享有土地利益；（5）由村民代表大会根据土地产出收益的变化对找平参数进行设定和适时的修改；（6）对多地和少地的户由村委会出面进行利益找平。每年年底由村委会对多地户收缴找平款，然后对少地户发放找平款。另外，对于少地户确实想种地，且少地在 1.5 亩以上者可以向村集体提出申请，由村集体从人口最多，且平均地多的户中抽取土地为其分得。村民之间也允许不通过村集体，自行对承包地进行转包。[1]通过人地变动利益分配机制这样一种做法，X 村实现了村集体与村民、村民与村民之间在承包地利益方面的良性互动，促进了农村的稳定，也有利于维护农民的最基本利益。这一机制在我们与村民的访谈中也获得了求证，村民对于该机制的实施效果是比较满意的。

X 村的这一农地增值收益分配机制，严格来说是违反《农村土地承包法》第 20 条规定的，因为就规范层面来说，将土地分配到个人后，个人在自己承包地上所取得的收益应当归个人所有，即应保证集体成员对承包地利益的绝对享有权。但我们知道，面对人地矛盾的突出化，如果严格遵守这一规范，而不做任何改变，那么农村集体经济组织将丧失权威性，集体成员之间将失去凝聚力。

为此，X 村在保证集体成员对其承包地享有承包经营权的前提下，对其所取得的收益进行干预，并纳入全村承包地的总体收益范围。总体收益的确定是非常重要的，因为土地增值收益总额的确定是收益分配的前提和基础；然后按照人口对最终全村的承包地上的全部收益进行重新分配。这一分配方式在形式上并没有触及《农村土地承包法》的强制性规定，而是在具体收益分配上进行干预，保障了集体成员的基本权益。该村的人地变动利益分配机制给我们的立法启示是：稳定农民对承包地的经营权的立法初衷没有错，但并不能将其绝对化，而应建立动态化的调节机制。具体来说就是要与集体成员的资格挂钩，在集体成员身份保有期间，应保证其对承包地的处分和收益

---

〔1〕 童航、尹秀、韩清怀："主体制度在农村集体经济有效实现中的运作机制研究——基于山东省平阴县孝直村的实证研究"，载《私法研究》2014 年第 1 期。

权；当某一集体成员死亡或者退出本集体时，集体经济组织可以收回其承包地，将其分配给无地的集体成员。同时，集体经济组织可建立本集体的承包地储备制度，以应对新增集体成员对承包地的利益诉求；或者借鉴 X 村的人地利益变动分配机制，但这一分配机制对基层乡村治理机构的要求是比较高的，因为"治理是多元主体对乡村社会公共事务进行协同共治的过程"。[1]这要求该集体经济组织具有相当的权威性和凝聚力，能够有效协调集体成员内部的矛盾和冲突；同时集体成员能够积极且有效地参与本集体内部共同事务的决定和处理，因为集体成员的参与权是"保障成员个人意志能够顺利表达从而构成集体意志合力的程序推动器"。[2]如果农民缺乏谈判权和参与权，那么将在很大程度上削弱农民分享土地增值收益机制的作用发挥。

（二）精神文明奖励分配机制

当农村集体土地被征收后，所产生的征地补偿款应当按照 2004 年修正的《土地管理法》第 47 条、第 48 条等规范的规定，将土地补偿费、安置补助费以及地上附着物和青苗补偿费等费用分配给那些被征收承包地或宅基地的集体成员；[3]而对于农村集体土地所有权被征收部分，集体经济组织会在征地补偿款中留存一部分，用于本集体的公共性支出。此外，在农村集体土地上创办乡镇企业，这也是将农村集体土地转化为建设用地，只不过建设用地的使用权依旧属于本集体，而不是转化为国有建设用地后，进入国有建设用地流转市场。因此，集体土地被征收的增值收益分配具有复杂性，对于明确归属集体成员的个人部分，本书在此不作讨论。本书主要讨论归属于集体经济组织部分的农地增值收益的分配。

这些收益属于全体集体成员所有，是进行平均分配还是奖励性分配，对

---

〔1〕　郭正林："乡村治理及其制度绩效评估：学理性案例分析"，载《华中师范大学学报（人文社会科学版）》2004 年第 4 期。

〔2〕　陈小君："我国农村土地法律制度变革的思路与框架——十八届三中全会《决定》相关内容解读"，载《法学研究》2014 年第 4 期。

〔3〕　有研究表明，农地非农化征收与出让过程中农民的土地收益占土地出让收益比例是偏低的，约在 3% 至 16% 之间，而地方政府的收益份额在 75% 以上。参见诸培新、唐鹏："农地征收与供应中的土地增值收益分配机制创新——基于江苏省的实证分析"，载《南京农业大学学报（社会科学版）》2013 年第 1 期。

于乡村治理和集体成员的最终收益会产生不同的影响。如采用平均分配方式，乡村治理机构仅需要统计本集体的成员人数即可，这样的乡村治理模式具有消极性；对集体成员而言，每个人的最终收益都是一样的，那么对于本集体的企业也将失去归属感。如采用奖励性分配方式，那么乡村治理机构将需要相当的权威性，并能保证分配的公平性，需要积极地制定一系列的奖励规则，并要保证集体成员的参与力度。这样的乡村治理模式是主动的，需要进行有效沟通。X村最终采用了第二种分配方式，本书将其称之为"精神文明奖励分配机制"。

"精神文明奖励分配机制"具体内容是什么，又是如何运作的？在调研中，我们发现：这一分配机制与该村的"五好家庭"的评比挂钩，通过各种"评优树优"活动对村集体收益进行分配，让本集体成员通过积极参与集体活动的方式来分享集体增值收益的成果。"五好家庭"评选活动是集体增值收益分配的关键点。具体来说：（1）五好家庭评选机制将家庭经济收入、学生的在校表现、计划生育、社会公共道德和家庭伦理等纳入考察范围，如某一学生在校期间不努力学习，违反校纪校规的，经学校证明后该学生所在的家庭将不能参与本年度的五好家庭评选；（2）为了防止出现人情票和关系票现象，该村的五好家庭评选实行记名投票制度，而且规定直系亲属之间不能互相评选；（3）五好家庭的评选每年进行一次，并不具有终身性。这就要求评上后的五好家庭不能懈怠，还需继续努力，第二年能否保持还需要重新评定；（4）在奖励分配上，只有五好家庭的成员才能参与企业分红，这就要求五好家庭的"股民"不仅要积极参与本集体的公共事业，还需要关心和支持集体企业的生产经营状况，因为这些利益与其密切相关。此外，该村还积极开展"双十优""十佳青年""三星奖"等评选活动，让获奖者分享集体增值收益，能激发该村集体成员的创造性，发扬先进性。

对于这一分配方式，我们需要思考其背后的制度价值。该村的这一分配，是由集体经济组织或者说是乡村治理机构主导的村集体增值收益分配模式。在这一模式的运作过程中，村集体以精神文明建设为切入点，通过各种"评优评先进"的活动将绝大部分村集体成员纳入其中，形成"多主体有效参与"的有效互动。这一分配模式，从理论上来说是贯彻了乔恩·埃尔斯特的局部正义理论，即分配的决定是局部的，是由相对自主的社会机构决定的。[1]从现实层面来说是由于村集体是一个利益共同体，具有明确的边界，具有内部实施公平与效率兼顾原则的可能性。具体到该村的农地增值收益分配而言，该村并不是将所有的农地增值收益分配都进行激励性的分配，而是设计了双层分配机制，即基础层面的平均分配和奖励层面的激励分配。在调研中，我们发现，该村对集体土地增值收益分配的处理过于强调激励性，对于非"五好家庭"成员的基础收益权的关注有所欠缺，这极可能导致多数人民主的"暴政"，使得那些无法享受村集体增值收益的群体脱离集体经济组织。幸运的是，该村治理机构已经认识到了这一问题，正在完善这一创造性制度。

四、基于乡村治理的集体土地增值收益分配的个案启示

赵汀阳先生曾说："'重思中国'的历史意义就在于试图恢复中国自己的思想能力，让中国重新开始思想，重新建立自己的思想框架和基本观念，重新创造自己的世界观、价值观和方法论，重新思考自身与世界，也就是去思考中国的前途、未来理念以及在世界中的作用和责任。这既是基本思想问题又是宏观战略问题。"[2]本书就是立足于中国农村的实际，从个案思考出发来思考中国的土地制度，思考中国农民的基本权益保障。通过以上的分析论证，本书得出以下基本结论和建议：

第一，成员权资格的确定是农地增值收益分配的前提。在当下乡土社会的背景下，应通过立法完善成员资格标准的认定，此时不宜采取单一的户籍标准，而应综合考虑。本书建议在《农村集体经济组织法》中进行具体规范设计时，应确立"是否以本集体经济组织土地为基本生活保障"作为界定成员资格认定的核心标准，并综合考虑户籍、权利义务等因素。此外，依法律明确规定，或者依社会习惯和公平正义原则应接纳为集体成员的，集体不得拒绝。

第二，《农村集体土地征收补偿条例》中在进行农地增值收益分配规则的设计要区分基础性增值收益分配和衍生增值收益分配。这是由集体成员权的

---

〔1〕　See Jon Elster, Local justice: How Institutions Allocate Scarce Goods and Necessary Burdens, European Economic Review 35, 1991, pp. 273~291.

〔2〕　赵汀阳：《天下体系——世界制度哲学导论》，中国人民大学出版社 2011 年版。

基本权利属性所决定的。前者对应于分配的均等性规则，要求按照人口进行平均分配，保证集体成员的基本收益权；后者对应分配的激励性规则，村集体可以根据本村实际情况创设相应的奖励性分配方案。

第三，土地增值收益的分配需要有效的乡村治理模式，"多主体有效参与"的治理模式能够为其提供权威性保证和制度性支持。这一治理模式是根植于东方经验的，并在"东方知识"中的位置确定，而不是由"西方知识"中的位置来决定的。多主体有效参与以乡村治理机构为主导，并以村民代表大会等方式来进行主体之间的有效沟通、互动和合理制约，在多回合的沟通和协商基础上来确定和调整本集体内部的农地增值收益分配规则。

第四章

美国土地发展权制度中土地增值收益的
分享机制与启示

在现代社会城市化过程中，土地增值收益如何分配问题，是各个国家都需要面对的问题，尽管基于各国具体土地法律制度的不同，在土地增值收益分享机制上，也会有所不同，但不管存在什么差异，从国家法律层面看，大都会围绕着如何平衡土地公益与土地私益以及私人相互之间的土地权益问题，设置相应的制度规范，进行适当干预，予以合理的调整，因此，各国土地法律制度的外在制度体系及其所蕴含的基本法理和原则，[1]则成为各国之间相互学习与吸收借鉴的重要理论基础。本书主要拟以美国土地发展权转移（TDR）制度模式及其内在法理为研究重点，兼论英国有关土地发展权制度的发展及其经验与问题，希望能为我国农村集体土地增值收益分配机制的完善提供有所助益的思考。

第一节　美国土地发展权转移制度的缘起及发展

美国为了应对工业化和城市化快速发展而带来的城市污染、耕地锐减、环境保护等问题，逐渐创设了土地发展权制度，这是美国土地发展权制度产生的

---

〔1〕　卡尔·拉伦茨在阐释民法体系时，曾将民法体系区分为外在体系与内在体系，外在体系是指对法律事实和法律制度所作的概念上的整理与阐明，内在体系是指支配整个民法的基本原则以及这些原则之间的实质联系。参见［德］卡尔·拉伦茨：《德国民法通论》（上册），王晓晔等译，法律出版社2003年版，第1页。本书论述时会潜在地运用拉伦茨这种观点分析土地发展权的外在体系与内在体系。

历史背景。值得关注的是，美国土地发展权制度从最初借鉴德国，到师学英国，再到最后自成一体，美国土地发展权制度见证了美国的土地权利体系从过去强调私人权利向注重公共利益的转向，制度的发展最终服务于现实社会。[1]

一、美国土地发展权转移制度的缘起

（一）蕴含于传统法律制度中的土地发展权转移思想渊源

关于土地发展权的产生，从国外有关研究文献看，基本认同这样一个判断，即土地发展权是一种最早产生于英国而后发展于美国的土地管理制度的创新，但是有关土地发展权的思想以及制度实践，其实早已存在于传统法律制度中，最为典型的制度如古老的地役权，也正是在这个意义上，有学者认为，"土地发展权转移（TDR），在土地利用管理法中，是一种土地权利这个概念的演化，而不是一种革新"。[2]

在美国，土地发展权思想也蕴含于早期的运输道路修建法令、米尔达姆法案、排水与灌溉条例、油气开发生产条例等传统制度中。如按照米尔达姆法案规定，只要河流上游土地所有权人因被淹没的土地所失去的土地权利得到补偿，处于河流下游的土地所有人就可以建坝开发水力用于磨坊经营，法院认为援引米尔达姆法案的这样的规定，这不是土地征用，而是作为警察管制条例在援用，用于调整类似的河岸相关权利，以促进公共福利。这样在每一个有关土地发展权转移的事例中都没有必要证明是为了公共利益。一个更为凸显现代的先例是有关石油和天然气开采的法规，该法规要求集中性地统一开采石油和天然气。为了优化回报率，强制性许可控制着井位和开采率。为保护相关权利，生产利润按比例分配，但很明显对公益的保护优先于对私人利用的保护。集中统一，包括了油气的开采和储藏，而不考虑地表的权利形式。当单一的使用权人没有能力承担像石油开采这样昂贵而又复杂的开发经营时，统一发展往往是唯一可行的方法。有关土地发展权转移的理论，与通常的油气开放模式很类似，统一开采可以使社区尽可能避免损失，但会引

---

[1] 参见王大鹏、杨佳妮："美国土地发展权法律制度的历史演进"，载《世界农业》2019年第4期。

[2] Dwight H. Merriamt, "Making TDR Working", *North Carolina Law Review*, Vol 56, January 1978, p. 85.

起土地所有人潜在发展的丧失。土地发展权转移制度，也是这样，通过重新配置发展潜能，防止具有公共价值的古迹资源、开放空间资源、农地资源等资源的灭失和流失。[1]

综上所述，有关土地发展权转移的思想，确实称不上是什么现代土地权利理论的一种创新，在丰富的传统法律制度资源中，随处可见。在古老的地役权以及类似的土地权利习惯法中，这些我们曾经熟视无睹的传统法律资源中，实际上已经蕴含着许多我们称其为现代制度的思想萌芽。

（二）美国土地发展权转移制度的缘起——兼与英国土地发展权比较

1. 美国土地发展权转移制度的缘起

20世纪初期兴起于美国的土地发展权转移制度，日渐受到美国诸多学者的推崇和州政府的青睐，是源于当时美国的社会背景和土地管理制度的局限性。从城市化发展的历史看，相较于我们现在正经历的日益深化的中国城市化进程，西方的城市化大约早于我们100多年，"18世纪中叶到20世纪中叶近200年时间里，多数西方发达国家在工业化充分完成的基础上基本实现了城市化。例如在20世纪中叶，美国的城市人口占全部人口比例的72%"。[2]因此，在19世纪末至20世纪初，正好是美国城市化进程接近尾声的时期，而在这样一个历史时期，又恰好是工业化弊端与城市化问题集中暴露出来的一个时期，在诸多问题中，最为凸显的一个问题是美国一些不可再生性的文化资源随着高强度城市化而日渐灭失，大量的开放性空间和农田被低密度地开发利用。据统计，在由美国联邦政府成立的美国历史建筑调查委员会所列出的16 000栋建筑物中，超过1/3的已经被毁坏。自第二次世界大战之后，每年平均大约有140万公顷农田（面积比特拉华州还要大），被转变用途用于开发。在有些地区，这种土地用途的转变数量，甚至是非常惊人的，例如在旧金山海湾，每年都有21平方英里（相当于5439公顷）的土地被开发。[3]

但是当时美国用于文化资源保护和土地保护管理的主要制度有常规分区、密度分区、税收减免和直接购买，实践证明，这些制度均存在不同程度的局

---

〔1〕 Dwight H. Merriamt, "Making TDR Working" *North Carolina Law Review*, Vol 56, January 1978, pp. 85~86.

〔2〕 卢卫:《居住城市化：人居科学的视角》，高等教育出版社2005年版，第19页。

〔3〕 Dwight H. Merriamt, "Making TDR Working" *North Carolina Law Review*, Vol 56, January 1978, p. 77.

限性。如何改善现有的保护和管理制度，已经显得十分必要。在这种背景下，美国土地发展权转移制度应运而生。

从思想观念层面看，美国有关土地利用权利从另一个权利人处可以转移走的观念，源自1916年纽约市所采用的美国第一部分区规划条例，该条例允许建筑目的可以在同一地块的共有的地段之间进行转移。1968年，纽约市修改了该条例，从最初只允许土地发展权在相毗邻不动产之间转移，改为允许可以跨街道转移。自此以后，有关土地发展权转移的观点和思想，一直在慢慢演变发展着。[1]

纽约市最早适用土地发展权转移的强大动力，来自像纽约中央车站这样的地标性建筑的灭失风险。但纽约计划被证明由于多种原因而存在很多问题，其中最主要的原因是纽约计划委员会没能认识到某种重要的动态性经济和适用土地发展权这个工具的特别方法。

通过以上考察，不难发现，从发生学角度看，美国土地发展权转移制度的最初利用，实际上与土地增值收益分配并无关联，只是基于改善现有制度在保护不可再生性资源方面所存在的不足和缺陷，应运而生。即纽约市制定该制度的主要目的是保护像中央车站这样的地标性建筑。但是这种机制中却内含着土地增值收益借助于发展权转移而部分转移给受到土地开发利用限制的权利人的观念和思想。

2. 英国土地发展权制度的缘起与命运

现有文献普遍认为，现代意义上的土地发展权转移制度最早始于1947年英国《城镇规划法》，根据该法规定，可以对土地发展权予以国有化。[2]其实早在1909年英国第一部《住宅城镇规划条例》中，英国就已经建起了有关城镇规划的国家制度，该制度反映了早期对为了更有序地土地开发而需要公共干预私人土地市场的必要性的认识。英国1932年《城镇规划法》，是第一个考虑对因为政府行为而导致土地的极大增值进行国有化可能性的法案，该法案之所以这样规定，是为了使政府收回高达75%的这种增长，或者为了抵消因为"改善"了土地权利人的福利而由政府应主张的赔偿要求，"改善"

---

[1] Arthur C. Nelson Rick Pruetz Doug Woodruff, *Designing and Implementing Transfer of Development Rights Programs*, Island Press 2011, p. 3.

[2] 程雪阳："土地发展权与土地增值收益的分配"，载《法学研究》2014年第5期。

这个词，是英国政府对于因政府行为而导致的土地增值的政府贡献的虚伪表达，有关条款，因为相当复杂而几乎没有适用，此外，这些条款还存在会导致地方政府从财政角度考虑控制地方土地规划过程的弊端。

1947 年英国颁布《城镇规划法》主要意图之一，是为了解决 1932 年《城镇规划法》在解决土地增值收益中所产生的诸多问题，该规划法废止了以前所有的分区条例，建立了一种许可制度，扩展了基于现有价值作为补偿标准的土地征用制度。最为重要的是，该规划法将全部土地发展权赋予政府享有，土地所有者可以就其被征用的土地提出赔偿要求，并可以从 3 亿英镑的基金中获得赔偿。因此后来被拒绝土地开发的所有者，可以不要求进一步的赔偿。如果土地利用获得许可，那么土地所有者就需要支付相当于因获得规划许可而使土地的增值的那部分收益。质言之，土地所有者要开发利用自己的土地，需要支付一定的费用才能取得政府规划许可，而支付的费用数额，大体相当于土地所有者因为取得规划许可而增加的土地开发收益。

实践证明，1947 年英国《城镇规划法》中有关土地发展权的部分制度是失败的，因为该法颁布后不久就停止适用了。失败的主要原因之一，是该法所造成的经济扭曲和压制了土地开发的动力。此外，制度太复杂、令人不知所措以及高昂的行政管理成本等因素，进一步加剧了该法的停止适用。但是该法也并非一无是处，主要的成功之处体现在两个方面，即大约由 9 个大的政府部门所管理的规划控制和土地开发许可制度。从英国土地发展权制度的发展沿革经验看，可以归结为一句话，即英国这一套土地发展权国有化机制的运作，需要包括交易成本和信息成本在内的巨大的成本，这些成本有可能超过了他的收益。[1]

二、美国土地发展权转移制度的发展

在美国，尽管土地发展权转移制度最早产生于纽约市，并在之后也有所变化，但据文献资料记载，直到 1978 年，纽约市使用了两次土地发展权转移来保护历史建筑，还有另外两个项目已经获得批准。在历史发展中，纽约市的土地发展权转移制度受到了来自各方的质疑，其中批评意见之一是，这种

---

[1] Dwight H. Merriamt, "Making TDR Working", *North Carolina Law Review*, Vol 56, January 1978, p. 89.

发展权转移制度在功效、运作方式和体制安排等方面所存在的缺陷。由于存在这些问题，尽管不是致命的，但科斯塔斯为此提出了一种芝加哥发展权转移机制，按照该机制，土地使用权人可以将发展权转移到远比纽约方案中所要求的更远的地方。芝加哥发展权机制中还包括需要有一个公开持有的土地发展权银行，该银行经授权可以购买那些在私人市场中没有转移出去的土地发展权。科斯塔斯构想的芝加哥发展权转移机制，是为了克服他们所认识到的纽约发展权转移机制中所存在的缺陷。按照芝加哥发展权转移机制，如果一个被指定为标志性建筑物的所有人，他不能或者不愿意转移他的发展权，那么其所在的城市就可以对他所有的标志性建筑物进行保护性限制，从而限制他再利用其发展权，政府给予这种限制所应支付的代价由发展银行来承担，发展银行可以持有由此取得的发展权或者将其发展权在市场上转让出去。按照芝加哥发展权转移机制，发展银行可以通过再转让发展权从而取得收益，以维持其自身的资金平衡。科斯塔斯构想的芝加哥发展权转移机制最大的一个特点是就考虑到了要使这个发展权转移机制有效运作，需要资金上的支持。而这个芝加哥发展权转移机制最大的弱点就是科斯塔斯和一些为此而努力的人最终没有使芝加哥在立法上通过他们的这个构想。之所以有如此结果，主要原因在于没有考虑到这个构想的实施所可能面临的政治层面的压力，据说发展权转移机制对现存的权力关系产生了威胁。总之，在大城市利用发展权转移机制来保护一些重要设施的功能被过度高估，而且也没有得到很有效的验证。[1]

关于土地发展权转移机制，州一级的最大的行动发生在新泽西州。1976年7月，新泽西州州议会批准了一个500万美元的农业保护工程项目，该项目授权州政府可以从伯灵顿县的申请出售土地发展权的农民手中购买土地发展权。此外，为了克服土地发展权交易机制运作中遇到的困难，新泽西州特意设立了土地发展权银行，用来解决土地发展权的估价和可销售性等市场形成初期的交易问题，也可以作为信息交换场所和管理机构。[2]截至2007年全

---

〔1〕 Dwight H. Merriamt, "Making TDR Working", *North Carolina Law Review*, Vol 56, January 1978, p. 91.

〔2〕 陈佳骊："美国新泽西州土地发展权转移银行的运作模式及其启示"，载《中国土地科学》2011年第5期。

美已设立土地发展权银行至少 12 个，土地发展银行在土地发展权转移中所起到的积极作用已被实证研究所证实。[1]

关于土地发展权转移的功能，不少人认为土地发展权转移制度可取代分区规划制度，但是分区规划涉及土地用途的划分，而且不同土地用途所涉及的发展权的具体内容也有所不同，如住宅用地会涉及土地利用容积率，而工商业用地，主要以平面面积单位来衡量。因此，与其说土地发展权转移制度是对以前分区规划等土地管理制度的取代，倒不如说是一种完善和补充，更妥当一些。从实践效果看，作为对分区规划等土地管理制度的一种有益补充，土地发展权转移机制最有希望发挥作用的领域是保护敏感的环境地区、农地和开放性空间等。总之，土地发展权转移机制利用得恰当，就能发挥出积极作用，但是如果利用得不当，就可能产生一些副作用。目前，土地发展权转移机制，在美国仍然是一个有争议的制度。

尽管存在争议，但美国很多州在立法上接受了这一制度。截至 2010 年，包括纽约州、新墨西哥州、新泽西州、加利福尼亚州等在内，美国已有 25 个州进行了土地发展权转移制度的立法，但是各州具体实施的情况存在差异，在州政府应当采用何种土地发展权转移机制上立法，似乎并没有共识。如新泽西州专门对土地发展权转移机制进行立法，其中包括土地发展权转移和土地发展权银行机制，纽约州也是进行私法规范，允许土地发展权在乡村、城镇和城市间转移，田纳西州和犹他州的私法允许土地发展权在城镇和大城市转移。[2]

第二节　美国土地发展权转移中土地增值收益分配机制与启示

一、美国土地发展权转移机制运作的基本原则

尽管美国各州有关土地发展权转移机制的具体规定有所不同，但从各州实践看，如果该机制能够有效运作，大体需要遵循三个主要原则：

---

〔1〕　Maltew Hendon Brmkley, Where is TDK working and how would we know results from a nationwide study of TDK program components and outcomes, *A Thesis Submitted to Michigan State University*, 2007.

〔2〕　Arthur C. Nelson, Rick Pruetz, and Doug Woodruff, "The TDR Handbook: Designing and Implementing Transfer of Development Rights Programs," *Island Press* 2011, p. 107.

（一）许可转移原则

在美国几乎所有启用土地发展权转移机制的州的立法中，都包含着授权土地发展权可以与土地分离并转移的规范内容。像阿肯色州、纽约州、弗吉尼亚州等州的立法中，将土地发展权界定为是一种在符合有效的城镇的综合规划或者具体规划的前提下被许可从输送地输出的一种发展权。在规划和分配可转移的土地发展权的过程中，需要考虑诸如住宅单位、土地面积、住宅面积、住宅容积率、高度限制、交通条件等可能对发展权价值影响较大的因素。在具体操作程序上，各州许可土地发展权转移的程度，并不相同。如犹他州的许可就比较简单，按规定，市政府就可通过法令，确定本市内土地发展权的转出区和接收区，允许可转移的土地发展权从一个已被确定为转出区的土地所有者转移到已被确定为接收区的土地所有者。相比之下，佛罗里达州和新罕布什尔州却把土地发展权转移机制作为一种土地管理创新工具予以使用。如新罕布什尔州的土地利用与规划包含着包括土地发展权转移在内一系列土地利用管理的创新机制，并将其称为"乡村替代计划"。按法令规定，一块土地上可以最多允许现有用途的 20% 的发展权被转移出去，只要转移土地发展权的原土地所有者保留一些空地。[1]

（二）识别土地发展权转移机制可保护的资源类型

从传统上看，土地发展权转移机制主要适用于环境保护区域、农地和历史建筑等，在其他一些使用土地发展权转移机制的案例中，社区已使用土地发展权转移机制来复兴城市中心区，促进城区发展，激励房屋建造等。一般而言，州法案对于土地发展权转移机制的保护目标，并不进行限制，允许地方政府根据各自实际情况，自由创新土地发展权应用机制，以有助于保护当地的资源，并与当地的经济条件相适应。凡实施效果良好的土地发展权转移机制，大都选择了合适的保护目标，并允许地方条例创新性地选择保护方式。从目前已经启动土地发展权转移机制的 25 个州的情况看，选择土地发展权转移机制来保护农业的州已达 12 个，几乎占了一半。[2]

---

〔1〕 Arthur C. Nelson, Rick Pruetz, and Doug Woodruff, *The TDR Handbook*：*Designing and Implementing Transfer of Development Rights Programs*, Island Press 2011, p. 109.

〔2〕 Arthur C. Nelson, Rick Pruetz, and Doug Woodruff, *The TDR Handbook*：*Designing and Implementing Transfer of Development Rights Programs*, Island Press 2011, p. 110.

(三) 自愿原则

在土地发展权转移机制的具体应用过程中,尽管不能绝对地说,所有的州都遵循了自愿原则,但至少表明绝大多数州的立法中都规定了自愿原则,如亚利桑那州的法律规定,确定土地发展权转移程序、方法、标准等,都应征得作为土地发展权的转出方和接收方的双方土地权利人的同意。爱达荷州、田纳西州、华盛顿特区等均有类似"同意"的规定。当然在具体要求上会有所区别,如在亚利桑那州,要求土地发展权的转出方与接收方均要同意,而在有些州的地方性条例要求将自愿接收纳入法律,而有些州则规定书面的通知优先于同意。又如华盛顿立法中,在标题为"调查结果"一节中,规定了"自愿参与",但在 TDRs 一节中又没有说明。[1]

二、美国土地发展权转移机制有效运作的几个经济要素

构建一个有效运作的土地发展权转移机制,需要考虑其运作机制所涉及的一系列条件和影响因素,其中最重要的一个影响因素就是经济因素,主要包括三方面的内容:一是土地发展权的价值评估和分配;二是市场维护;三是交易成本的负担。

(一) 如何评估和分配土地发展权

在美国,倘若土地发展权转移机制有效运行,需要解决的一个前提问题是,在土地分属于不同所有者的社会现实中,对土地发展权如何配置? 土地发展权的价值如何确定? 对此,一般通过两种方式解决:一是采用纯面积密度标准,即假设有一块 25 英亩的土地,如果将每一英亩土地确定为一个住宅单元的土地发展权,那么拥有这 25 英亩土地的所有权人就拥有了 25 个单位的可转移的土地发展权。当然以纯面积密度的方式确定土地发展权,存在不能总是准确反映土地发展权真正潜在价值的缺陷,并且会使得分区规划成为确定土地发展权转移价值的基础。这种方式的替代,就是土地发展权价值评估的方式,即首先通过评估一块土地在有发展权的情况下的价值,再评估该块土地没有发展权的情况下的价值,这两种评估价值的差额就是拟转移的土地发展权的价值。但这种方式的最大问题就是评估费昂贵,而且也面临着后

---

[1] Arthur C. Nelson, Rick Pruetz, and Doug Woodruff, *The TDR Handbook: Designing and Implementing Transfer of Development Rights Programs*, Island Press 2011, p. 111.

续一系列的挑战。因此，在选择如何分配土地发展权及其价值的问题上，从实用主义的立场看，如何有利于土地利用管理，是一个需要考虑的非常重要的影响因素。从美国的实践看，一些不大的社区，主要选择面积密度的方式，分配土地发展权，而一些较大的复杂的行政管辖区，则在选择面积密度方式的同时，也结合土地的发展潜力，分配土地发展权，确定土地发展权的价格。[1]

（二）市场维护

经验证明，有效的土地发展权转移机制离不开一个有法律保障的市场机制。如果缺乏足够的对土地发展权转移者的正向激励，那么一个建立在私人意思自治基础的土地发展转移机制也将不会有效运行。有两种方式可以确保有足够的需求市场：一种是通过分区规划，划定相当大的转移区，增加接受区的容积密度，降低交易成本，白金汉镇就是采用这种方式；芝加哥市则采用了另一种方式来进行市场维护，即设立土地发展权转移银行。

实际上，在美国，土地发展权转移市场是一个相当复杂的市场机制，其中包含着几个交互性条件。一方面，土地发展权的持有者可能会表现得他们首先好像边际土地的持有者，其次他们才是发展对象，并且认为他们的土地具有不切实际的高价。这些不合理的价值期望，助长了对土地发展权索要高价的现象，最终打压了对土地发展权转移的需求，降低了土地发展权转移的质量。另一方面，土地开发商总是寻求房屋与土地的最佳组合，以谋取更高的利润。在增加住宅区的密度、降低每个单元住宅楼的成本的时候，意味着高密度的生活区的幸福指数的降低。此外，土地发展权转移机制存在另一个大问题，就是不容易确定那些不受土地开发限制的土地所有者获得意外的巨大利益。[2]因此，如何建立一个有效的土地发展权转移市场，不是像说起来那么容易，需要考虑很多方面的问题。

（三）交易成本的负担

土地发展权转移机制中涉及的另一个重要问题就是交易成本由谁负担。

---

〔1〕 Maltew Hendon Brmkley, "Where is TDK working and how would we know results from a nationwide study of TDK program components and outcomes", *A Thesis Submitted to Michigan State University*, 2007.

〔2〕 Hansen & Schwartz, "Landowner Behavior at the Rural-Urban Fringe in Response to Preferential Property Taxation", *LAND Eco N.* 1975, p. 341.

假设一个社区认为保护一块土地将有助于提高整个社区的福利，该社区如果准备使用土地发展权这个工具实现保护这块土地的目的，那么限制这块土地开发的代价怎么分担？当然在有土地发展权银行的情况下，就可以由银行去解决这个土地的负担问题，但在没有土地发展权银行的情况，这个负担怎么分配呢？如在同样的土地利用密度下，土地发展权是无条件的，那么在土地发展权转移区的开发商是不会愿意再去花钱购买转移来的土地发展权的，这样，土地发展权转移区的土地所有者就得以较低的市场价格承担部分交易成本。由于土地发展权转移机制提供了一种制度红利，因此，尽管土地发展权转移区的土地所有者所得利益少于预期的那种意外收益，但毕竟这种增值收益来自政府投资的贡献，最差的结果，土地的所有者也只是失去了不该得到的收益。在某些情形下，当土地发展权转移机制为边缘土地所有者提供适当的开发密度时，土地所有者可能也会享受到土地增值收益。总体看，根据谁受益谁承担原则，由于保护农地是对整个国家有利的事情，因此，在美国，由州和联邦政府出资设立的土地发展权银行这样的金融机构来承担，被认为是有一定道理的。[1]

三、美国土地发展权转移机制具体应用：以马里兰州蒙哥马利县为例

马里兰州蒙哥马利县毗邻华盛顿特区北部，截至 2010 年，有 100 万人口。尽管面临着发展压力，但该州计划应用土地发展权转移机制保护 1326.03 英亩的农地，占全部农地的 40%。在 1980 年，蒙哥马利县制定了一个名为"农业和乡村空间功能保护管理计划"的法令，该法令重点在于保护农地，计划建立一个面积为 93 000 英亩的农业保护区。根据经济专家的建议，因为在蒙哥马利县，大约每 25 英亩土地可以供养一个家庭。该保护区的大部分土地，按照最大密度，每 25 英亩土地分为一个单元，在这 25 亩土地中，再每 5 亩分为一个单元。该实施规划成为美国最有名、最值得研究、最值得借鉴的土地发展权转移模式。[2]

---

〔1〕　Dwight H. Merriamt, "Making TDR Working", *North Carolina Law Review*, Vol 56, January 1978, p. 123.

〔2〕　Arthur C. Nelson, Rick Pruetz, and Doug Woodruff, *The TDR Handbook：Designing and Implementing Transfer of Development Rights Programs*, Island Press 2011, p. 141.

（一）实施程序

在蒙哥马利县实施的土地发展权转移机制中，农业保护区是土地发展权的移出区。蒙哥马利县政府要求农业保护区的土地所有者进行权利登记。为了保护农业区，权利一经登记，就只能按照农村密度分区规划要求的每25英亩一个单元的密度限制，进行永久的限制性利用土地。选择进行这种权利登记的土地所有者，按照每5英亩一个发展权的比例，被授予可进行转移的土地发展权。为了从整体上实现保护农业区的目标，不管土地的耕种情况或者位置对发展影响如何，所有的适用土地发展权转移机制的土地都按照同样的比例，分配可转移的土地发展权。

当土地所有者选择将土地用于农业，他们必须在土地发展权移出地，保留一个单元的土地发展权用于目前的居住。按照农村密度分区规划最大密度要求，他们可以选择每25英亩保留一个住宅单元，即每25英亩土地上有一个单元的住宅。实际上，很多参与土地发展权转移机制的土地所有者，都进行了这样的选择，因为这一个单元的住宅用地，据估计价值将是被转移出的土地发展权的10倍至20倍。土地发展权的接收区是位于农业保护区之外的被规划为城市用地和公共设施用地的区域。蒙哥马利县的土地发展权转移机制因为创造出了充足的土地发展权接收区域而成为一个成功的土地发展权转移机制。但是，有些观察者指出，蒙哥马利模式由于在土地开发商、土地规划者和一般公众之间的协作配合，决定需求信息，而且对土地发展权的需求是由规划决定，因而其效用受到了限制。也正因如此，有些规划区很少或几乎没有实施土地发展权转移机制。

蒙哥马利县于1982年成立了土地发展权银行，用于收购、储备和再转让土地发展权。如果没有土地发展权银行，土地发展权移出区的土地所有者发现，开发商愿意以市场价格购买他们的土地发展权，因此，由于土地发展银行在8年的时间内没有发挥什么作用，最终县政府终止了它。直到今天，独立的不动产的经纪人一直在服务于土地发展权转移的交易。

（二）实施效果

尽管蒙哥马利模式还存在这样或者那样的缺陷或者不足，但是在美国却是土地发展权转移机制最成功的一个地方性案例。到2009年，蒙哥马利县运用土地发展权转移机制已经保护了52 052英亩农地，在农地保有面积上，仅次于华盛顿特区的金县、新泽西州的派恩兰县和佛罗里达州的科利尔县，排名第四位。据蒙哥马利县统计，是由私人部门而不是税收，大约提供了1.15亿美元的资金支持。

（三）蒙哥马利县的经验

从蒙哥马利县土地发展权转移机制的实践看，至少有如下经验值得借鉴：

第一，土地发展权移出区，显然承担着实现整个乡村农业资源保护目标的任务。有意义的分区规划和完善的保护机制，像TDR一样，会强化政府寻求对土地发展权移出区的保护。这样就会给乡村土地所有者更大的确信，在农业保护区从事农业生产是一个有保障的生产活动，从而将土地选择为永久的农业用途，并不会后悔。

第二，尽管蒙哥马利县已经错过了一些机会，但通过借助于分区规划，建立起了足够的接收转移出的土地发展权的适宜区域。

第三，通过对土地发展权输送区土地的分单元规划，控制了土地投机行为，使通过土地发展权转移机制形成的价格，处在一个可负担得起的水平。

第四，相较于其他的大土地发展权转移机制，蒙哥马利县的土地发展权转移机制相当简单，而且是线性管理，相对简单。

第五，尽管没有土地发展权银行，但由于独立的不动产代理服务机构发挥了重要作用，因此蒙哥马利模式仍然获得很大成功。

第三节　美国土地发展权转移中土地增值收益分配机制的理论解释

通过以上考察美国土地发展权转移机制，会发现其在美国实际上有着深厚的传统法律思想渊源。进入现代工商业社会之后，美国建立该机制的最初目的，并不是为了建立一种公平的土地增值收益分配机制，而是为保护某些认为应该保护的目标，如标志性建筑等。美国实践证明，该机制在保护农地方面，是效果最为明显的一种范例，因此被广泛用于农地保护中。基于农业生产利润远远低于工商业土地用途的社会现实，为了通过制度激励机制，促使乡村土地的所有者永久性维持土地的农业用途，土地发展权转移机制为位于乡村的土地所有者提供了一种补偿其因为永久保持土地的农业用途而不得不承担一定经济代价的制度红利，让这些永久能够保持农业用途的土地所有者，不会因为自己的土地用于农业用途而在经济上吃太大的亏。相应地，通过这样一种机制，也不会让有"制度机会"得以改变土地用途的土地所有者，沾多大光。如此看来，美国土地发展权转移机制，大有无心插柳柳成荫的效果，在实现保护农地这个公益性目标的同时，也促成了较为公平地分享土地增值收益的制度效果。因此，不可否认，美国土地发展权转移机制中，既蕴含着对农地保护与建设用地稀缺性之紧张关系的衡平，也蕴含着在耕土地所有者与离耕土地所有者之间土地增值收益的利益分享机制。通过透视该机制的内在机理，予以妥当的理论解释，对我国农村土地增值收益共享机制的构建，具有理论创新与实践借鉴的启示意义。

一、土地发展权的归属

在权利归属上，土地发展权主要有"归国家和政府所有"和"归土地原所有权人所有"这两种模式。英国基于"公平性"及"可行性"的要求，确立了土地发展权归属于国家所有的权利性质。但美国自引入英国的土地发展权制度之初，就变更了权利性质。美国为了保证市场经济的公平性，并体现美国国体的本质要求，充分强调了土地发展权的私权属性，规定土地发展权归原土地所有者所有。土地发展权和土地的其他权利一样都属于原土地所有者所有，无论他们是通过何种方式将土地发展权出售或者转让，土地发展权的私权属性确保了他们合法权利不受侵犯，保证了他们在交易过程中的核心利益。在美国高度发达的土地资产市场中，土地发展权的私权属性是确保土地资产市场合理运营的基本前提，政府可以以公共事宜管理者的身份，出现在土地资产市场中，但绝对排斥其充当土地市场交易主体的角色。[1]

美国是实行土地私有的国家，一般认为土地发展权也应当属于土地所有者所有，但从美国土地发展权转移机制的制度规定以及制度实践看，在美国各州，土地发展权并不当然归属于土地所有者，因为一是土地发展权尽管是依附于土地，但却产生于发展权规划法令，对于农业用地而言，没有土地发展权转移机制，也没有所谓的土地发展权问题；二是土地发展权的取得需要经过许可，没有经过授权许可，就没有土地发展权。当然，这样说，也不意味着土地发展就应当归属于国家，政府享有并行使的只是分区规划权，这是

---

[1] 田园："农村土地资产市场存在的问题及对策——基于美国土地发展权制度的启示"，载《西安文理学院学报（社会科学版）》2016年第4期。

一种公权力，不能因为土地发展权产生于这种公权力，就断言土地发展权应当归属国家或者政府。质言之，在政府对土地利用进行规划之前，根本不存在具体的土地发展权，如果有的话，也只是一种抽象存在，还不归属任何权利主体。而在政府对土地利用进行规划之后，土地所有者才根据分区规划产生的土地发展权，享有一定配额并可以转移的土地发展权。

由此分析可能得出的理论启示是，受美国土地所有权概念影响的学者，经常会谈到美国的土地所有权是一束权利，基于这种理论，会逻辑性地认为土地发展权是土地所有权这个权利束中的一种权利，因此就会得出土地发展权应属于土地所有者所有的结论。但是，从美国土地发展权产生以及转移的依据和机制看，也许这样的关于土地权利问题的判断更具合理性，即不仅土地所有权是一束权利，是多种权利的集合，而在土地上也同样存在一个权利束，在组成土地权利束的各种权利中，类似于采矿权，土地发展权只是土地权利束中的一种权利，是依附于土地而不是依附于土地所有权的一种独立的权利，在其归属上，并不当然派生于土地所有权，而是独立存在于土地之上，其归属应由法律规定。

二、土地权利平等原则

在现代社会，一个很凸显的发展趋势是，土地的价值的高低越来越取决于土地的区位而不再取决于土地的肥沃程度，但其中有一个很关键的制度影响因素是土地的用途管制与土地利用规划管理。质言之，即使某一块土地位于城市中心，如果国家法律规定其用途只能是用于农业生产，那么其区位再好，也只能说这块土地具有潜在的巨大价值而不具有现实价值。如果国家法律将这块土地划定为不可变更的永久性耕地，那么其潜在的价值也只是一个泡影。如此看来，土地的区位固然重要，但其只是土地增值的一个必要但不充分的条件，决定土地价值增值的充分条件是政策和土地利用规划制度。

在此有必要思考的问题是，在土地利用规划对土地增值影响如此巨大的今天，土地利用规划的合理性如何确定，难道就只能以类似"命中注定"的所谓区位，任由有的土地所有人因土地用途变更而一夜暴富，而无视有的土地所有人却在默默地承受着农业用地的低效益。实际上美国土地发展权转移机制已经在某种程度上颠覆了这种已经熟视无睹的不平等观念，即不论其土地的区位如何，在土地法律制度上应当平等对待所有土地权利人。土地发展权转移机制中的土地发展权配额制，就包含着平等对待所有权土地权利人的理念，尤其是农业用途的土地所有权人。从这个意义上看，土地发展权转移机制是对土地用途管制和土利用规划管理制度实施中所产生的对农用地权利人不公平现象的一种有意义的矫正。

三、土地发展权转移机制：土地增值收益合理分享的基础机制

围绕着土地权益，因现代社会城市化进程中产生的一系列新问题，尤其是耕地保护与建设用地之间的紧张关系问题、土地巨大增值收益中的分享不公平问题，以管制性为表征的传统土地法律制度已面临诸多挑战。要有效应对这些挑战，亟须对传统土地法律制度寻求制度理念和制度机制的创新，而以美国土地发展权转移机制为代表的现代土地权益配置和分享机制，无疑提供了具有启示意义的新视野。

美国土地发展权转移机制，以实现保护耕地这种人类生存资源和自然环境为目标追求，以土地发展权这种经过授权许可方可享有的独立性土地权利为制度媒介，以平等对待一定行政管辖区内不同区位的土地所有权为遵循原则，以适当平衡在耕土地所有者与离耕土地所有者之间土地增值利益为手段，以分区规划创造出的土地发展权的供需市场为关键，最终在一定程度上矫正、缓和土地的严格用途限制和土地管理制度的刚性品格的同时，实现了耕地保护与城市化发展双重目标，也使现代城市发展中的土地增值收益得到了相对合理的分享。

因此，土地发展权转移机制，不是对传统土地管理制度的完全取代，而是一种有所助益的制度补充，也为合理分享土地增值收益奠定了一定制度基础。

第五章

农村集体土地增值收益分配的司法实证考察

本章主要研究有关农村集体土地增值收益分配纠纷的司法判例，从司法实践的视角，进一步揭示农村集体土地增值收益分配机制运作中的焦点问题有哪些？此类纠纷是否属于民事诉讼的受理范围，尚存争议。通过本章考察研究，本书认为法院应在坚持"受理说"的前提下加以制度重构，即对"受理说"加以三重限制：现行规范的直接限制、集体成员资格的限制及土地权属争议的限制。此间，需要正确厘定司法裁判与村民自治之间的边界，公民的人身权利、民主权利和合法的财产权利相比于村民自治具有优先性，当其受到不法侵害时，司法理应在其权限范围内予以救济。

第一节　农村集体土地增值收益分配纠纷司法裁判态度之演变

前文已述，农村集体土地增值收益来源的多元性决定了应当限定农村集体土地增值收益分配纠纷的范围。基于农地征收补偿费用分配纠纷在农村集体土地增值收益分配纠纷中居于核心地位。故本章重点考察农地征收补偿分配纠纷。

农地征收补偿费用分配纠纷在当前农村土地征收问题中居于重要地位。[1]2019年最新修正的《土地管理法》重点是完善农村集体土地征收制度。在集体土地征收补偿方面，不仅要在财产上进行补偿，同时还要突出安置

---

[1]　陈莹、倪晓露："承包地集体内部征地补偿费分配纠纷研究——基于湖南省1091个案例的矛盾梳理与司法回应"，载《中国土地科学》2021年第11期。

和保障，确实做到农民生活水平不降低，长远生计得到改善。[1]可见，土地补偿费用分配不仅关系农民的切身利益，也关系农村的社会稳定，牵动着各方的神经。基于此，如何合理分配补偿费用及如何有效解决分配中的纠纷，应是理论界和实务界亟待解决的重大问题。

一、最高人民法院态度之演变：在"受理说"与"不受理说"之间徘徊

农民的土地被征用后，因土地征用费分配纠纷被征地农民向法院提起诉讼，法院应否受理？在这个问题上，近二十多年来最高人民法院也有不同的见解。

（一）王某兰案："不受理说"

1994年12月30日最高人民法院在《关于王某兰等六人与庐山区十里乡黄土岭村六组土地征用费分配纠纷一案的复函》中规定："征用土地的补偿、安置补助费，除被征用土地上属于个人的附着物和青苗的补偿费付给个人外，其余由被征地单位用于发展生产和安排就业等事业。现双方当事人为土地征用费的处理发生争议，不属于法院受理案件的范围，应向有关机关申请解决。"从文义看，最高人民法院认为土地征用费的争议不属于法院受理案件的范围，其实对1986年《土地管理法》第30条[2]中所暗含的土地补偿费和安置补助费争议进行明确，可称之为"不受理说"。受案法院在请示最高人民法院得到明确的答复后，在判决理由中直接以1986年《土地管理法》第30条直接裁定，其并未进行说理。[3]

（二）最高人民法院法研〔2001〕51号与法研〔2001〕116号："受理说"

2001年7月9日最高人民法院研究室在《关于人民法院对农村集体经济组织所得收益分配纠纷是否受理问题的答复》（法研〔2001〕51号）以及2001年12月31日的《关于村民因土地补偿费、安置补助费问题与村民委员

---

〔1〕 赵秀梅："农村集体土地征收补偿立法构建研究——以《土地管理法》的修改为中心"，载《中国农业大学学报（社会科学版）》2018年第6期。

〔2〕《土地管理法》（1986年）第30条规定："国家建设征用土地的各项补偿费和安置补助费，除被征用土地上属于个人的附着物和青苗的补偿费付给本人外，由被征地单位用于发展生产和安排因土地被征用而造成的多余劳动力的就业和不能就业人员的生活补助，不得移作他用，任何单位和个人不得占用。"

〔3〕 参见江西省九江市中级人民法院〔1995〕九民裁初字第01号民事裁定书。

会发生纠纷人民法院是否受理问题的答复》（法研［2001］116 号）中都认为：此类案件属于平等民事主体之间的纠纷，只要符合民事诉讼法的有关规定，应当受理。

（三）徐某君案："不受理说"复出

2002 年 8 月 19 日最高人民法院在《关于徐某君等十一人诉龙泉市龙渊镇第八村村委会土地征用补偿费分配纠纷一案请求的批复》（［2002］民立他字第 4 号）中认为，村民因土地补偿费与村民委员会发生争议的，不属于民事案件的受案范围。因为农村集体经济组织成员与农村集体经济组织因土地补偿费发生的争议，不属于平等主体之间的民事法律关系，对此类争议，人民法院依法不予受理，应由有关行政部门协调解决。

最高人民法院对此案的批复中还对安置补助费及地上附着物与青苗补偿费分配纠纷是否属于人民法院受理范围作出了说明：其一，因安置补助费发生的争议应否由人民法院受理，应具体分析。需要安置的人员由农村集体经济组织安置的，安置补偿费支付给农村集体经济组织，由农村集体经济组织管理和使用。因此发生的争议，不属于人民法院受理民事诉讼的范围，人民法院不应作为民事案件受理。对于不需要由农村集体经济组织安置的人员，安置补偿费应直接支付给有关人员。因此发生的纠纷，属于平等主体之间的民事权利义务争议，人民法院应作为民事案件受理；其二，地上附着物与青苗补偿费应归地上附着物及青苗的所有者所有。地上附着物与青苗的所有者因该项补偿费与集体经济组织发生的争议属于平等主体之间的民事权利义务争议，属于人民法院受理民事案件的范围，此类争议人民法院应当作为民事案件受理。

（四）最高人民法院［2004］民立他字第 33 号："不受理说"之松动

2004 年 10 月 12 日，最高人民法院［2004］民立他字第 33 号关于村民请求分配征地补偿款纠纷法院应否受理的请求的答复："根据国务院《中华人民共和国土地管理法实施条例》第二十六条的规定，土地补偿费归农村集体经济组织所有；地上附着物及青苗补偿归地上附着物及青苗的所有者所有。农村集体经济组织与其成员之间因土地补偿费分配产生的纠纷，当事人就该纠纷起诉到人民法院的，人民法院可不予受理。"

（五）法释［2005］6 号："受理说"及其限制

2005 年 7 月 29 日，最高人民法院《关于审理涉及农村土地承包纠纷案件适用法律问题的解释》（以下简称"法释〔2005〕6号"）第1条规定："下列涉及农村土地承包民事纠纷，人民法院应当依法受理：（一）承包合同纠纷；（二）承包经营权侵权纠纷；（三）承包经营权流转纠纷；（四）承包地征收补偿费用分配纠纷；（五）承包经营权继承纠纷。集体经济组织成员因未实际取得土地承包经营权提起民事诉讼的，人民法院应当告知其向有关行政主管部门申请解决。集体经济组织成员就用于分配的土地补偿费数额提起民事诉讼的，人民法院不予受理。"

二、最高人民法院态度演变之评析

综上分析可知，最高人民法院《关于王某兰等六人与庐山区十里乡黄土岭村六组土地征用费分配纠纷一案的复函》，是1994年12月30日最高人民法院给江西省高级人民法院的答复。该答复指出，双方当事人为土地征用费的处理发生争议，不属于法院受理案件的范围，应向有关机关申请解决。对这一答复会有两种理解：一是指"在没有村民决议对补偿款进行分配的情况下，村民要求分配补偿款而集体经济组织不同意对补偿款进行分配"这种情形，这种理解在当下的司法环境中是合理的，属于村民自治的范畴；二是针对"有村民的分配决议，而村民要求按照分配决议进行分配而集体经济组织不同意"这种情形，那么，该"答复"即与法研〔2001〕51号和法研〔2001〕116号相矛盾，而法研〔2001〕116号也是给江西省高级人民法院的，法研〔2001〕116号"答复"认为，村民因土地补偿费、安置补助费问题与村民委员会发生纠纷的，参照最高人民法院研究室给广东省高级人民法院的"法研〔2001〕51号"办理。而法研〔2001〕51号明确指出，农村集体经济组织与其成员之间因收益分配产生的纠纷，属平等民事主体之间的纠纷。此后，在徐某君案中最高人民法院又认为：村民因土地补偿费与村民委员会发生争议的，不属于民事案件的受案范围。在最高人民法院〔2004〕民立他字第33号答复中更是认为：农村集体经济组织与其成员之间因土地补偿费分配产生的纠纷，当事人就该纠纷起诉到人民法院的，人民法院可不予受理。一个"可"字，赋予人民法院的自由裁量权并不明确，何种情况下可以受理，何种情况下不予受理，并未言明。

为此，2005年最高人民法院在法释〔2005〕6号（为了配合《民法典》的实施，2020年12月23日最高人民法院审判委员会第1823次会议对该司法解释予以修正）第 1 条中就这一问题作出了相对明确性的解释，当事人就该纠纷起诉到人民法院，只要符合《民事诉讼法》第 108 条（根据 2021 年新修订的《民事诉讼法》，最新条文应为《民事诉讼法》第 122 条）的规定，人民法院应当受理。该解释第 24 条又规定："征地补偿方案确定时已经具有本集体经济组织成员资格的人，请求支付相应份额的，应予支持。但已报全国人大常委会、国务院备案的地方性法规、自治条例和单行条例、地方政府规章对土地补偿费在农村集体经济组织内部的分配办法另有规定的除外。"司法解释出台后，就有很多城郊土地被征用的村民来诉要求受理，并以最高人民法院的司法解释作为请求权基础。最高人民法院的司法解释虽然使此类案件的处理有了请求权基础，但在受理案件的问题上又说"是否具备集体经济组织成员资格是一个政治概念，最高法院已向全国人大常委会提出司法建议"。[1]直至目前，此类问题如何处理仍无定论。我们不得不求助于司法实践，以期从中总结经验；并对实务经验进行类型化提炼，进一步厘定此类纠纷的受理界限；最后，进行理论建构，回应司法实践，并提出若干建议。

第二节　司法实践中涉土地增值收益的
征地补偿分配纠纷的类型化

法释〔2005〕6 号既明确了此类纠纷应当属于人民法院的受理范围，又作出了一定的限制，那么，这一规范在司法实践中的运行状态如何？本书将通过对若干裁判文书的分析整理，以类型化的分析思路为逻辑脉络，梳理出实践中除了规范所确定的限制外，是否还存在其他不受理的理由。

一、村民自治之限制

一般来说，属于村民自治范畴的事务，人民法院就不应当干涉，这是因为村民自治不属于法律所调整的民事法律关系，但对哪些事项属于村民自治的范畴实践中存在争议。从实践来看，可以分为以下三种类型：

（一）集体经济组织成员就分配土地补偿费提起民事诉讼，法院能否不受理？

依据法释〔2005〕6 号第 1 条第 3 款"集体经济组织成员就用于分配的

---

〔1〕　参见 http://www.chinacourt.org/public/detail.php? id = 171297，访问日期：2022 年 4 月 1 日。

土地补偿费数额提起民事诉讼的，人民法院不予受理”的规定，主张土地补偿费分配纠纷不属于法院受理范围。这一条款是理解为“集体经济组织无论就分配的数额作出什么样的分配，人民法院都不应受理”还是理解为“成员就均等分配的数额提起诉讼，人民法院不予受理”，存在争议，需要法官予以解释。

在“上诉人保某春因与石林县石林镇北大村村民委员会大寨村民小组（以下简称‘大寨村民小组’）承包地征收补偿费用分配纠纷一案”中，一审法院认为：现保某春领取补偿款后对大寨村民小组分配给自己的土地补偿款数额有异议，要求大寨村民小组补齐所欠征地补偿款 40 045.5 元的请求，根据法律规定，其起诉不属于人民法院的受案范围；二审认为：“已确定的数额”是其所认为的征地方与村小组间确定的补偿数额，而不是集体经济组织依照法律规定的民主议定程序决定在本集体经济组织内部分配已经收到的土地补偿费的数额。[1]

可见司法实践中，“已确定的数额”是其所认为的征地方与村小组间确定的补偿数额，而不是集体经济组织依照法律规定的民主议定程序决定在本集体经济组织内部分配已经收到的土地补偿费的数额。[2] 据此，我们可以认为法释〔2005〕6 号中“用于分配的土地补偿费数额”，是指集体经济组织在决定分配土地补偿费时，给每一个社员均等分配多少的数额。集体经济组织与其成员之间对土地补偿费分配的具体数额发生的争议，因其属于村民自治的范畴而不属于民事法律关系，因而人民法院不予受理。土地被征收后，土地补偿费应统一支付给作为被征地单位的农村集体经济组织。农村集体经济组织收到土地补偿费后的分配问题，属于涉及村民利益的重大事项。又根据《村民委员会组织法》第 24 条规定，涉及村民利益的重大事项应当由村民委员会提请村民会议讨论决定。为此，法释〔2005〕6 号第 24 条对此予以专门规定。

值得注意的是，这一解释并不是指所有的土地补偿费分配纠纷案件人民法院都不予受理。因为集体经济组织是村民自治的经济管理组织，而不是一

---

〔1〕 参见昆明市中级人民法院〔2009〕昆民一终字第 17 号民事裁定书。

〔2〕 参见杭州市中级人民法院〔2020〕浙 01 民终 8153 号民事判决书、昆明市中级人民法院〔2009〕昆民一终字第 17 号民事裁定书等。

级政府机构。因此，虽然村民与集体经济组织有纵向的管理与被管理关系，但对土地补偿费进行分配，是集体经济组织代表村民行使财产代管权，即进行民事活动，双方的地位、权利义务是平等的，不能以其主体不平等而否定其民事属性。

（二）安置补偿方案不确定或者对安置补偿费等没有作出约定，法院能否不受理？

土地对于农民来说，其社会保障功能在现阶段是不容置疑的。如果集体经济组织迟迟不作出安置补偿方案或者安置补偿方案不合理，集体成员能否提起诉讼，这一问题同样至关重要，需要予以回应。

在"上诉人李某印因与被上诉人卫辉市后河镇大辛庄村村民委员会承包地征收补偿费用分配纠纷一案"中，一审认为：土地补偿费归农村集体经济组织所有，是否分配由其决定。在未作出分配方案之前，李某印向法院起诉要求分配土地补偿费，法院不能作为民事案件受理。安置补助费是对失地农民的社会保障性保障，其分配应当按照征收补偿安置方案的规定进行，征地补偿安置方案由市、县人民政府土地行政主管部门根据经批准的征用土地方案会同有关部门拟定并予以公告听取农民意见，报市、县人民政府批准后，由市县人民政府土地行政主管部门组织实施。被征收土地的农民可以按照分配方案中约定分配的补偿费用，要求支付。安置方案不确定的情况下，法院不能作为民事案件受理。二审驳回起诉，理由与一审基本一致，只是进一步说明"征用土地方案经依法批准后，被征用土地所在地的市、县人民政府土地行政主管部门根据经批准的征用土地方案，会同有关部门拟订征地补偿、安置方案，征用土地的各项费用应当在征地补偿、安置方案批准后支付"。[1]这是一则关于安置方案不确定（或者说安置补偿方案没有作出）的情况下，人民法院认为不属于民事案件的受理范围，理由是土地补偿费的分配由农村集体经济组织决定，即此类纠纷属于村民自治的范畴，人民法院不应干涉。

在"上诉人尉某因与被上诉人北京市房山区阎村镇南梨园村合作经济联合社（以下简称"南梨园经联社"）承包地征收补偿费用分配纠纷一案"中，二审法院认为：《土地管理法》规定，征收耕地的补偿费用包括土地补偿费、安置补助费以及地上附着物和青苗补偿费。在一审诉讼中，尉某表示其

---

〔1〕　参见河南省新乡市中级人民法院［2010］新中民四终字第409号民事裁定书。

主张的征地补偿费为就业补偿费，该种补偿费应属上述法律中规定的安置补助费，是对失地农民的社会保障性补偿，其分配应当按征收补偿安置方案的规定进行。现安置补偿方案中未约定将安置补偿费分配给失地农民个人，故尉某起诉南梨园经联社要求安置补偿费的诉讼，不属于人民法院受理民事诉讼的范围，故一审法院驳回尉某的起诉并无不当。[1]这是一则关于安置补偿方案中没有对安置补偿费作出处理，人民法院应否受理的实例。该案依然将其归为村民自治的范畴而不予受理。但是，安置补偿费是国家在征用土地时，为了安置以土地为主要生产资料并取得生活来源的农业人口的生活，所给予的补助费用。也就是说，安置补偿费就其性质来说，是对失去土地的农民进行安置的补助费用，起着社会保障的功能，将其简单地归为村民自治的范畴是不妥的。而且，《土地管理法》第47条对安置补偿费的补偿标准作出了明确的规定，其请求权基础是比较明确的。

可见，对于安置补偿方案不确定的情形，司法实践中，法院一般认为不属于民事案件的受理范围，理由是土地补偿费的分配由农村集体经济组织决定，即此类纠纷属于村民自治的范畴，人民法院不应干涉。在未作出分配方案之前，法院不能作为民事案件受理。安置补助费是对失地农民的社会保障性保障，其分配应当按照征收补偿安置方案的规定进行，征地补偿安置方案由市、县人民政府土地行政主管部门根据经批准的征用土地方案会同有关部门拟定并予以公告听取农民意见，报市、县人民政府批准后，由市县人民政府土地行政主管部门组织实施。被征收土地的农民可以按照分配方案中约定分配的补偿费用，要求支付。在安置方案不确定的情况下，法院不能作为民事案件受理。[2]

对于安置补偿方案对安置补助费等未作出约定的情形，法院依然将其归为村民自治的范畴而不予受理。[3]在司法实践中，人民法院对安置补偿方案没有作出或者对某些补偿费用没有作出约定的情况下，一概将其划为村民自治的范围。也就是说，在承包地征收补偿费用纠纷中，现行的司法裁判逻辑

---

〔1〕 参见北京市第一中级人民法院［2009］一中民终字第15062号民事裁定书。

〔2〕 参见紫金县人民法院［2020］粤1621民初203号民事判决书、河南省新乡市中级人民法院［2010］新中民四终字第409号民事裁定书等。

〔3〕 参见北京市第一中级人民法院［2009］一中民终字第15062号民事裁定书。

是以明确的安置方案为前提的。本书认为，这是对村民合法权益的漠视，是一种形而上学的司法裁判方式，对此类案件应当区别对待。其一，安置补偿方案还没有作出，人民法院不予受理是合理的。因为我们知道安置补偿方案的作出需要经过一系列的程序，方案确定后，有关地方人民政府还应当公告，并听取被征地的农村集体经济组织和农民的意见。对于安置补偿方案有意见可以通过行政复议或者信访途径寻求救济，司法救济有其自身的秉性。其二，安置补偿方案中没有对安置补偿费的分配作出规定，就救济方式的选择来说，村民的确也可以通过非司法途径寻求救济。那么，这是否意味着法院对此类案件就不应受理？并非如此。理由是，安置补偿费关系到失地村民的切身利益，而且《土地管理法》对分配的标准等作出了明确的规定，这应当属于法释〔2005〕6号第1条规定的"承包地征收补偿费用分配纠纷"，人民法院应当受理。

（三）村规民约规定"出嫁女"不享有土地补偿款的分配而讼争，法院能否不受理？

"农民是弱势群体，农村妇女又是其中更弱势的群体"，[1]因此应当明确农村妇女与男子享有同样的权利。但现实中，很多村都规定诸如"女儿出嫁必须迁移户口，若不迁移户口也不得享有土地使用权，不得享有土地征收补偿款"等与法律相违背的村规民约。[2]那么，法院在面对此类纠纷时，又是如何处理的呢？

在司法实践中，一般都持支持态度，认为"出嫁女"享有同其他集体经济组织成员同样的权利，如在"原告周某绘与被告杨楼乡东村三组为土地征收补偿费分配纠纷一案"中，法院认为：生存权是人的基本权利，而土地是农民赖以生存的基本生产资料，国家对征收土地进行补偿，是对被淹没土地农民生存权利的基本保障，任何组织和个人均不得非法剥夺。原告虽已于1998年与郑州油脂化学集团有限公司职工郭某某结婚，但婚后未享受到嫁入地的待遇，且户口一直未迁出，至今仍是杨楼乡东村三组村民小组中的成员。

---

〔1〕 陈小君等："后农业税时代农地权利体系与运行机理研究论纲——以对我国十省农地问题立法调查为基础"，载《法律科学（西北政法大学学报）》2010年第1期。

〔2〕 陈小君："我国妇女农地权利法律制度运作的实证研究与完善路径"，载《现代法学》2010年第3期；房绍坤、任怡多："'嫁出去的女儿，泼出去的水？'——从'外嫁女'现象看特殊农民群体成员资格认定"，载《探索与争鸣》2021年第7期。

原告在该组享有土地承包经营权，有承包地，系被淹没土地的合法承包人，应当和本集体经济组织其他成员享有平等的分配权。被告以不符合村规民约规定和原告已出嫁为由拒绝向原告分配土地补偿费的行为，侵犯了原告的合法权益。故原告要求被告给付土地补偿费的理由正当，本院予以支持。〔1〕类似案例还有很多。〔2〕

是否迁移户口是村民的自由，任何组织和个人都不得强迫，故以上村规民约违反了法律的强制性规定，可纳入《民法典》第 153 条第 1 款的规范射程。根据《村民委员会组织法》第 27 条的规定，村民自治机构所设定的事项不得与宪法、法律和国家政策相冲突，不得侵犯村民的人身权、财产权等权利。一般来说，只要"出嫁女"还是集体经济组织的成员，其理应得到应有的土地补偿安置款。在司法实践中，认定"出嫁女"是否还属于集体经济组织的成员，是以是否享受到嫁入地的社会保障待遇为前提的，而其户口及是否享有承包地等是形式参考因素。只要"出嫁女"仍属于集体经济组织成员，那么即使集体经济组织或村委会以村规民约剥夺"出嫁女"的合法权益，法院在此时会明确裁定村规民约违法，支持"出嫁女"的合法诉求。〔3〕

二、成员资格之限制

法释〔2005〕6 号第 22 条明确规定，土地补偿费应当在本集体经济组织成员内部进行分配。因此，是否属于某一集体经济组织的成员便成了关键，但在《民法典》《土地管理法》等法律规范中对于集体成员资格的认定问题并未作出规定，而《农村集体经济组织法》目前仍处于立法启动阶段，草案尚未予以颁布。对此，我们不得不求助于司法实践。

在这一问题上，我们的法官展现了他们的非凡智慧。在"爨某果案"中，法院认为：农村集体经济组织成员资格的认定，虽然现有法律、法规并未明确界定，但结合现实农村实际情况，应以是否在本集体经济组织所在地具有依法登记的常住户口及形成较为固定的生产、生活为基本判断标准，并考虑

---

〔1〕 参见河南省方城县人民法院〔2010〕方杨民初字第 198 号民事判决书。

〔2〕 参见湖南省洞口县人民法院〔2009〕洞民初字 398 号民事判决书、昆明市中级人民法院〔2009〕昆民一终字第 250 号民事判决书等。

〔3〕 程诗棋："农村'外嫁女'集体经济组织成员资格的确认与法律保护——以海南省三亚市法院'外嫁女'征地补偿费分配纠纷案件为研究基础"，载《法律适用》2018 年第 11 期。

农村土地承包所具有的基本生活保障功能。[1]对这一资格认定依据，我们可称之为"户口说"，即以依法登记的常住户口为核心要素，并结合社会保障、权利义务等要素综合考虑。在"苏某兰案"中，法院认为：集体组织成员资格的判断，在尊重村（居）民自治的前提下，应结合户籍因素和生活保障基础作综合考量。生活保障基础，是指村（居）民与集体组织形成较为固定的生产、生活关系，包括长期在集体组织所在地生产、生活或虽暂时不在集体组织所在地生产、生活但其生活保障仍须依附于该集体组织等情形。[2]此案确立了两个核心要素，即户口因素和社会保障因素，可称之为"户口+社会保障说"。在"王某红案"中，法院认为：集体经济组织成员资格界定，应以是否具有本村户口的集体经济组织成员为判断标准，在以户籍登记为前提的基础上，考虑该村民与集体经济组织是否建立土地承包关系，生活基础是否在本村，是否承担了该村相应的村民义务等。[3]该案在本村户口的基础上还考虑了土地承包关系等，我们可称之为"户口+承包关系说"。在"马某华案"中，法院认为：享有土地补偿款分配权除应在该村享有土地权外，（即：通过集体组织取得的土地使用权、通过承包实现的承包权等。）还应具有该村农业户籍，履行相应义务。[4]该案明确要享有土地补偿款分配权，就应在该村享有土地承包权等，我们可称之为"取得土地承包经营权说"。

由以上分析可知，司法实践中关于集体成员资格的认定标准不一，这极易导致法院即使作出判决，当事人依旧会不服，会选择信访等途径继续寻求自身权益的救济。[5]故，这一问题亟待理论和立法者作出回应。本书认为，土地补偿款是土地被征用，无法再耕种时对以后利益的一种补偿，是针对土地这种不可再生资源灭失的一种金钱衡量，应归该集体经济组织的成员共同

---

[1] 参见爨某果诉被告爨某平承包地征收补偿费用分配纠纷一案，湖滨区人民法院［2010］湖民一初字第1146号民事判决书。

[2] 参见原告苏某兰、俞某敏、俞某某与被告厦门市同安区洪塘镇新厝村第四村民小组集体成员征地补偿款分配纠纷一案，福建省厦门市同安区人民法院［2011］同民初字第1277号民事判决书。

[3] 参见上诉人晋宁县昆阳镇堡孜村民委员会三组因与被上诉人王某红、徐某承包土地征收补偿费用分配纠纷一案，昆明市中级人民法院［2008］昆民一终字第482号民事判决书。

[4] 参见上诉人马某华因与被上诉人禄劝县屏山镇北街居委会跃进村民小组承包土地征收补偿费用分配纠纷一案，昆明市中级人民法院［2008］昆民三终字第829号民事判决书。

[5] 章彦英："涉法涉诉信访之案件成因、制度困局与破解之道"，载《法学论坛》2011年第1期。

所有，其分配时，可以考虑本集体经济组织的实际情况，根据实际从事农业劳动的人口进行合理分配。具体来说，应结合现实农村实际情况，以是否在本集体经济组织所在地具有依法登记的常住户口及形成较为固定的生产（土地承包关系等）或生活（享有集体经济组织成员的权利并履行相应义务）为基本判断标准，并考虑农村土地承包所具有的基本生活保障功能。此外，并不一定是农业户籍，因为集体成员资格的认定与户籍区分的标准是不一致的；取得土地承包经营权并不是土地补偿款分配的前提。[1]

三、土地权属争议之限制

《土地管理法》第14条明确了土地权属争议的前置程序。据此规定，当事人之间存在土地所有权或使用权争议而诉至法院的，无论其诉讼请求是要求停止侵害还是给予土地补偿，法院均应当裁定驳回起诉，告知当事人申请人民政府处理，而不应简单地作出判决。但法院如何判断当事人之间存在土地的权属争议呢？是应该进行实质审查还是形式审查呢？

在"上诉人邢某才、邢某只与被上诉人安阳市龙安区田村办事处北田村村民委员会（以下简称"北田村委会"）及邢某生土地补偿款纠纷一案"（以下简称"刑某才案"）中，一审法院认为：双方当事人均持有土地承包证书，均主张自己是合法的土地承包者，应属"确权"之争，对责任田承包权利归属之类的案件，不属于法院民事案件"维权"受案范围。根据法院调取的北田村委会备案的土地承包合同书，与二原告及第三人所持的《土地承包经营权证书》记载，双方当事人经营权证书记载的白家沟土地承包亩数，超出备案合同中记载的总亩数，双方承包土地互相叠加。且备案合同中10号白家沟土地6户村民承包地块的"东至""西至"均填写为空白，2004年《土地管理法》第16条规定："土地所有权和使用权争议，由当事人协商解决，协商不成的，由人民政府处理。"本案二原告及第三人备案合同中"东至""西至"均未填写，且与当事人的《土地承包经营权证书》记载不符，双方承包土地四至不清，地块不明，亩数不符，对于地块不明确的承包合同

---

〔1〕 在"上诉人刘某有、刘某昌与被上诉人南召县南河店镇马沟村陈庄组为土地补偿款纠纷一案"中，一审和二审法院都认为"取得土地承包经营权是土地补偿款分配的前提"，这显然是错误的，参见河南省南阳市中级人民法院〔2010〕南民一终字第262号民事裁定书。

纠纷，应属于土地所有权和使用权争议，应由人民政府处理。至于《农村土地承包法》第55条规定的因土地承包经营发生纠纷的可以向法院起诉有一个前提，即土地承包使用权是确定的，是没有争议的，或虽有争议，通过承包合同是可以确定的。本案实质上就是土地使用权不明引发的征地补偿分配纠纷，本质上仍然是土地使用权纠纷，适用2004年《土地管理法》第16条规定。国务院《农村土地承包经营权证管理办法》（已失效）第2条第1款规定："农村土地承包经营权证是农村土地承包合同生效后，国家依法确认承包方享有土地承包经营权的法律凭证。"该证具有对外公示的效力，该证的颁发是行政机关作出的具体行政行为，无论是人民政府的土地清册还是人民政府颁发的权属证书，都不同程度地反映人民政府对土地承包合同的管理、干预和行政参与，而非纯民事行为。二审驳回上诉，维持原裁定。[1]类似的其他裁判理由基本一致。[2]

土地权属纠纷是转型期隐性化的人地耦合与偏离之间的矛盾被激化而显性化的表现，[3]存在"案件数量多，纠纷化解难；涉及人员多，事实查清难；政府确权时对管理使用现实重视不够；复议前置纠错功能未有效发挥"[4]等问题。司法实践中，法院判断当事人之间是否存在土地权属争议，主要采用形式审查方式，即法院只调取土地承包合同书、《土地承包经营权证书》等资料进行形式审查，对比后存在争议的，驳回起诉。[5]据此，可以得出如下结论：从形式上审查当事人是否均具有政府部门颁发的土地权属证书或均不具有土地权属证书即可，而无须进行实质审查，即审查双方当事人的权属证书是否合法有效。因为从客观上讲，如果当事人均持有土地权属证书或均不持有土地权属证书，法院是无法判决支持或驳回当事人的诉讼请求的。如果法

---

〔1〕 参见河南省安阳市中级人民法院［2009］安民立终字第193号民事裁定书。

〔2〕 可参见河南省平顶山市中级人民法院［2010］平民二终字第656号民事裁定书、河南省平顶山市中级人民法院［2011］平民二终字第220号民事裁定书。

〔3〕 胡勇、陈利根："中国转型期土地权属纠纷：系统分析与文化对策"，载《中国土地科学》2010年第3期。

〔4〕 耿宝建等："土地、山林、水利权属纠纷案件分析与法律适用研究——基于一巡对辖区三类案件裁判的实证分析"，载《中国应用法学》2021年第6期。

〔5〕 参见上诉人邢某才案及邢某生土地补偿款纠纷一案，河南省安阳市中级人民法院［2009］安民立终字第193号民事裁定书。

院作出支持或驳回原告诉讼请求的判决，而此后政府部门作出了相反的行政确权决定，就会导致司法权与行政权的冲突，从而加剧当事人之间的纠纷，造成当事人的累讼。[1]

四、诉讼主体之限制

主体适格也是人民法院在受理案件时需要考虑的重要因素，《民事诉讼法》第122条明确了诉讼主体之间的关联性——即存在利害关系。据此，在此类纠纷中，也同样存在，司法裁判的主要争议是"村民小组能否作为诉讼主体"。

在"上诉人李某福、钟某玲、钟某永因与被上诉人海口市龙华区城西镇丁村村民委员会第八村民小组分配征地补偿款纠纷一案"（以下简称"李某福案"）中，原审法院认为：被告是海口市龙华区城西镇丁村村民委员会下属10个村民小组之一，海口市龙华区城西镇丁村村民委员会下属的各个村民小组对外所从事的经济活动或诉讼活动均以海口市龙华区城镇丁村村民委员会作为主体，因此，被告不是适格的民事诉讼当事人，原告的起诉不符合受理的条件。据此，裁定驳回原告的起诉。二审法院认同一审的裁判理由，裁定驳回上诉，维持原裁定。[2]据此，我们可知，该案中适格的被告应当是海口市龙华区城镇丁村村民委员会。但我们进一步思考，如果本案中村民小组对外从事经济活动都以该村民小组的名义，那么此时法院应否受理？为此，笔者检索到2006年最高人民法院对河北省高级人民法院的《关于村民小组诉讼权利如何行使的几个问题的请示报告》的答复，该答复认为：村民小组可以作为民事诉讼主体，当村民小组的合法权益受到他人侵害时，村民小组应以自己的名义提起诉讼，以村民小组为当事人的诉讼以村民小组长为主要负责人提起，村民小组长以村民小组行使诉讼权利应当参照《村民委员会组织法》第17条履行民主议定程序。[3]

可见对于该问题，司法实践呈现出截然不同的观点。有法院认为，村民小组不是适格的诉讼主体。[4]更多的法院认为，村民小组属于适格的诉讼主

---

〔1〕 刘德敏："正确认定土地权属争议的政府先行处理程序"，载《人民司法》2008年第16期。

〔2〕 参见海南省海口市中级人民法院〔2007〕海中法民一终字第780号民事裁定书。

〔3〕 吴亮："村民小组究竟能否作为被告参加民事诉讼"，载 http://www.jsfy.gov.cn/alpx/msal/2006/08/03/17147.html，访问日期：2022年10月30日。

〔4〕 参见海南省海口市中级人民法院〔2007〕海中法民一终字第780号民事裁定书。

体。[1]本书认为应当肯定村民小组的诉讼主体资格，这一点可以从《农村土地承包法》第 14 条推导出，也可在最高人民法院对河北省高级人民法院的《关于村民小组诉讼权利如何行使的复函》（［2006］民立他字第 23 号）得到明确。事实上，按照我国农村集体土地所有者的历史和现状，由村民小组集体拥有土地所有权的情形普遍存在。当然，适格的诉讼主体之间应当具有利害关系，这一点要求农民在对此类纠纷寻求司法救济时，需要明确争议的主体是村委会还是村民小组，这根据日常的生活经验一般就可以判断。

第三节　"受理说"之拓展与现实

通过以上分析可知，司法实践处理此类纠纷基本以现行规范作为裁判依据，但因规范的缺失或者某些规范可操作性不强，使得司法裁判基于不同的考虑呈现出不同的见解，在集体成员资格认定标准方面可见一斑。以上问题迫切需要学者予以厘清——进行理论上的建构并明确规范的解释机制。

一、理论建构："受理说"之拓展

民法调整平等主体之间的人身关系和财产关系，一般来说，只要属于平等主体之间的民事争议，就应纳入人民法院的受案范围，除非法律有特别规定。但是，人民法院在处理承包地征收补偿费用分配纠纷时，由于受土地所有制的限制及行政权力等因素，土地上的权利被蒙上了厚厚的行政色彩。[2]为此，应当还原土地上权利的私权本质，那么，法院受理此类纠纷范围的拓展便是当务之急。应当明确的是，任何权利都是有一定的边界的，无限的权利或者退化为"空权利"或者演变为"权力"，无论何种情形，都是极其危险的。基于以上认识，要拓展承包地征收补偿费用分配纠纷的受理边界，应从其限制入手。根据本书第三节对司法实践中此类纠纷受理界限的类型化处理可知，"受理说"范围的拓展存在以下三重受理界限。

第一，法释［2005］6 号第 1 条中已经明确承包地征收补偿费用纠纷属

---

〔1〕　参见缙云县人民法院［2019〕浙 1122 民初 4511 号民事判决书、厦门市中级人民法院［2017］闽 02 民终 5310 号民事判决书。

〔2〕　陈小君："农村集体土地征收的法理反思与制度重构"，载《中国法学》2012 年第 1 期。

于民事诉讼的受案范围，唯一的限制条件"集体经济组织成员就用于分配的土地补偿费数额提起民事诉讼的，人民法院不予受理"。这一限制在司法实践中已经得到了回应，并对何为"土地补偿费数额"作出了解释，在这一点上明确了村民自治和司法裁判的范围。可谓此类纠纷的第一重受理界限。至于村规民约中规定"出嫁女"不享有土地补偿款的分配等涉及妇女的生存权和财产权的，人民法院应当受理；对于安置补偿方案不确定的，人民法院在安置补偿方案确定后应予以受理，而不能援引"一事不再理"原则拒绝受理；而对安置补偿费等没有作出约定的，法院不应当受理。

根据以上分析可知，第一重受理界限的理论维度着眼于现行规范的直接限制，其理论基础根植于村民自治的内在属性和司法裁判的本质特征。就法释［2005］6号第1条第3款而言，"土地补偿费数额"的规范价值在于如何保障成员权的实现及维护集体经济组织的利益，故应由农村集体组织按照民主议定程序确定，即按照农村集体经济组织经济性质和原则处分，同时考虑农村集体经济组织今后发展的留存情况、成员资格情况、土地承包情况、家庭成员情况、户籍户口情况，甚至一些风俗习惯、村规民约等一种系列复杂问题。[1] 自然地，以上集体成员行使成员权基础上的形成的集体权利应当得到尊重，不能因个人的无理诉求而破坏。

第二，法释［2005］6号第22条明确了征地补偿分配应在本集体经济组织成员之间进行。但对集体成员资格的认定标准，最高人民法院并没有作出解释，且目前全国人大常委会也没有对此作出规定。那么，通过对学说、判例的解读以明确集体成员资格的认定标准便是一种务实的选择。司法实践中，集体成员资格的认定有多种标准，分别对应理论界提出的"户口说""社会保障说""村民说"及"取得土地承包经营权说"。[2]

---

[1] 颜梅林："征地补偿费分配纠纷之法律适用难点及对策研究——兼解读《物权法》相关条文"，载《西南农业大学学报（社会科学版）》2010年第3期。

[2] 刘竞元"农村集体经济组织成员资格界定的私法规范路径"，载《华东政法大学学报》2019年第6期；许明月、孙凌云"农村集体经济组织确定的立法路径与制度安排"，载《重庆大学学报（社会科学版）》2022年第1期；韩俊英："农村集体经济组织成员资格认定——自治、法治、德治协调的视域"，载《中国土地科学》2018年第11期；肖新喜："论农村集体经济组织成员身份的确认标准"，载《湖南师范大学社会科学学报》2020年第6期；任怡多："'三权分置'下宅基地资格权的法律表达"，载《山东行政学院学报》2022年第2期；等等。

本书认为，"特定民族的持久成功的制度建构，主要是内生的，是基于该民族本身的政治限制条件和特定时空的现实需求"，[1]成员资格标准的法律缺失是农村集体经济组织内部征地补偿费等成员利益分配纠纷频发的主要原因。而成员资格标准的法律缺失根源于农村集体经济组织的嬗变和农村集体经济组织相关立法的逻辑障碍。[2]因此，当下的路径选择有二：其一，对集体经济组织进行法人化的建构，[3]在此基础上可以通过对成员权的登记制度来实现集体成员资格的认定；其二，在当下乡土社会的背景下，通过立法完善成员资格标准的认定，此时不宜采取单一的户籍标准，而应综合考虑，建议参考《四川省农村集体经济组织条例》(2021年10月1日起施行) 的认定标准，确立"是否以本集体经济组织土地为基本生活保障"作为界定成员资格认定的核心标准，并综合考虑农村土地承包关系、户籍关系，对集体积累的贡献等因素，通过民主程序进行确认。此外，依法律明确规定，或者依社会习惯和公平正义原则应接纳为集体成员的，集体不得拒绝。[4]通过集体成员资格标准的认定，明确集体成员享有土地补偿费的分配资格，非集体成员不享有土地补偿费的分配资格，是为此类纠纷的第二重受理界限。

第三，根据《土地管理法》第14条的规定，当事人之间存在土地所有权或使用权争议而诉至法院的，无论其诉讼请求如何，法院均应裁定驳回起诉。此时理论建构的核心是如何认定当事人之间存在土地权属争议，是进行实质性审查还是只进行形式审查。本书认为，判断当事人之间是否存在土地权属争议只需进行形式审查即可，即审查当事人提供的权属证明是否存在冲突或者不一致，而无需深入审查权属证明背后的社会关系。也就是说，从形式上认定当事人之间的土地补偿费用分配纠纷中存在土地权属争议，则人民法院不应受理，这为此类纠纷的第三重受理界限。

至于诉讼主体之限制，并非此类纠纷所特有，诉讼主体的适格问题广泛存在于各类民事纠纷，故不宜作为此类纠纷的受理界限。但这并不意味着只

---

〔1〕　翟小波：《论我国宪法的实施制度》，中国法制出版社2009年版，第15页。

〔2〕　杨攀："农村集体经济组织成员资格标准的法律分析与实践"，载《西南政法大学学报》2011年第3期。

〔3〕　高飞："论集体土地所有权主体之民法构造"，载《法商研究》2009年第4期。

〔4〕　韩松："论农民集体所有权的成员集体所有与集体经济组织行使"，载《法商研究》2021年第5期；韩松："论成员集体与集体成员——集体所有权的主体"，载《法学》2005年第8期。

要不属于以上三重受理界限内，人民法院就应当受理，民事诉讼受理范围的一般规定在此处同样适用，即《民事诉讼法》第 122 条规定的起诉条件在此类纠纷中也应遵守。

综上所述，"受理说"在排除民事诉讼的一般限制和以上三重特有限制后，其范围得以明确，是为这一学说的合理建构。值得注意的是，当前尚未有法律或者司法解释对农村土地征收补偿费的分配主体、分配办法、分配标准、安置形式和社会保障等问题进行明确且具有可操作性的规定。然而，无论规范如何，司法实践自有其运行逻辑——在有意识或无意识的状态中前行。此种状态只能作为权宜之计，有待于学者对此作出恰当且合理的解释，以便更好地指导司法实践。而且，任何理论的建构既是以司法经验和生活逻辑为基础，又是在司法实践中经历着检验，在此基础上矫正、优化原有的理论，如此循环往复，是为理论的生命力所在。

二、现实挑战：司法裁判能否干预村民自治?

在对承包地征收补偿费用分配纠纷受理界限的分析中，我们会发现一个绕不开的话题，那就是村民自治。在此类纠纷中，村民自治的范围有多大，司法裁决能否干预村民自治以及在多大程度上可以干预等问题都值得我们探讨。

我们先来看一则案例，在"原告黄某君、李某与被告郴州市北湖区郴江镇高壁村下湾组承包地征收补偿费用分配纠纷一案"（以下简称"黄某君案"）中，法院以裁判的方式判决"被告郴州市北湖区郴江镇高壁村下湾组制定的《下湾组土地费分配方案》第一条无效"。《下湾组土地费分配方案》第 1 条内容中"以原告黄某君系随母亲陈某爱落户、原告李某随母亲黄某君落户为由，剥夺二原告的土地征收补偿费分配权"，法院认为这一内容违反了法律的规定，该条款是无效的。[1]事实上，该案还可以通过确定原告集体成员资格的方式，判决原告享有分配资格，而回避司法裁判干预村民自治这一敏感的问题。但是，本案中，法官却裁判村民自治通过的分配方案中的某一条件无效，其理由是这一条款违反了《民法通则》（当时有效）第 58 条中的"法律或者社会公共利益"，但并没有对此作进一步解释，是违法了哪一法律

---

[1] 参见湖南省郴州市北湖区人民法院［2008］郴北民二初字第 460 号民事判决书。

规范，或者说侵犯了何种公共利益。而在"原告李某与被告北京市昌平区小汤山镇东官庄村民委员会（以下简称'东官庄村委会'）承包地征收补偿费用分配纠纷一案"（以下简称"李某案"）中，法院却判决"被告北京市昌平区小汤山镇东官庄村民委员会重新召开村民代表大会确定对原告李某厚土地补偿款的分配方案，于本判决生效后三十日内召开"，其理由是"被告制定的《东官庄村武警特警学院征地土地补偿款分配实施方案》属于村民自治的范畴。由于双方对《东官庄村武警特警学院征地土地补偿款分配实施方案》中第四条的内容存有歧义，故应由被告东官庄村委会针对原告的诉讼请求重新召开村民代表大会，研究实施方案中第四条的文字意思，确定对原告的分配方案"。[1]该案中，法院认定分配方案有歧义，又根据 1998 年《村民委员会组织法》第 20 条第 2 款"村民自治章程、村规民约以及村民会议或者村民代表讨论决定的事项不得与宪法、法律、法规和国家的政策相抵触，不得有侵犯村民的人身权利、民主权利和合法财产权利的内容"的规定，裁判被告于判决生效 30 日内重新召开村民代表大会。可见，在司法裁判中，对于村民自治和司法裁判的边界是存在不同认识的，对于司法裁判能否干预司法实践也是如此。"黄某君案"中法官直接宣布村民自治作出的分配方案中某一条款无效，而"李某案"则裁判要求被告重新作出决定。

"黄某君案"中，法官直接以"违反法律法规的强制性规定"宣布村民自治通过的分配方案中某些条款无效，[2]但却没有对此作进一步解释，是违反了哪一法律规范，或者说侵犯了何种公共利益。"李某案"中，法官则以1998 年《村民委员会组织法》第 20 条第 2 款为裁判依据，裁判村委会或村集体经济组织在一定期限内（比如判决生效后 30 日内）重新召开村民代表大会。[3]可见，在司法裁判中，对于村民自治和司法裁判的边界是存在不同认识的，对于司法裁判能否干预司法实践也是如此。

"宪法以及司法制度所保障的乃是一个一个的个人正当权利"，[4]故，对于这一问题的处理，其着眼点应是农民个体的权利属性与村民自治的权利扩

〔1〕　参见北京市昌平区人民法院［2009］昌民初字第 6320 号民事判决书。

〔2〕　参见湖南省郴州市北湖区人民法院［2008］郴北民二初字第 460 号民事判决书。

〔3〕　参见北京市昌平区人民法院［2009］昌民初字第 6320 号民事判决书。

〔4〕　高全喜："财富、财产权与宪法"，载《法制与社会发展》2011 年第 5 期。

张性之间进行"临界点"博弈。农民个体的权利诉求，往往因为其在寻求救济时将目光聚焦于朴素的土地之上而忽视其与集体经济组织之间的关系属性，此时厘定村民自治权利的边界便成了关键。村民自治是指，农村特定社区的全体村民，根据国家法律法规的授权，依照民主的方式建立自治机关，确定行为规范，办理本社区内的公共事务和公益事业。[1]换言之，"任何一个集体组织都有按照宪法规定的民主原则自主解决自己事务的权利"[2]，但须保证每个村民都能直接参与村民自治的事务，其监督权受法律保护等。村民自治作出的自治章程或者其他决议，应当根据法律的规定作出，不得违反法律的强制性规定。如果村民自治作出的决议违反了法律的强制性规定，法院有权根据当事人的诉求裁定这一决议无效或者撤销决议事项。但能否以裁判的方式要求村民自治组织重新作出决议，并限定期限。一般来说，只有在村民或利害关系人就村民自治作出的决议中涉及的合法权益受到侵害时，法院才审查村民自治决议是否违反法律的强制性规定，并作出相应的判决。因此，以裁判方式要求村民自治组织在一定的期限内作出是缺乏法律依据的。

三、为回应现实，制度建构依然任重道远

土地被征收后，农民所失去的不仅仅是土地，其情感载体也瞬间消失了。而且，土地被征收后，农民本应获得相应的补偿款、安置补助费等，这是其后半生的基本生活保障。但囿于中国乡土社会的特殊性，村民自治组织运行过程中容易出现异化，村内自由被少数家族控制，导致土地补偿费用分配不公平。故有学者认为"我国农民在土地征收中利益受损不是一种偶然现象，而有其深刻的制度根源"。[3]此外，现行规范缺乏可操作性以及某些规范的缺失也是此类纠纷频发的重要原因。

为此，通过以上的研究讨论，本书认为：农地征收补偿费用分配纠纷是当前农村土地征收问题的核心。这是由当前土地之于农民的社会保障性质，当前农村土地征收问题的复杂性等因素共同决定的。最高人民法院的态度演变，曾一度在"受理说"与"不受理说"之间徘徊，目前态度已经明确，已

---

〔1〕 崔智友："中国村民自治的法学思考"，载《中国社会科学》2001年第3期。

〔2〕 吴元中："土地补偿款分配方案的宪法寻源"，载《山东行政学院学报》2012年第3期。

〔3〕 高飞："我国土地征收补偿制度运行的困境与对策探析"，载《法治研究》2009年第3期。

将此类纠纷明定为人民法院的受案范围。同时，基于村民自治等因素的考虑，在规范层面也作出了一定程度的限制，但对集体经济组织成员资格的认定标准这一关键问题并未作出任何说明。

通过对司法实践中处理此类纠纷的类型化分析，本书尝试对其进行理论上的建构，提出"受理说"之三重受理界限理论，以期拓展此类纠纷的受案空间并实现应然规范和实务运作的对接，验证"受理说"之三重受理界限理论的解释力。司法裁判与村民自治在博弈过程中的边界是一永恒的话题。鉴于此类纠纷的特殊性，立足于村民自治的空间之内，又游离于司法裁判的边界之上，有必要在规范层面进行厘定。本书认为公民的人身权利、民主权利和合法的财产权利相比于村民自治具有权利位阶的优先性，其受到不当侵害时，司法裁判理应在其权限范围内予以救济。

第六章

农村集体土地增值收益分配机制的完善建议

通过前几章的考察与分析可知，我国农村集体土地增值收益分配机制实为一个涉及主体多样、路径多元、层级多重的相当复杂的制度体系。在社会经济不断发展的过程中，该制度的内部体系与外部体系，均经过了一个不断发展和完善的过程。与农村集体土地有关的增值收益及其分配问题，始终是一个不断变化的动态过程。由此注定了农村集体土地增值收益分配机制的完善，不会一蹴而就，而是具有一定的阶段性和历史性。也许，在发展中不断完善，是对农村集体土地增值收益分配机制最优的政策性选择。当前，为贯彻落实党的十八大、十九大、二十大以及中央有关城镇化工作会议精神，有关开展县（市）总体规划暨"多规合一"政策的试点探索，[1]有关国土空间规划的制度建设和实践，正在全国多县（市）展开。借此改革契机，将对农村集体土地增值收益分配机制的完善，置于县（市）总体规划暨"多规合一"及国土空间规划改革背景下予以思考研究，对于促进城乡统筹发展、产业布局合理、改善区域发展不平衡、建设美丽城乡、共享现代化发展福利，具有重要的理论意义和实践意义。

---

〔1〕 2014 年 1 月 24 日，住房和城乡建设部发布《关于开展县（市）城乡总体规划暨"三规合一"试点工作的通知》，提出在全国 28 个县（市）开展"多规合一"试点。

第一节　汲取性与包容性：完善农村集体土地
增值收益分配机制的制度取向

一、汲取性与包容性：完善农村集体土地增值收益分配机制的一种理论解释

（一）汲取性制度与包容性制度的理论判断与主张

人类社会进入现代社会以来，一个十分凸显的现象是，在经济层面，发展中国家大都存在很大的城乡差别，而发达国家则几乎不存在城乡差别。应当说，一个国家存在城乡之分，是有道理的，可以理解的，但当存在很大的城乡差别，而且这种城乡差别越来越大而不是逐渐缩小时，就成了一件很值得思考的事情了。美国经济学家刘易斯是最早对城乡差别进行观察并作出经济学理论解释的最有影响的一个学者，他于1955年提出的"二元经济结构"理论，至今仍在影响着绝大多数学者思考研究发展中国家的经济问题。按照刘易斯的观点，许多发展中国家具有二元经济结构，即现代产业部门与传统产业部门，现代产业部门对应着经济中较为发达的部分，与城市生活、现代工商业和先进技术的应用有关；传统部门与农村生活、农业和"落后"的制度与技术相关。由此形成并逐渐拉大了城乡差别。对于刘易斯的二元经济结构理论，美国学者阿西莫格鲁与罗宾逊认为，刘易斯及其建立在其理论基础上的发展经济学，区分二元经济结构无疑是正确的，但是忽视了二元经济结构如何形成的全部逻辑及其与现代经济的关系。为了弥补刘易斯二元经济结构理论中存在的这种不足，阿西莫格鲁与罗宾逊通过考察大量历史实例，提出了一种解释发达国家为什么发达而发展中国家为什么大都贫穷的理论。在阿西莫格鲁与罗宾逊看来，之所以存在有些国家比较富强，而有些国家却比较贫穷以及国家之间、地区之间存在巨大的经济发展不平衡等这些问题，制度是根本原因。重要的是，阿西莫格鲁与罗宾逊并没有局限于"制度是重要的"这种一般说法以及一般性分析，而是在对不同国家（地区）进行比较研究的基础上，极具说服力地分析了制度为什么是重要的、制度影响经济发展和经济增长的机理是什么？提出汲取性制度是一个国家逐渐走向衰败的根本原因，而包容性制度则是一个国家能够持续繁荣发展的关键的重

要判断。[1]

阿西莫格鲁与罗宾逊从政治性与经济性两个层面提出了他们对所谓汲取性的理解。从政治上说，就是广大人民不能较为充分地享受到民主参政、议政的权利，由此产生的国家制度就成为少数统治阶层的意志的体现；从经济上说，缺乏民主的政治制度反作用下的经济制度，不仅不能成为为人民谋经济福祉的制度，反而成为少数人压榨人民劳动财富的重要"合法性"工具。这种制度的结果，就是生产性激励不足。[2]在这种制度下，寻租活动、利益集团成为常态。

所谓包容性，从政治上讲，就是广大人民依法享有较为充分的民主参政、议政的权利，由此产生的国家制度就成为全体人民的意志的体现，反映了人民利益。从经济上看，强调市场自由竞争，任何人都没有通过垄断、专卖或者市场控制获得超额利润的机会，这种制度具有很高的生产性激励。[3]在存在政治与经济区分的社会现实中，汲取性制度与包容性制度会因不同的搭配而产生四组组合，[4]在这四种制度组合中，汲取性政治与汲取性经济制度会最终导致国家衰败，而包容性政治制度与包容性经济制度则是国家繁荣发展的制度根源。

阿西莫格鲁与罗宾逊认为，在制度形成的过程中，历史很关键，因为是历史过程通过制度转变创造出了关键时刻可能起决定作用的差异，因此关键时刻本身就是历史转折点，但他们并非主张历史决定论。按照阿西莫格鲁与罗宾逊的观点，包容性制度的建立并非必然，而是偶然的，源自于起初一些细微的差异，基于这样的认识，他们提出了"制度漂移"理论。[5]

---

[1] ［美］德隆·阿西莫格鲁、詹姆斯·A. 罗宾逊：《国家为什么会失败》，李增刚译，湖南科学技术出版社2015年版，第Ⅵ页。

[2] ［美］德隆·阿西莫格鲁、詹姆斯·A. 罗宾逊：《国家为什么会失败》，李增刚译，湖南科学技术出版社2015年版，第Ⅵ页。

[3] ［美］德隆·阿西莫格鲁、詹姆斯·A. 罗宾逊：《国家为什么会失败》，李增刚译，湖南科学技术出版社2015年版，第78页。

[4] 即汲取性政治制度与汲取性经济制度、汲取性政治制度与包容性政治制度、包容性政治制度与汲取性经济制度、包容性政治制度与包容性经济制度。

[5] 即一旦一个关键节点出现，起作用的细小差异就是最初的制度差别，它们会引起了非常不同的反应，这些细小的差异会积累起来，创造出一种被称为"制度漂移"的过程。制度的发展变化就像浮在水面上冰块的漂移，两块在一起的冰块，两者之间的距离可能会越飘越远，原因在于它们在许多偶然因素的影响下渐行渐远。两个国家或地区的制度本来可能一样，但是它们的发展变化可能会在各种偶然因素的影响下渐行渐远，并最终导致了本质的差别。参见［美］德隆·阿西莫格鲁、詹姆斯·A. 罗宾逊：《国家为什么会失败》，李增刚译，湖南科学技术出版社2015年版，第78页。

（二）从汲取性走向包容性：完善农村集体土地增值收益分配机制的必由
　　　之路

阿西莫格鲁与罗宾逊提出的汲取性与包容性理论，对于检视改革开放以
来我国农村集体土地增值收益分配机制的变革、演进，尤其是对如何进一步
完善，具有一定的理论解释力。

如果按阿西莫格鲁与罗宾逊提出的汲取性与包容性理论，考察改革开放
后我国农村土地征收补偿安置制度：在征收补偿标准上，长期采用的是按年
均亩差值倍数标准补偿给农村集体和农民，而将土地用途转变以及开发工商
业项目的增值收益，几乎全部归属了政府。在这个过程中，话语权和决定权
主要掌握在政府手中，因此，这样一种土地增值收益分配机制，明显带有汲
取性经济制度特征。在同样都统一实行土地征收制度的全国各个地区，之所
以后来慢慢形成了各个地区的不平衡发展，主要原因在于广东省、江苏省和
浙江省在统一土地征收制度之外，这些省份的基层政府在政治和经济发展上
多采取了包容性策略，在加之不同地区的农民集体和农民的不同发展偏好、
不同经济发展传统等因素的耦合作用下，"南海模式""苏南模式"和"温州
模式"应运而生，而且影响越来越大，规模效应逐渐凸显。在这些地区繁荣
发展的过程中，尽管各自利用开发农村集体土地的具体路径有所差异，但共
同具有的一个特征是，都在实行土地征收制度的同时，包容性地给予了农村
集体一定的农用地转非农用地，从而能够发展农村工业化的地方性政策，最
终造就了这些地区的持续繁荣与富裕。相形之下，在我国大部分农村地区，
城镇化发展主要依赖于土地征收制度这一条道路，而土地征收制度的汲取性
本质及其所决定的增值收益分配机制，促成并一步步强化了这些地区基层政
府的"土地财政"依赖，封闭了农村集体包容性发展的土地制度通道，错过
了农村集体土地内生性增值发展的机会，抑制了民间经济发展的动力与活力，
不仅仅产生了区域性不平衡，而且也形成了城乡之间的差距。

尽管不能否认，我国长期以来实施的以"土地征收制度"为表征的土地
增值收益分配机制，在提高中央和地方各级政府财政积累和财政能力、促进
乡村振兴建设、精准扶贫、补贴农业发展等方面，通过财政转移支付，发挥
了重要的积极作用，但是这种汲取性的单一化的土地征收增值收益分配机制
所存在的种种弊端，已经累积起了诸多社会矛盾和政治风险。为化解这诸多
矛盾和风险，一直以来，党中央坚持与时俱进，从未停止过对农村土地制度

改革的试点探索，稳步推进农村集体土地增值收益分配机制的改革与创新，不断缩小汲取性土地征收制度的适用范围，强化包容性农村集体土地增值收益分配机制的多元化发展。我国发达地区的发展历程及其经验，已经证明，从汲取性走向包容性，是进一步完善农村集体土地增值收益分配机制的必由之路，只有如此，才能实现城乡一体化发展，并逐步消解区域性发展不平衡的矛盾，持续性保持城乡繁荣发展。

二、"多规合一"改革需要对完善土地增值收益分配机制应有的回应

党的十八大以来，中国土地制度改革进入一个新的历史阶段，尤其是党的十九大对新时代中国特色社会主义的历史定位，为中国土地制度改革指明了改革方向和路径，也为农村集体土地增值收益分配机制的进一步完善，奠定了政策依据和基础。国家发改委等四部委2014年联合下发《关于开展市县"多规合一"试点工作的通知》，2015年9月，中共中央、国务院《关于生态文明体制改革总体方案》将国土空间规划作为一项重要的制度建设内容予以明确。可以说，"多规合一"和国土空间规划政策的颁布及实施，是应新时代土地利用的新的社会需求，从过去的单纯注重土地的平面性利用规划向土地的空间性利用规划转变的重大制度变革，对促进城乡统筹发展、引导各种资源要素合理配置，将产生深远的历史性影响。借此"多规合一"和国土空间规划的改革契机，应当将完善现行农村集体土地增值收益分配机制，纳入到"多规合一"和国土空间规划改革的政策和法律制定之中，一体性予以考量安排。

（一）"多规合一"试点对农村集体土地增值收益分配的回应之检视

考察当前进行的"多规合一"试点改革以及正在推行的国土规划空间立法，会发现有一个重大不足，即过于注重规划技术层面的规划内容与技术设计操作，忽视了将国土空间规划立法与土地增值收益分配机制有效关联在一起的考量。[1]诚然，从表面上看，国土空间规划立法主要涉及如何建立美丽

---

〔1〕 检索当前有关"三规合一"和国土空间规划的研究文献，研究者大多是规划设计者，而经济学和法学研究者关注研究该问题的研究文献，可谓凤毛麟角。这表明，有关"三规合一"和国土空间规划制度改革，对土地权益以及土地增值收益分配机制将会产生的重大影响，还没有引起有关部门和研究人员的足够重视。

城乡以及建设什么样的美丽城乡问题，但实际上无形之中却内含着土地开发利用权益将如何配置这个关涉社会经济将如何发展，以及国家、集体、个人之间将如何分享土地增值收益这个重大的权益分配机制。

从当前有关国土空间规划立法的政策指引和有关研究文献的观点看，很明显仍然凸显着严格管制立法取向的特征和立场，对合理配置土地增值收益分配机制将会在有效实施国土空间规划法的实践中所能发挥的功效，缺乏应有的认识。长期以来，《土地管理法》中有关严格土地用途管制的立法及其实践经验，业已证明，单纯地在立法上规定严格的土地利用管制而忽视立法中的利益引导性规范的构建，再严格的立法管制，也会被市场主体角逐巨大利益的诱惑所侵蚀，而且巨大的执法成本，也非基层执法部门所能够承担得起的。因此，当前的国土空间规划立法，如果仍然选择单一的严格管制性立法立场，并在执法实践中过于依赖严格管制手段，而不注重对内含于国土空间规划立法中的土地增值收益分配机制进行制度创新，那么国土空间规划立法的命运，即使其中的管制条款再严格，可能也难以应对未来社会发展所面临的利益冲突与不平衡发展的矛盾。

（二）"多规合一"如何回应现行农村集体土地增值收益分配机制

"生态保护红线、永久基本农田、城镇开发边界三条控制线，是国土空间规划'多规合一'的核心要素、强制性内容。"[1] 随着国土空间规划立法提上日程和"多规合一"政策的实施，在实践中能否有效守好这三条控制线，关键当然在于严格执法，但国际经验表明，除了严格执法，还应当将一定限度的土地增值收益的分配的市场机制，内置国土空间立法体系中，通过有限度的土地增值收益分配机制的自发调节，辅助严格的用途管制与规划管理机制，实现国土利用规划所欲实现的管理目标。

那么在"多规合一"的试点实践中，应当如何回应现行农村集体土地增值收益分配机制呢？

对此，本书认为，就生态保护红线、永久基本农田、城镇开发边界这三条控制线而言，凡与生态保护红线、永久基本农田有关的农村集体土地，就被剥夺了土地发展权，而被划定在城镇开发边界之内的农村集体土地，则意

---

〔1〕 王立彬："'多规合一'要坚持以人民为中心"，载 https：//www.gov.cn/xinwen/2019–11/07/content_ 5449924. htm，访问日期：2020 年 4 月 1 日。

味着将被赋予土地发展权，迟早会有不小的意外经济收获。如果在立法上继续沿袭过往的做法，巨额土地增值收益中的绝大部分将继续被城镇开发边界之内的农村集体、农民和地方政府分享，而承担着国家生态保护红线、永久基本农田战略要务的地区的农村集体、农民和地方政府，则只能依靠财政转移支付，获得少量的补偿。这显然是不公平的土地增值收益分配机制。这种以区位论财富所得的分配机制，是单纯以对土地区位的垄断性取得非劳动所得利益的不公平制度，在经济上属于典型的汲取性经济性制度。

当然，在承认多元化分配机制的当今中国，土地自身作为一种资源要素，处于优越区位的农村集体和农民应当获得土地资源要素贡献所得，但这并不意味着承担着国家生态保护红线、永久基本农田战略要务的地区的农村集体、农民就命中注定应当承担这些无直接经济收益的国家任务。处于优越区位的农村集体和农民应当获得的是其土地作为增值要素的应然所得，而不应当是垄断所得。因此，要通过立法破除城镇开发边界之内的各类土地权利主体的垄断所得，就需要在利用当前"三规合一"国土空间规划立法的改革契机，承认并赋予那些在耕的农民集体和农民，与除城镇开发边界之内的各类土地权利主体同样拥有一定额度的土地发展权，城镇开发边界之内的农民集体和农民在超出法定配额的土地发展权之后的再开发利用，须通过一定的市场机制从在耕的农民集体处购买，方能有资格再继续在空间密度上进行强度更高的土地开发利用。

第二节　以"土地征收"为表征的外生性
土地增值收益分配机制完善建议

2019 年 8 月全国人大常委会通过了《土地管理法》修正案，其中最大的亮点之一，是通过明确界定土地征收中的公共利益，限缩了政府征地范围，但还很难说由此就从根本上改变了政府土地财政的根本格局，只能说政府对土地财政过度依赖的根基已经在动摇。因此，在这种制度体制下，今后相当长的时期内，"土地征收补偿安置"这种农村集体土地外生性增值收益分配机制，仍将是我国农村集体土地增值收益分配的最重要路径。为回应社会经济发展的新要求和合理分享土地征收机制所产生的土地增值收益，政府与农村集体之间这种外生性土地增值收益分配机制，依然存在需要进一步完善的很大空间。

一、2019 年《土地管理法》中土地征收补偿安置制度面临的新问题

2019 年修正的《土地管理法》于 2020 年 1 月 1 日正式施行。新法的施行，对以"土地征收补偿安置"为表征的政府与农村集体之间土地增值收益分配机制，进行了重大修改，这将使土地征收增值收益分配机制发生较大变化，也将使其面临诸多新问题。

（一）"成片开发建设需要用地"的认定问题

为阻止和避免城镇化进程中地方政府随意征收农民土地、侵害农民土地权益的行为，又不能使城镇化发展中亟须的合理、必要用地得不到满足，为平衡、缓解这一极为凸显的社会发展中的矛盾，2019 年《土地管理法》顺应民意和各界呼声，通过对土地征收的前置条件"公共利益"进行较为清晰的界定，在一定程度上实现了中央一直在强调的"缩小征地范围"的政策目的。有关"公共利益"条款的规定，目前看，颇有争议的是 2019 年《土地管理法》第 45 条第 1 款第 5 项规定，将"成片开发建设需要用地"也规定在公共利益需要的范围之内。由于近些年很多城市大搞开发区、工业园区建设，在这种城镇化发展趋势下，似乎很少再有其他发展用地能够脱离开"成片开发建设用地"的范围，因此也就造成了 2019 年《土地管理法》名为"缩小征地范围"，实为"原封未动"的"新瓶装旧酒"式立法，地方政府"土地财政"依赖的制度根基依然没有废除。

客观地看，上述疑问并非没有道理，但是应当看到，2019 年《土地管理法》第 45 条第 1 款第 5 项规定的"成片开发建设需要用地"的适用，并非没有任何条件，而是设置了适用应当同时具备的四个条件。[1]成片开发是否符合公益要件取决于其是否具备"空间、规划、审批、标准"4 个规范要素。具备规范要素的成片开发构成公益需要的一种情形，转化为可实施征收的规范意义上的成片开发。成片开发征收中公共利益的规范内涵体现在成片开发

---

〔1〕　从 2019 年《土地管理法》第 45 条规定可知，这四个条件是：其一，该土地应当在土地利用总体规划确定的城镇建设用地范围内；其二，须经省级人民政府批准由县级以上地方人民政府组织实施；其三，建设活动应当纳入国民经济和社会发展年度计划；其四，成片开发应当符合国务院自然资源主管部门规定的标准。

的规划相符性、政府组织性与用途综合性。但现行规则似乎仅承载着"缩小征地范围"的功能，而未能形成一种公益的认定机制。[1]有学者认为，要确保成片开发征收的制度内容具备合宪性，相关解释性立法必须将其实体标准严格限定为属于"特别重大的公共利益"需要的建设项目。结合交易成本理论，省级以上的经济开发区建设、特定的城中村改造、以公益性建设为主的综合开发等特定建设项目类型，符合"特别重大的公共利益"标准，可以适用成片开发征收制度。但上述类型中的具体建设项目能否适用成片开发征收，还需通过定量分析、举证、说明理由等途径加以论证。[2]而比例原则内含的各阶段均以一定的事实审查作为基础，可以为"成片开发"公益目的的司法审查提供方法论指导，其审查步骤依次包括征收目的本身的正当性、征收目的实现的有效性、征收目的实现的必要性、公益目的与私益损失之间合乎比例。[3]

通过对这四个条件的解读，基本上可以判断，地方政府打算利用该规定随意征收土地的想法，很难再实现。当然，在此不无疑问的是，如果真有地方政府在并不具备这四个条件的情况下，依然实施了土地征收行为，利害关系主体可否据此进行行政诉讼，申请法院审查该征收行为是否符合公共利益要求的征收条件，并判决征收行为无效。2019 年《土地管理法》的责任条款中对该事宜并未言明。从法理看，不应当存在法律障碍，但从司法实践看，却又很难说。

（二）如何确定征地补偿的公平性、合理性问题

补偿的公平性应是集体土地征收补偿制度的内在价值取向。[4]新《土地管理法》第 48 条规定征收土地应当给予公平、合理的补偿，保障被征地农民原有生活水平不降低、长远生计有保障。从保护被征地农民利益角度看，该规定相较于 2004 年《土地管理法》的有关规定，具有明显的进步性，但也随

---

[1] 周涵睿、徐键："论成片开发征收中公共利益的规范内涵与认定优化"，载《河南工业大学学报（社会科学版）》2023 年第 1 期。

[2] 程雪阳："合宪性视角下的成片开发征收及其标准认定"，载《法学研究》2020 年第 5 期。

[3] 于凤瑞："'成片开发'征收决定公益目的的司法审查：比例原则的应用"，载《中国政法大学学报》2019 年第 5 期。

[4] 徐凤真、章彦英、何翠凤：《集体土地征收制度创新研究》，法律出版社 2012 年版，第 180~187 页。

之开启了需要追问的一些问题。比如怎样的补偿算是公平、合理补偿？从第48条第2款、第3款规定看，似乎按照省、自治区、直辖市制定公布的片区综合价标准，及时足额支付土地补偿费、安置补助费，就算是进行了足额补偿。但如何确保按照省、自治区、直辖市制定公布的片区综合价标准的公平性、合理性，尚需配套制度进行补偿制度体系的完善。此外，要实现保障被征地农民原有生活水平不降低、长远生计有保障，这就需要因地制宜地探索多元化补偿和安置方式，如留地安置、门面房安置、免费技能培训等。

另外，随着集体经营性建设用地入市的制度壁垒被破除，媒体不时对集体经营性建设用地入市的天价的报道，[1]会使农村集体组织和农民充满对土地自由入市收益的渴望以及可能怀有的一些不切实际的想象。这会倒逼土地征收综合片区价不得不提高，即使是真正的纯粹公益征地，价格也必然会水涨船高。当然，即使公益性项目也没有理由在征地时就不给被征地农民公平、合理的补偿，因为为了大多数人的利益而牺牲少数人的利益，这也是一种不公平。但如果农民集体或者农民要求的土地征收补偿标准，高到公益项目没法建设，这也是个值得思考的问题。另外，被征地农民作为经济理性人，追求的是自身利益的最大化，有关其他承担着耕地保护等国家战略任务的农民的土地权益，往往会难入被征地农民的法眼，不属于他们考虑的事情，但是作为国家不可能也不考虑这些事情。质言之，正如本书前几章所考察分析的，土地增值收益全部由被征地农民因为要求高价补偿而被挤压得所剩无几，也是一种不公平。由此也就提出了如何适当维持被征地农民与通过集体经营性建设用地自由入市的农民之间在不同路径下实现土地增值收益大体平衡的问题。

（三）如何借助国土空间规划实现土地增值收益合理共享问题

"规划并非价值中立的技术实践，其从根本上关涉对空间发展的伦理和道德判断，为使生活在其间的人们不仅仅因为出生地或者居住地而被限制获得良好居住环境、完善基础设施和公共服务、职业选择和就业保障等等更好条

---

〔1〕 据《农民日报》报道，2019年8月28日9时开始，经过40分钟网上竞价天津市蓟州区西龙虎峪镇龙前村约1000平方米房屋使用权在天津农村产权交易平台上拍出了出人意料的溢价922%，挂牌价455元成交价4600元。该消息被农业农村部官网转载。其实，人人都明白，值钱的不是破房子而是破房子所占的土地。

件的机会，达到矫正空间失衡、实现空间正义的目的。"〔1〕根据 2019 年《土地管理法》第 15 条，各级人民政府应当依据国民经济和社会发展规划、国土资源和资源环境保护的要求、土地供给能力以及各项建设对土地的需求，编制土地利用总体规划。由于各级政府制定的土地利用的总体规划主要内容是严格用途管制、严格保护农田，而不同用途内含着不同的增值潜力，因此，土地利用规划，表面看似在优化土地及其空间的利用，实际上则意味着是在对不同土地权利人进行了土地增值收益的一种分配，即制度性增值的分配问题。无论是以往制定的土地利用总体规划，还是将来制定国土空间规划，均从根本上影响着被规划为不同用途的农村集体土地所有者和使用者的土地权益。但问题是，土地利用规划对有些区域的土地所有权主体或者使用权主体产生增值上的不利影响，而对有些区域的土地所有权主体或者使用权主体产生增值上的有利影响，很多人会想当然地认为这是"运气"的原因，而忽视了这是一种政策性不公平，尽管不能否认国家制定这样的政策具有合理性。政策性不公平即使具有合理性，也需要经过正当性拷问，否则就应通过适当的制度予以适当的矫正。

一直以来，我国对农业主产区进行的国家财政转移支付政策，以及当前正在试点进行的建设用地"增减挂钩"政策、"人地挂钩"政策，均属于对土地利用总体规划所导致的政策性不公平进行的适当矫正，但这些政策大都缺乏局限性，如"三农补贴"政策在具体实施中存在很多问题；"增减挂钩"政策关注的是如何将农民的宅基地复垦为耕地，以便解决城市化所亟需的建设用地，在这个过程中，被搬迁农民所得到的不过是"由农家院搬进了楼房"，很难能分享到应得的土地增值收益；实行"人地挂钩"的城市，新落户市民确实得到了新增建设用地指标，但是目前看，该政策的施行仍然存在太大的局限性，如亟须建设用地的城市却不愿意要人，很多城市的保障房和廉租房政策不对新市民放开等。因此，如何将土地利用整体规划制度与合理的土地增值收益分享机制内在性关联为一体性制度，需要在土地管理制度的完善中，一并进行考量。

（四）现行财政转移支付制度对土地发展权转移理念的体现与问题检视

当前学界在讨论对农民土地权益保护问题时，广泛使用的一个词是"土

---

〔1〕 孙聪聪：《〈国土空间规划法〉的立法体例与实体要义"，载《中国土地科学》2022 年第 2 期。

地发展权"，正如本书在考察讨论土地发展权的缘起以及美国土地发展的法律制度所揭示的，美国土地发展权制度在保护耕地方面发挥了重要作用，也取得了积极效果。美国土地发展权制度体现了一种在耕土地所有者与离耕土地所有者之间通过土地发展权转移机制而实现共享土地增值收益的制度理念。相较之下，我国现行法律制度没有明确规定土地发展权这个概念和制度，那么我国是否也没有体现土地发展权益转移的制度内容和制度理念呢？答案是否定性的。

实际上，始于 1998 年《土地管理法》第 55 条规定，国家对新增建设用地的使用权人就开始收缴新增建设用地使用费，并规定其中的 30% 上缴中央，70% 留给有关地方政府。此后《土地管理法》又历经 2004 年和 2019 年两次修正，但该规定始终没变。1999 年财政部、原国土资源部颁发《新增建设用地土地有偿使用费收缴使用管理办法》，2002 年制定《新增建设用地土地有偿使用费征收等别》，规定不同等别土地的缴费标准。此外，2006 年财政部发布《关于调整新增建设用地土地有偿使用费政策等问题的通知》，规定从 2007 年 1 月 1 日起，新批准新增建设用地的土地有偿使用费征收标准在原有基础上提高 1 倍，地方分成的 70% 部分，一律全额缴入省级国库。2008 年财政部、原国土资源部印发《中央分成新增建设用地土地有偿使用费资金使用管理办法》的通知，2012 年财政部又修订了《新增建设用地土地有偿使用费资金使用管理办法》，对新增建设用地有偿使用费的使用范围的规定愈来愈明确，即将使用范围明确界定为：基本农田建设支出、土地整理支出、耕地开发支出。从这些规定可以看出，尽管我国法律没有明确规定土地发展权转移制度，但通过收缴新增建设用地使用费并将这些费用通过财政转移支付方式全部用于农业用地的建设、开垦、整理等事项，表明我国实际上是在土地出让金机制之外，用一种行政机制调整土地增值收益在农业区的农民和城市建设用地使用者之间的分配。质言之，我国现行制度中实际上已经体现并包含了类似于美国土地发展权转移的土地增值收益共享机制，只不过由于这种机制主要依靠的是行政手段，而不是市场机制而已。

二、以"土地征收"为表征的外生性土地增值收益分配机制的完善

2019 年《土地管理法》在完善与强化对被征地农民土地财产权保护上，无论是程序层面，还是在补偿安置层面，抑或是在社会保障层面，均具有很

明显的进步性，但在完善在耕农民与离耕农民之间以及与城镇化新市民之间的土地增值收益分享问题上，似乎有所忽视。本书认为，《土地管理法》作为专门规定土地管理的一部基本法，除了对土地利用进行规范管理之外，还具有重要的土地增值收益分配功能。因此，尽管有关在耕农民与离耕农民之间以及与城镇化新市民之间的土地增值收益分享问题，可主要由其他配套制度进行具体规定，但为了在全社会形成在耕农民和新市民有权分享土地增值收益的共识和理念，在不宜直接规定在耕农民土地发展权的情形下，实有必要将土地发展权所体现的土地增值收益应当在被征地农民、在耕农民和新市民有权之间进行合理分享的制度原则规定在《土地管理法》中，并通过规定适当的条文将这种理念予以体现，由此可使全社会，乃至被征地农民也认识到，实际上自己的土地之所以有被征收并获得高价补偿的机会，这里面既有在耕农民保护耕地所作出的牺牲，也有城镇化新市民的默默贡献，因此土地增值收益不应由少部分人垄断取得，而应合理分享。基于这样的认识与思考，以"土地征收"为表征的外生性土地增值收益分配机制，有待从如下几个方面进一步完善：

（一）构建能够体现土地发展权合理配置理念的土地管理制度

根据前文的分析可知，就以"土地征收补偿安置"为表征的农村集体土地外生性增值收益分配机制而言，除了政府、被征地农村集体以及农民之间的土地增值收益分配机制之外，现行土地管理制度以及有关配套制度中，实际上也内含着一定程度的与在耕农民、城市化新市民之间的分享土地增值收益分配机制，只不过这种机制主要是行政性分配机制，而且在运作上大都具有一定的封闭性、不透明性。因此社会公众很难知悉具体情况如何，更遑论达成社会共识，也正因为如此，各界关注更多、研究更多是对被征地农民的公平补偿机制问题，而很少关注研究在耕农民土地增值收益分配的公平性问题的。[1]

为矫正该弊端，需要在《土地管理法》的观念引领和精神追求层面进行适度创新。建议在《土地管理法》再次修正时，应在第 1 条宣示性地增加体现土地发展权共享理念的内容，2019 年修正的《土地管理法》第 1 条可以进

---

[1] 王永慧：《农地非农化增值收益分配机制研究》，中国人民大学出版社 2015 年版；龚暄杰：《农村集体土地增值利益分享法治化研究》，法律出版社 2019 年版；杜茂华：《农村集体土地市场化实现路径研究》，经济科学出版社 2017 年版。这些专著关注和研究的重点都是土地征收增值收益分配机制问题。

一步修改为："为了加强土地管理，维护土地社会主义公有制，保护、开发土地资源，合理利用土地，切实保护耕地，促进土地增值收益在国家、集体、农民之间合理分享，促进社会经济可持续发展，根据宪法，制定本法。"质言之，增加"促进土地增值收益在国家、集体、农民之间合理分享"内容，并要求各级地方政府在制定的土地利用整体规划中对如何分享土地增值收益有所体现。

（二）完善以财政转移支付为主，市场机制为辅的土地增值收益分配机制

以财政转移支付的方式，支持农业生产的稳定与发展，这是世界上许多国家的通行做法，但一直以来，我国完全依靠财政转移支付方式，对土地增值进行再分配存在不少弊端，主要表现为权力寻租、转移支付不到位或者被挪用等，从国际角度看，对农业进行幅度较大的补贴，也会招致别有用心国家的诟病。因此，探索构建以财政转移支付为主，市场机制为辅的土地增值收益分配机制，应是进一步完善有关制度的重要取向。实践证明，有效的市场机制可以降低土地增值收益再分配的行政成本，使在耕农民和城市化新市民更直接地分享到土地增值收益。

在具体制度完善上，建议在县（市）行政管辖区域内，对新增建设用地权利人，不仅要征收新增建设用地土地有偿使用费，而且试点探索这样一种土地利用空间市场交易机制，即根据对新增建设用地开发的强度和人均占比，要求土地开发利用超过一定比例的土地利用者，须从永久农田权利人处购买一定的空间使用份额，购得多少份额的空间使用权，就允许其多开发利用多少份额的地上空间，与此同时，卖出土地空间利用份额的土地，不管土地权利人变更为谁，将永远遵守使该地块土地为永久农田的法律义务。由此在县（市）区域内，在某些区位的土地上，在实现土地利用合理发展布局的同时，也实现了土地增值收益在一定程度上通过市场机制进行直接分享的政策目的。

此外，从一定程度上看，目前进行的建设用地"增减挂钩"与"人地挂钩"政策，从运作机制看，是一种行政机制为主导，市场机制为辅助的土地增值收益分配机制。就建设用地"增减挂钩"的政策实践效果看，主要存在两种极端：一种极端是在具体实施过程中，政府过于强势，在这种情况下，容易发生政府为实现"土地财政"而强迫农民"被上楼"的社会问题；另一种极端是在具体实施过程中，政府监督指导缺失，村集体任意而为，在这种情况下，要么出现农村宅基地整治的烂尾工程，在城郊更容易出现"小产权

房"问题。之所以会出现这两种极端，是因为在具体的运作中，前者缺失了民主机制，后者缺失了党组织的有力引导和有效监督。因此，建议在建设用地"增减挂钩"制度的完善中，一方面需要在加强农村基层政府党组织引导力、监督力的同时，又要避免公权力越权；另一方面进一步加强农村集体经济组织的现代民主化建设和现代化治理能力的提高，避免在建设用地"增减挂钩"政策的具体实施中出现重大失误。

就城市建设用地"人地挂钩"政策的实施情况看，由于该政策是将进程落户的户籍人口与新增建设用地额度挂钩，因此该政策的具体实施面临的很大的社会现实制约是：一方面存在"要人不要地"问题，另一方面也存在"要人人不来"问题。前者主要存在特大城市，后者普遍存在于各个城市。目前看，由于中央政策不断要求各个地方政府取消户籍对人口转移的限制，因此"要人不要地"的问题至少在政策上已经基本解决，但是"要人人不来"问题，是因为农村户籍意味着潜在的土地增值收益分配权益，因此很多在城镇就业者，即使已经在城镇有了稳定工作和生活保障，依然不愿意将农村户籍迁移到城镇，甚至已经迁移到城镇的人，还在想方设法再迁回农村。这样一种趋势，如果不在政策上有所调整，"人地挂钩"政策的实施将会大打折扣。对此问题，本书建议，需要将"人地挂钩"政策与农村集体成员资格的认定，在制度构建层面，进行一定的内在关联。将符合一定条件的农村进城落户人口仍认定其为农村集体成员资格，由此打消这部分人进城落户而不能享受农村集体成员资格权益的顾虑。也许有人会认为，这样会不会使这些进城落户的新市民享受城乡双重社会福利问题。本书认为，即使这样做能使进城落户的新市民享受城乡双重福利，而他们享受到的城镇社会福利与他们对城市发展的贡献相比，也很有限、不成比例，因为如果没有这些人落户到城镇，那么城镇发展就很难争取到新增建设用地指标。这些城镇化新市民将新增建设用地指标按平面面积挂钩到城镇，但在城镇里却是立体化被使用，无形中放大了可由社会共享的城镇化土地增值收益。因此，有条件地保留这部分进城落户的新市民的农村土地权益，并在"人地挂钩"政策及有关制度的建构中，一并考虑，应是包容性制度的应然选择。

（三）完善以土地增值收益分配为内容的财政转移支付监督机制

尽管 2019 年《土地管理法》已经开禁集体经营性建设用地入市，建设用地"增减挂钩"政策也已在全国普遍推行试点，但是这些都仍然难以改变以

"土地征收补偿安置"为表征的这种农村集体土地外生性增值收益分配机制的主导性地位，也意味着在耕农民集体与离耕农民集体之间，仍然要以财政转移支付为主要的土地增值分配路径。就侵蚀财政转移支付效果的主要行为而言，权力滥用、权力寻租、权力渎职等，都会大大影响到财政转移支付机制对土地增值收益分配的公平性以及由此产生的社会效果。防止权力腐败的最直接有效的方法当然是公开与民主，因此，针对目前以土地增值收益分配为内容的财政转移支付中出现的各种问题，应当构建民主性的合理公开的财政转移支付的监督机制，破解土地增值收益分配的神秘性。比如可要求将年度土地征收机制中产生的土地增值收益与分配问题，列入政府在每年人民代表大会上必须报告的内容，供人大代表予以审议监督。

（四）应当赋予土地征收补偿安置方案的可诉性

一直以来，土地征收补偿安置机制运作中，政府与农民之间的矛盾，是既凸显又敏感。被征地农民得不到公平合理补偿，是一种不公平，但钉子户漫天要价，也是一种不公平。这两种不公平问题，无论出现哪一种不公平，都有失正当性，而且会影响到社会稳定和社会经济的有效发展。

本书认为，要破解这两种不公平，尚需要在进一步完善土地征收程序制度上，为多一些开放与包容、少一些制度汲取性，提供一些必要司法通道和保障。从2019年《土地管理法》有关规定看，在土地征收补偿安置问题的民主性和保障被征地农民知情权方面有所进步，如将原来征地批后公告改为征地批前公告，多数被征地的农村集体经济组织成员认为征地补偿安置方案不符合法律、法规规定的，县级以上地方人民政府应当组织召开听证会，并根据法律、法规的规定和听证会情况修改方案。因此，2019年《土地管理法》的这些规定，尽管相较于旧法明显具有进步性，但仍存在许多有待改善的方面，其中最重要的是应当探索构建赋予农民代表集体对征地补偿安置方案提起行政诉讼的权利。一是政府发布的征地补偿安置方案的行为，是对农民集体土地权益产生重大利害影响的具体行政行为，应当属于可诉行政行为；二是政府通过行政诉讼行为可以举证证明征收补偿方案的合法性与合理性，一旦获得法院判决认可与支持，反过来也对被征地的农民是一种普法教育，而且让被征地农民，尤其是少数漫天要求的被征收者，认识到土地增值收益应当公平分享而不能只由少数人垄断的正当性与合理性。三是通过行政诉讼，政府可以证明自己是在光明正大地为了社会公共利益和发展大局行使土地增值收益的决定权，而不是为了少数当权者的私利，这样反而会更有利于树立起政府公信力。在土地征收补偿问题上，越是禁止农民提起行政诉讼，就越会引起人们有损政府公信力的猜想。因此，从政府公信力角度看，如果政府真正是为人民大众谋取福利，就不必担心对土地征收补偿安置方案提起行政诉讼！即使法律开禁行政诉讼，也应当合理平衡行政诉讼的时间成本与土地开发项目对时间的要求之间的矛盾。

第三节　农村集体土地内生性增值收益分配机制的完善建议

经过前文对农村集体土地内生性增值收益分配机制的考察可知，其增值与分配路径均呈现出多元化，就分配路径而言，其中既涉及国家与集体之间多元化分配路径，也涉及集体内部多元化分配路径，但总体看，国家与集体之间的分配机制相对简单些，主要涉及税收性分配与调节金分配。由于税收性分配方式已经较为成熟，本章不再纳入研究范围，拟将研究视点聚焦于农村集体经营性建设用地入市调节金的征收制度的完善；关于如何完善农村集体内部土地增值收益分配问题，既是个重点问题，也是个难点问题，本章拟努力提出些许有价值的建议。

一、内生性增值收益分配机制中国家与集体之间利益的协调与平衡

2019年8月26日第十三届全国人民代表大会常务委员会第十二次会议对《土地管理法》进行了第三次修正，这意味着农村集体经营性建设用地入市将由普遍性试点走向全面正式推开。在试点期间，财政部等发布的《调节金征收使用管理暂行办法》规定的调节金的收取比例分别按入市或再转让农村集体经营性建设用地土地增值收益的20%至50%征收，只是一种指导性分配比例。从前文对该问题的考察可见，各地试点中政府与集体之间的具体分配比例并不相同，但大多数在20%左右，仅有少数在10%左右，如广东省南海市（今佛山市南海区），很少有超过40%的。试点期间，调节金全额上缴试点县地方国库，纳入地方一般公共预算管理。试点地区的这些做法，肯定会对农村集体经营性建设用地入市全面推开后产生影响，因此，对完善农村集体经营性建设用地入市这种农村集体土地内生性增值在国家与集体之间进行分配，有必要思考如下问题：

第一，农村集体经营性建设用地正式入市后土地增值收益的税收或调节金在中央政府与地方政府之间如何分配？[1]要回答这个问题，首先需要立足于我国耕地保护的现状，然后再弄明白农村集体经营性建设用地是怎么产生的以及其区域分布问题。关于这个问题，本书已经进行了较为充分的考察。也就是说，目前我国耕地保护的形势很严峻，且耕地的区域性分布很不均衡，存量的农村集体经营性建设用地不仅在区域分布上极不均衡，而且在农村集体之间的占有上，也存在很大的不均衡。普遍的情况是，越是经济发达地区，存量经营性建设用地就越多，相较之下，越是经济欠发达地区，存量经营性建设用地就越少，甚至没有。在这种情况下，在国家严格进行土地用途管制和严禁农用地转为建设用地的政策背景下，大量已经将农用地转为非农用地的地区，政策再严厉，对于这些地区也已经没有什么意义，只管尽情享受土地增值收益的利好，就是了。如果农村集体经营性建设用地正式入市后的土地增值收益，再像南海市（今佛山市南海区）的做法那样，绝大部分留在农民集体内部，而中央政府却无权提取，这不仅使中央政府难以通过适当的财政措施激励农区的粮食生产，而且也是一种土地权利的不平等，为什么已经将大量农用地转为建设用地的农村集体可以坐享巨大的土地增值收益，而仍然保留农用地的农村集体却只能甘受农地经营的低利润却受到严格的土地用途控制呢？建设用地的土地增值收益几乎全部由经济发达地区分享，这实际上是一种对土地发展权及其增值收益的垄断。当然，从党和国家发展大局看，有些地区适合于工商业发展，就需要将更多的农用地转为建设用地，但这些地区土地用途的转变是以另外一些地区的农用地用途不能转变为前提的，否则国家战略安全就很难得到有效保障。从这个意义上看，不同地区的土地利用的不同模式，也是国家发展、人民幸福的一种需要，承认这一点，那么中央政府就有正当理由而且应当从农村集体经营性建设用地正式入市后土地增值收益中提取一定比例的税收或者调节金，用于转移补贴给农田的保护者和经营者。

第二，入市调节金是否需要转为税收形式？应该按什么比例收取更合理并符合我国国情？政府在提取农村集体经营性建设用地土地增值收益时，究

---

[1]　关于这一问题的讨论，可参见吕丹、薛凯文："农村集体经营性建设用地入市收益的分配演化博弈：地方政府角色与路径"，载《农业技术经济》2021年第9期。

竟以税收的方式还是仍然以调节金的方式，又应当按什么比例提取更为合理公平，这个问题需要从多方面审慎考量。

就提取方式而言，试点期间称其为调节金，有一定合理性，毕竟属于试点，尚不属于正式收取。但农村集体经营性建设用地入市制度正式施行之后，仍然称其为土地增值收益调节金，似有不妥，因为这个用语有些名不正，言不顺。因此，经政府应提取的那部分土地增值收益，改称为所得税，似乎更为妥当。国家对私人交易行为收税，古今中外，概莫例外，而且不乏法理基础。问题是应当按什么比例收税？本书认为，从客观上看，如果拥有存量建设用地的农村集体再将其入市交易，实际上已经享受到两次政策红利：一是改变用途所带来的政策红利；二是入市交易带来的政策红利。改变用途，意味着农村集体可以利用土地从事工商业经营，从而获得远高于农业用途的土地增值；经营性建设用地入市，意味着农村集体可以获得建设用地土地市场的高额出让收益。质言之，相较于保有永久农田的农村集体，农村集体经营性建设用地入市，实际上意味着这些农村集体已经获得了两次土地增值的机会。基于这些分析，也基于土地权利应当平等对待原则，建议法律规定的农村集体经营性建设用地土地增值收益的纳税比例，应当不低于40%至50%，然后对政府收取的40%的税收总额，50%应当上缴中央财政，用于农业发展专项财政支出，50%留给当地政府用于公益事业的发展。有疑问的是，《土地管理法》规定的新增建设用地土地有偿使用费，30%上缴中央政府财政，70%留给有关地方人民政府，而本书建议中央与地方政府在农村集体经营性建设用地土地增值收益的税收分配上，各占50%的理由是什么呢？这是因为地方政府除了享受农村集体经营性建设用地土地增值收益的税收之外，还能继续享受在入市的建设用地上发展起来的工商业税收，而中央财政却承担着财政补贴那些已经被规划为永久基本农田的农村集体和地方政府的重任，因为这些农村集体的土地一旦被规划为永久基本农田，就意味着他们既不能再享受农地用途变更带来的土地增值，更无法享受到土地直接入市所能带来的丰厚制度红利。

二、农村集体内部土地增值收益分配机制的完善

农村集体内部土地增值收益分配机制，既非常重要，也是个难题。说其重要，是因为它不仅关系农民的当下生活幸福，也关系农民长远生计和生活

保障，也关系社会稳定。说其是个难题，是因为有关农村集体内部土地增值收益如何分配问题，既是农村集体内部矛盾的焦点，也是基层政府工作中的难点，还是司法实践中的难题。本书认为应从以下四个方面来完善农村集体内部土地增值收益的分配机制。

（一）在国家层面与集体经济组织层面协调制定集体成员资格认定规则

通过实践调研和司法判例考察，实践中发生的涉及集体成员资格认定的典型纠纷群体，主要表现为如下几种类型：出嫁女、入赘男、离异及继子女、大中专在校生、义务兵、新出生儿童、退休回原籍生活的退休人员等。这几种类型的群体之所以在集体成员资格认定上容易产生纠纷，引发治理难题，是因为这些群体都具有一个共同特征，即属于非持续性典型的初始集体成员，因此在资格认定上，因为涉及集体公有利益分配的非帕累托效应，就很容易产生分歧和争议，乃至引发上访、缠诉和暴力冲突。

在集体成员资格认定上，从规范性依据看，主要有村规民约、地方性法规、法院内部指导性文件和司法裁判规则，而有关国家层面的法律却是空白的。实践中，农村集体经济组织主要通过制定村民自治规则或者村民民约予以认定。由农村集体经济组织认定这种关涉土地增值收益分配这种重大利益的成员资格，存在诸多问题，如村规民约很容易被滥用，成为农村中某些不法势力垄断土地增值收益的重要手段；村规民约由于受到各地落后的风俗习惯的影响，往往会侵犯某些人应得的土地增值收益，却仍然被认为理所当然；村规民约也可能会在某些人的操纵下使某些不应取得成员资格的人，结果却取得了资格，等等。一旦因为村规民约在成员资格认定上发生争议，当事人往往会诉诸法院或者上访，寻求权益保护。

从当前司法实践看，在法律有关规定缺失的情况下，各地法院的做法并不一致，有些法院对村规民约中剥夺成员资格的规定，认可了其效力，而同样情况，有些法院则依照法律的一般原则，对村规民约进行司法审查，否决了与法律一般原则相抵触的规定的效力。[1]这样一种状况，使得农村集体成员资格认定问题，成为基层社会治理中非常令人棘手的一件事情。对此，本书认为，要解决好该问题，首先需要在立法上，对国家法律与村规民约进行

---

〔1〕　管洪彦："村规民约认定农民集体成员资格的成因、局限与司法审查"，载《政法论丛》2012 年第 5 期。

合理定位，在此前提下，该由法律层面规定的，国家立法理应进行规定，而不能完全推给村规民约；该由村规民约规定的，国家立法也不应当过多干预。

目前看，多年来各地司法实践已经积累了相当丰富的司法判例及经验，可供立法总结、概括、抽象，[1]考虑到各省、市、自治区的不同民情，在尚不便制定全国统一立法的情况下，可先由各省、市、自治区的人民代表大会制定地方性法规，待条件成熟时，可再由全国人民代表大会进行统一立法。在立法完善层面，可先从积极方面认定哪些情况下予以认定成员资格，然后再从消极方面规定哪些情况，对成员资格不予认定。具体来说：

第一，将"尊重历史、兼顾现实、程序规范、群众认可"的政策用语转化为成员资格认定标准法律用语的基本认定原则。这是因为中国农村历来是一个处于熟人差序格局之中且以此构筑"村社感情、人际交往与利益交换所遵循的有序社会规范"。[2]在我国法学界与实务界，立法机关应当在法律规定中确立基本原则已无争议，这一认定原则也是成员资格认定标准法理基础的立法表达要求。就农村集体经济组织成员的基本认定原则完全可以参照地方立法文本中概括得出的宏观标准，即尊重历史，兼顾现实；依法依规，程序规范；权益和义务相当；民主协商、群众认可。这四项基本原则的统一导向是为了深化农村集体产权制度改革，促进农村社会和谐发展，妥善化解农村集体内部分配矛盾，切实保障农村集体经济组织成员的合法权益，将其作为基本认定原则乃是最优的选择。

第二，在类型化的基础上形成"原生性成员资格认定标准+自治性成员资格认定标准"的成员资格认定标准体系。"不同的农民集体，有不同的历史脉络、经济条件、地缘特点以及宗族构成"[3]决定了成员资格认定因素的复杂性和困难性。上文对于地方立法文本中关于认定标准的统计分析，大致可以得出户口是最为主要也最为基本的认定标准。另据学者统计，全国首批

---

〔1〕 目前多地法院制定了关于审理农村集体成员资格认定的指导意见，如邯郸市中级人民法院制定的《涉农集体经济组织成员权益纠纷案件若干问题指导意见》；也有多地政府制定了有关规范文件，如长沙市 2019 年《关于规范农村集体经济组织成员资格认定规则的指导意见》、太原市迎泽区人民政府 2019 年《关于农村集体经济组织成员身份确认指导意见》等。

〔2〕 罗必良、耿鹏鹏："乡村治理及其转型：基于人情关系维度的考察"，载《农业经济问题》2022 年第 10 期。

〔3〕 陶钟太郎、沈冬军："论农村集体经济组织特别法人"，载《中国土地科学》2018 年第 5 期。

29 个试点地区中，约 90% 以上的试点地区在成员资格认定过程中都严格绑定户籍。[1]这是因为在农村集体经济组织形成初期，便存在农村户籍制度与其相呼应，加之其具备的客观性和可操作性，以户口为主要认定标准无疑是当下最为合适的选择。[2]

在户口这一共通性核心因素之外，采取何种因素辅之认定才是各地方立法文本产生冲突的矛盾焦点。主要有权利义务标准、固定的生产生活标准、基本社会保障来源标准。首先，对于权利义务标准，在人户分离的情况下，通过该标准来进行主体资格界定，主要考量农民对集体履行义务和贡献发展的程度，满足了分配正义的要求，但是忽略了因客观因素无法履行义务的弱势群体的集体保障，有违集体所有制保护弱势群体的初衷。况且通常来说，先具有成员资格，后才享有权利和履行义务，现反而将其颠倒，存在不当。其次，对于固定的生产生活标准，其考虑的是农民只有长期居住在农村，才有进行农业生产的机会，其基本生活保障建立在农村土地承包经营权上。但是这一方面混淆了常住农村和常在农村生产生活的概念，也剥夺了没有稳定工作的进城务工人员的风险防范保障。最后，基本社会保障来源标准，是当下，较之户口标准次有效的因素。社会保障可以分为在城市定居或者获得国家公职工作具备市民社会保障、在集体经济组织可获得集体保障。尚未在该集体落户的人，只要其在其他经济组织没有具备集体保障且也无市民社会保障，即可相应获得集体成员资格。但是这对于"两头空"的情形下如何选择哪个集体经济组织进行保障存在难题。综上。可见这些标准各自具有合理性，却也同样存在无法适用的特殊情况，所以需要综合使用，按照优先层级进行排序，将认定难题层层套用标准，不断限制条件，最终得出界定结论。故而，本书认为，在《农村集体经济组织法》中，对于原生性成员资格认定应采"户口+社会保障标准"，即以户口为核心的认定标准，随后按照基本社会保障来源标准进行认定。而在地方立法层面，有需要时可以使用固定的生产生活标准和权利义务标准，从而在立法层面构建起"以户口+社会保障的复合认定

---

　　[1]　马翠萍、郜亮亮："农村集体经济组织成员资格认定的理论与实践——以全国首批 29 个农村集体资产股份权能改革试点为例"，载《中国农村观察》2019 年第 3 期。

　　[2]　高飞："农村集体经济组织成员资格认定的立法抉择"，载《苏州大学学报（哲学社会科学版）》2019 年第 2 期。

标准"。当然，在户口之外，也存在着其他因素相互结合认定的情况，比如上文提到过的"特定身份+权利义务""基本生活保障来源+特殊身份"等，对于这些例外，也可以选择性地融入地方性立法之中。值得注意的是，对于"外嫁女""入赘婿""农转非""回乡退养人员"等特殊群体的成员资格认定，为了避免出现"两头空"或"两头占"的极端情形，在《农村集体经济组织法》中应列举这些特殊群体享有成员权，而在资格认定上不宜直接予以规定，而应在实事求是的基础上综合考虑社会保障标准等，由各地方予以规定。同时，《农村集体经济组织法》中规定这些特殊群体在成员资格认定存在争议或出现"两头空"时可以通过"成员资格确认之诉"予以司法救济。

关于自治性成员资格认定标准的立法表达，在《农村集体经济组织法》中仅需进行原则性规定，即确立"实质贡献+程序通过标准"；而对于"实质贡献"的具体情形可以授权各地在地方性立法中进行具体规定。

第三，特定情况下，通过成员大会或成员代表大会以决议形式进行程序性补足。在成员资格认定常规情形过程中，应关注程序要求。首先要在乡镇、村（社区）产改工作组的领导下，通过村民推选，成立农村集体经济组织成员资格认定工作组并公布名单。随后，由农村集体经济组织成员认定工作组结合村民提交的与成员资格认定有关的申报材料，逐户核实现有各户原成员和外部人员的情况，评议农村集体经济组织成员资格条件。对符合条件的对象，列入农村集体经济组织成员名单；对于不符合条件的对象，做好政策解释；对暂时难以认定的特殊人员，应及时向上级人民政府请示。另外，为防止人员混入，认定周期不宜设定过长，每次认定全程要保持公正透明。[1]同时，成员资格认定并非一个完全封闭的体系，在特定情况下，本集体经济组织基于发展的需要完全可以赋予集体经济组织以决议形式进行自主认定的权利，这也契合农村集体经济组织的特别法人资格。如此，建议在《农村集体经济组织法》中新增此类情形，从而全面构建集体经济组织成员资格认定的制度体系。

（二）将农村集体土地增值收益分配机制与农村基层治理制度关联在一起

农村基层治理是国家治理体系的基础和重要组成部分，农村基层治理状况如何，直接决定着并反映着国家治理体系运作的效果。提高农村基层治理

---

〔1〕韩俊英："农村集体经济组织成员资格认定——自治、法治、德治协调的视域"，载《中国土地科学》2018年第11期。

能力，既需要强有力的组织资源，如农村基层党组织建设，也离不开一定的经济基础作保障。农村集体土地增值收益为提高农村基层治理能力，实现农村基层治理现代化，提供了重要治理媒介。从当下乃至未来农村发展趋势看，以农村集体土地外生性增值收益和内生性增值收益为来源的集体资产，现在和将来都会成为农村集体经济组织的重要资产，而这些集体资产如何在农村集体内分享，对农村基层治理有着重要影响。

无数经验证明，凡是治理能力高、治理效果好的农村集体，无不通过一定的规则制度，将农村集体土地增值收益与农村基层治理关联在一起。质言之，农村集体土地增值收益并不一定是提高农村基层治理能力的充分条件，但应当是一个必要条件，农村集体有了一定的土地增值收益，如果不是通过一定的制度规范，不仅不能实现良好的基层治理效果，反而有可能成为基层治理的麻烦。

因此，如果农村基层组织借助于土地增值收益这个必要的经济资源，通过规则之治，就能将基层自治权转化为具有公信力、权威性的强有力的制度化治理权，大大提高基层治理能力，化解一些在政府看来有可能很棘手的难题。当然，与农村基层治理制度化关联在一起的农村集体土地增值收益分配，应当在遵循民主平等原则的基础上，含有一定的治理激励机制，引领和谐社会的形成和健康发展。

（三）建立有效的农村集体资产监督监管制度

当前，很多农村集体经济组织在自治结构的改革上，在村"两委"之外，又创新性地设立了村务监督委员会。实践证明，村务监督委员会在土地增值收益的农村集体内部分配机制上，能够发挥重要作用，但仍然需要国家在立法层面进一步授权并强化其监督职能，不能使其成为一个"好看不管用"的组织摆设。

本书认为，基于自治管理的异化可能以及财产权利的天然扩张性，仅靠内部监督很难保护集体成员的合法权益以及集体资产所有者的整体利益，故有必要引入第三方进行监督监管。从理论证成角度来说，这也符合"国家公权力介入社会自治的一般理论，具有保护农民集体所有权自治管理及其目的实现和维护社会公共利益的正当性"，[1]且农民集体所有权关系到国家政治制

---

〔1〕　韩松、安玉鑫："国家公权力监督农村集体资产管理的理论证成"，载《浙江工商大学学报》2023 年第 1 期。

度、经济制度和粮食安全等重大公共利益。

对此，加强基层政府对土地增值收益等农村集体资产的有效监管就成了必然要求。因为单纯依靠村务监督委员会的监督，会存在诸多局限性，如村务监督委员会成员大都缺乏专业监督能力，即使有监督之心，却无监督之力；村务监督委员会成员与村"两委"成员，难免存在各种各样的人情关联，在这种情况下，很容易结成利益共同体，导致农村集体经济组织内部监督失灵。政府监管，不仅具有权威性，而且具有专业性，因此，有效的农村集体资产监管制度的构建，应当在积极改善村务监督委员会的同时，依法介入地方政府有关部门的监管权力。

（四）赋予集体成员代表诉讼权

农村集体土地农民集体所有，是中国特色社会主义制度的重要内容。这决定了农村集体土地增值收益应当归属于农村集体成员共有。但农村集体毕竟不是个自然人，而是一种组织，这种组织属性就使得村民委员会，尤其是村主任或者党支部书记，成为农村集体土地增值收益如何分配和利用的最主要的决策者和守护者。一旦农村集体的这些主要干部成为监守自盗者，农村集体财产和集体成员的经济利益就会受到侵害。这种现象，在当下的农村集体土地增值收益分配中并非个案。[1]然而，现行法律并没有赋予集体成员为维护农村集体利益而诉讼的权利。这对于农村集体经济组织这种非自然人而又依法享有重要土地权益的权利主体而言，不能不说是非常不利于保护集体土地增值收益的。

从立法层面赋予集体成员代表诉讼权，是现实需要在立法上的反射。"农村集体成员代表诉讼的法律构造应以增加集体成员的诉讼激励为旨归，创设各种具体规则提高原告的预期净收益，激励集体成员积极起诉以实现保护集体财产权益的立法目标。"[2]为此，可借鉴《公司法》中有关股东代表诉讼的规定。赋予集体成员代表诉讼权，在立法技术上不会存在什么障碍。至于立法渊源选择，可将集体成员代表诉讼权规定在《村民委员会组织法》中，

---

[1] 管洪彦："农民集体成员派生权诉讼的合理性与制度构建"，载《法律科学（西北政法大学学报）》2013 年第 4 期。

[2] 赵新龙："农村集体成员代表诉讼的法理逻辑与制度构造"，载《南京农业大学学报（社会科学版）》2018 年第 6 期。

也可以在将《农村集体资产管理条例》升格为法律时予以规定。当前,《集体经济组织法》正在制定过程中,比较而言,从农村集体经济组织的经济功能和尊重农村集体经济组织自治的角度看,在《集体经济组织法》中规定集体成员代表诉讼权,似乎更为妥当。

参考文献

一、中文著作类

[1] 陈小君等:《我国农村集体经济有效实现的法律制度研究——村庄经验与域外视野》,法律出版社 2016 年版。

[2] 程中原:《转折年代:邓小平在 1975—1982》,当代中国出版社 2014 年版。

[3] 翟小波:《论我国宪法的实施制度》,中国法制出版社 2009 年版。

[4] 杜茂华:《农村集体土地市场化实现路径研究》,经济科学出版社 2017 年版。

[5] 费孝通:《江村经济》,华东师范大学出版社 2018 年版。

[6] 费孝通:《乡土中国》,上海世纪出版集团 2007 年版。

[7] 龚暄杰:《农村集体土地增值利益分享法治化研究》,法律出版社 2019 年版。

[8] 韩清怀:《农村宅基地使用权制度研究》,中国政法大学出版社 2015 年版。

[9] 贺雪峰:《土地的逻辑Ⅲ》,中国政法大学出版社 2018 年版。

[10] 华生:《城市化转型与土地陷阱》,东方出版社 2013 年版。

[11] 季卫东:《法律程序的意义》(增订版),中国法制出版社 2012 年版。

[12] 卢卫:《居住城市化:人居科学的视角》,高等教育出版社 2005 年版。

[13] 浦坚主编:《中国历代土地资源法制研究》,北京大学出版社 2006 年版。

[14] 水延凯主编:《中国社会调查简史》,中国人民大学出版社 2017 年版。

[15] 宋志红:《中国农村土地制度改革研究》,中国人民大学出版社 2017 年版。

[16] 汪晗:《土地开发与保护的平衡:土地发展权定价与空间转移研究》,人民出版社 2015 年版。

[17] 王永慧:《农地非农化增值收益分配机制研究》,中国人民大学出版社 2015 年版。

[18] 徐凤真、章彦英、何翠凤:《集体土地征收制度创新研究》,法律出版社 2012 年版。

[19] 尹田:《法国物权法》(第 2 版),法律出版社 2009 年版。

[20] 赵汀阳:《天下体系——世界制度哲学导论》,中国人民大学出版社 2011 年版。

［21］祝之舟：《农村集体土地统一经营法律制度研究》，中国政法大学出版社 2014 年版。

二、中文报纸类

［1］关保俊："征地安置补助费分配问题探析"，载《人民法院报》2010 年 9 月 22 日。

［2］江苏省高级人民法院行政审判庭课题组："积极寻求问题应对方案　促进土地资源公平分配——江苏高院关于农村集体土地征收行政案件审理的调研报告"，载《人民法院报》2011 年 3 月 17 日。

［3］王立彬："'多规合一'要坚持以人民为中心"，载《中国自然资源报》2019 年 11 月 9 日。

［4］杨健："认真对待权利：权利救济的文明与方式"，载《检察日报》2019 年 3 月 16 日。

［5］张云华："农村三级集体所有制亟需改革探索"，载《中国经济时报》2015 年 3 月 27 日。

三、中文译著类

［1］［德］迪特尔·施瓦布：《民法导论》，郑冲译，法律出版社 2006 年版。

［2］［德］卡尔·拉伦茨：《德国民法通论》（上册），王晓晔等译，法律出版社 2003 年版。

［3］［法］卢梭：《论人与人之间不平等的起因和基础》，李平沤译，商务印书馆 2007 年版。

［4］［美］德隆·阿西莫格鲁、詹姆斯·A. 罗宾逊：《国家为什么会失败》，李增刚译，湖南科学技术出版社 2015 年版。

［5］［美］亨利·乔治：《进步与贫困》，吴良健、王翼龙译，商务印书馆 2010 年版。

［6］［美］罗纳德·德沃金：《认真对待权利》，信春鹰、吴玉章译，中国大百科全书出版社 1998 年版。

四、中文期刊类

［1］IDM 中国领导决策信息中心·大数据重点实验室："33 个试点地区'三块地'数据盘点"，载《数据中国》2019 年第 1 期。

［2］白云涛："土地改革与中国的工业化"，载《北京党史》2002 年第 1 期

［3］薄一波："关于一九五〇年度财政收入概算草案的报告"，载《广东省人民政府公报》1950 年第 1 期。

［4］毕云龙："海城集体经营性建设用地入市试点调查研究"，载《中国土地资源经济》2018 年第 9 期。

［5］蔡继明："必须给被征地农民以合理补偿"，载《中国审计》2004 年第 8 期。

［6］陈柏峰："土地发展权的理论基础与制度前景"，载《法学研究》2012 年第 4 期。

［7］陈佳骊："美国新泽西州土地发展权转移银行的运作模式及其启示"，载《中国土地科学》2011 年第 5 期。

［8］陈泉生："论土地征用之补偿"，载《法律科学（西北政法学院学报）》1994 年第 5 期。

［9］陈小君等："后农业税时代农地权利体系与运行机理研究论纲——以对我国十省农地问题立法调查为基础"，载《法律科学》2010 年第 1 期。

［10］陈小君："构筑土地制度改革中集体建设用地的新规则体系"，载《法学家》2014 年第 2 期。

［11］陈小君："农村集体土地征收的法理反思与制度重构"，载《中国法学》2012 年第 1 期。

［12］陈小君："我国妇女农地权利法律制度运作的实证研究与完善路径"，载《现代法学》2010 年第 3 期。

［13］陈小君："我国农村土地法律制度变革的思路与框架——十八届三中全会〈决定〉相关内容解读"，载《法学研究》2014 年第 4 期。

［14］陈莹、倪晓露："承包地集体内部征地补偿费分配纠纷研究——基于湖南省 1091 个案例的矛盾梳理与司法回应"，载《中国土地科学》2021 年第 11 期。

［15］陈正光、骆正清："现行被征地农民养老保障主要模式"，载《华中科技大学学报（社会科学版）》2009 年第 2 期。

［16］程诗棋："农村'外嫁女'集体经济组织成员资格的确认与法律保护——以海南省三亚市法院'外嫁女'征地补偿费分配纠纷案件为研究基础"，载《法律适用》2018 年第 11 期。

［17］程雪阳："'城市土地国有'是如何入宪的"，载程雪阳：《地权的秘密：土地改革深度观察》，上海三联书店 2015 年版。

［18］程雪阳："合宪性视角下的成片开发征收及其标准认定"，载《法学研究》2020 年第 5 期。

［19］程雪阳："集体经营性建设用地入市背景下土地税制的完善"，载《武汉大学学报（哲学社会科学版）》2022 年第 4 期。

［20］程雪阳："土地发展权与土地增值收益的分配"，载《法学研究》2014 年第 5 期。

［21］崔智友："中国村民自治的法学思考"，载《中国社会科学》2001 年第 3 期。

［22］戴威、陈小君："论农村集体经济组织成员权利的实现——基于法律的角度"，载《人民论坛》2012 年第 1 期。

［23］戴威："农村集体经济组织成员资格制度研究"，载《法商研究》2016 年第 6 期。

［24］邓宏乾："土地增值收益分配机制：创新与改革"，载《华中师范大学学报（人文社

会科学版）》2008 年第 5 期。

[25] 丁建峰："博弈论视角下的过程偏好与程序正义——一个整合性的解释框架"，载《北京大学学报（哲学社会科学版）》2019 年第 3 期。

[26] 董筱丹等："中国特色之工业化与中国经验"，载《中国人民大学学报》2011 年第 1 期。

[27] 房绍坤、任怡多："'嫁出去的女儿，泼出去的水?'——从'外嫁女'现象看特殊农民群体成员资格认定"，载《探索与争鸣》2021 年第 7 期。

[28] 高飞："论集体土地所有权主体之民法构造"，载《法商研究》2009 年第 4 期。

[29] 高飞："农村集体经济组织成员资格认定的立法抉择"，载《苏州大学学报（哲学社会科学版）》2019 年第 2 期。

[30] 高飞："我国土地征收补偿制度运行的困境与对策探析"，载《法治研究》2009 年第 3 期。

[31] 高飞："征地补偿款分配问题研究"，载《中国不动产法研究》2018 年第 1 期。

[32] 高全喜："财富、财产权与宪法"，载《法制与社会发展》2011 年第 5 期

[33] 高圣平："论集体建设用地使用权的法律构造"，载《法学杂志》2019 年第 4 期。

[34] 耿宝建等："土地、山林、水利权属纠纷案件分析与法律适用研究——基于一巡对辖区三类案件裁判的实证分析"，载《中国应用法学》2021 年第 6 期。

[35] 龚暄杰："农村集体土地增值利益的多维度阐释"，载《山东农业大学学报（社会科学版）》2018 年第 4 期。

[36] 管洪彦："村规民约认定农民集体成员资格的成因、局限与司法审查"，载《政法论丛》2012 年第 5 期。

[37] 管洪彦："农民集体成员派生权诉讼的合理性与制度构建"，载《法律科学（西北政法大学学报）》2013 年第 4 期。

[38] 管洪彦："农民集体成员资格认定标准立法完善的基本思路"，载《长安大学学报（社会科学版）》2013 年第 1 期。

[39] 管洪彦："论农村集体经济组织收益分配的基本原则和制度构造"，载《学习与探索》2022 年第 12 期。

[40] 郭继："农村集体成员权制度运行状况的实证分析——基于全国 12 省 36 县的实地调查"，载《南京农业大学学报（社会科学版）》2012 年第 1 期。

[41] 郭俊胜："土地增值及其分享"，载《福建学刊》1994 年第 3 期。

[42] 郭炎："集体土地资本化中的'乡乡公平'及其对城市包容性的影响——珠三角南海模式的再认识"，载《城市发展研究》2016 年第 4 期。

[43] 郭正林："乡村治理及其制度绩效评估：学理性案例分析"，载《华中师范大学学报（人文社会科学版）》2004 年第 4 期。

［44］韩俊英："农村集体经济组织成员资格认定——自治、法治、德治协调的视域"，载《中国土地科学》2018 年第 11 期。

［45］韩松："集体建设用地市场配置的法律问题研究"，载《中国法学》2008 年第 3 期。

［46］韩松："论成员集体与集体成员——集体所有权的主体"，载《法学》2005 年第 8 期。

［47］韩松："论农民集体所有权的成员集体所有与集体经济组织行使"，载《法商研究》2021 年第 5 期。

［48］韩松："农民集体所有权是新农村建设法律保障的制度基础"，载《西北农林科技大学学报（社会科学版）》2007 年第 4 期。

［49］韩松、安玉鑫："国家公权力监督农村集体资产管理的理论证成"，载《浙江工商大学学报》2023 年第 1 期。

［50］何仁伟："中国农地非农化增值收益分配研究"，载《湖北农业科学》2012 年第 17 期。

［51］贺汉魂："农地公有：'藏粮于地'、'藏粮于技'的制度保障——重读马克思土地所有制思想"，载《当代经济研究》2017 年第 2 期。

［52］贺雪峰："为什么说中国土地制度是全世界最先进的——答黄小虎先生"，载《湖南科技大学学报（社会科学版）》2018 年第 3 期。

［53］贺雪峰："征地制度的政治学思维"，载郑凌志主编：《中国土地政策蓝皮书（2013）：中国土地政策报告》，中国社会科学出版社 2013 年版。

［54］胡勇、陈利根："中国转型期土地权属纠纷：系统分析与文化对策"，载《中国土地科学》2010 年第 3 期。

［55］黄祖辉、朱允卫："浙江农村工业化的发展与启示"，载《中国经济史研究》2006 年第 4 期。

［56］姜楠、蔡立东："土地发展利益的物权法调整模式"，载《河南财经政法大学学报》2015 年第 3 期。

［57］蓝宇蕴、张汝立："城中村成因的探析——以广州市石牌村为例的研究"，载《中国农村经济》2005 年第 11 期。

［58］雷诚等："苏南'工业村'乡村振兴路径研究"，载《现代城市研究》2019 年第 7 期。

［59］李凤章："'土地开发权国有'之辩误"，载《东方法学》2018 年第 5 期。

［60］李明秋等："人地挂钩与增减挂钩的异同分析及其实施要点"，载《农业现代化研究》2015 年第 1 期。

［61］李明贤、周蓉："农村集体经营性建设用地与国有土地同等入市的推进机制研究——以湖南省浏阳市为例"，载《湖湘论坛》2018 年第 2 期。

［62］连宏萍："央地关系视角下的土地增减挂钩政策变迁——基于间断均衡理论的考察"，

载《新视野》2019 年第 4 期。

[63] 林喆："尊重'少数'个体的权利与公民的平等权——读德沃金《认真对待权利》所思"，载《山东大学法律评论》2003 年第 1 期。

[64] 刘德敏："正确认定土地权属争议的政府先行处理程序"，载《人民司法》2008 年第 16 期。

[65] 刘国臻："论美国的土地发展权制度及其对我国的启示"，载《法学评论》2007 年第 3 期。

[66] 刘洪华："论农村土地增值收益分配制度的重构"，载《中国不动产法研究》2018 年第 2 期。

[67] 刘金："我国'土地财政'起源、本质及转型路径研究"，载《城市管理》2018 年第 9 期

[68] 刘竞元："农村集体经济组织成员资格界定的私法规范路径"，载《华东政法大学学报》2019 年第 6 期。

[69] 刘俊："城市扩展加快背景下的征地制度改革"，载《江西社会科学》2009 年第 10 期。

[70] 刘社欣："广州市'城中村'问题的现状特点与对策思考"，载《华南理工大学学报（社会科学版）》2002 年第 3 期。

[71] 刘宪法："'南海模式'的形成、演变与结局"，载《中国制度变迁的案例研究》2010 年第 00 期。

[72] 刘子仁："人地挂钩新政探析与完善展望"，载《农业经济与科技》2016 年第 21 期。

[73] 罗必良、耿鹏鹏："乡村治理及其转型：基于人情关系维度的考察"，载《农业经济问题》2022 年第 10 期。

[74] 吕丹、薛凯文："农村集体经营性建设用地入市收益的分配演化博弈：地方政府角色与路径"，载《农业技术经济》2021 年第 9 期。

[75] 马翠萍、郜亮亮："农村集体经济组织成员资格认定的理论与实践——以全国首批 29 个农村集体资产股份权能改革试点为例"，载《中国农村观察》2019 年第 3 期。

[76] 马翠萍："集体经营性建设用地制度探索与效果评价——以全国首批农村集体经营性建设用地入市试点为例"，载《中国农村经济》2021 年第 11 期。

[77] 马贤磊、曲福田："经济转型期土地征收增值收益形成机理及其分配"，载《中国土地科学》2006 年第 5 期；

[78] 毛东林："为了我们的生命线——《土地管理法》修改评述"，载《中国农村科技》1999 年第 3 期。

[79] 孟勤国："物权法如何保护集体财产"，载《法学》2006 年第 1 期。

[80] 潘涛等："河南省人地挂钩模式探析"，载《资源导刊》2014 年第 6 期。

［81］齐丽："辽宁省城乡建设用地增减挂钩中土地增值收益分配现状研究"，载《农业经济与科技》2019 年第 11 期。

［82］邱鹏飞、李建锐、雍国玮："农用地征用后增值收益分配及其合理利用研究"，载《庆祝中国土壤学会成立 60 周年专刊》。

［83］任怡多："'三权分置'下宅基地资格权的法律表达"，载《山东行政学院学报》2022 年第 2 期。

［84］厦门大学经济研究所调查组："把社队企业逐步纳入国家计划的轨道——广东南海县西樵公社加强社队企业管理的调查"，载《中国经济问题》1976 年第 1 期。

［85］宋博凯："江苏省的社队企业为什么发展较快"，载《经济管理》1980 年第 11 期。

［86］宋林飞："苏南区域率先发展实践与理论的探索——从'苏南模式'新苏南模式到'苏南现代化模式'"，载《南京社会科学》2019 年第 1 期

［87］孙聪聪："《国土空间规划法》的立法体例与实体要义"，载《中国土地科学》2022 年第 2 期。

［88］孙民："温州市区留地安置政策的思考"，载《浙江国土资源》2007 年第 8 期。

［89］汤林闽："中国土地出让金收支状况：2007-2014 年"，载《财经智库》2016 年第 1 期。

［90］陶钟太郎、沈冬军："论农村集体经济组织特别法人"，载《中国土地科学》2018 年第 5 期。

［91］陶济："从农村工业化到城乡一体化：浙江模式的创新演进及意义"，载《毛泽东邓小平理论研究》2008 年第 8 期。

［92］田园："农村土地资产市场存在的问题及对策——基于美国土地发展权制度的启示"，载《西安文理学院学报（社会科学版）》2016 年第 4 期。

［93］童航、尹秀、韩清怀："主体制度在农村集体经济有效实现中的运行机制研究——基于山东省平阴县孝直村的实证研究"，载《私法研究》2014 年第 1 期。

［94］童航："论集体土地征收补偿范围"，载《福建法学》2012 年第 3 期。

［95］童列春："论中国农民成员权"，载《浙江大学学报（人文社会科学版）》2015 年第 2 期。

［96］王大鹏、杨佳妮："美国土地发展权法律制度的历史演进"，载《世界农业》2019 年第 4 期。

［97］王鸿铭："改革开放以来中央与地方关系互动对基层政权的影响——以 80 年代以来财税体制改革为例"，载《社会科学家》2017 年第 6 期。

［98］王琳："生活世界中'集体所有'的地权表达与实践——基于苏南 J 村的田野考察"，载《理论月刊》2019 年第 1 期。

［99］王思亮："关于开征土地征用补偿调节税之我见"，载《农业经济问题》1988 年第 11 期。

［100］王小映："土地征收公正补偿与市场开放"，载《中国农村观察》2007年第5期。

［101］魏刚、李霞："基于'包容性增长'视角下的农地增值收益分配问题研究"，载《农村经济》2013年第1期。

［102］魏莉华："农村土地制度实现重大突破——自然资源部法规司司长魏莉华解读新土地管理法"，载《国土资源》2019年第9期。

［103］温铁军等："土地改革与新中国主权货币的建立：建国初期'去依附'体制下的反危机经验研究"，载《政治经济学评论》2019年第4期。

［104］吴元中："土地补偿款分配方案的宪法寻源"，载《山东行政学院学报》2012年第3期。

［105］吴昭军："集体经营性建设用地土地增值收益分配：试点总结与制度设计"，载《法学杂志》2019年第4期。

［106］夏柱智："城市化进程中的土地制度改革比较研究——基于苏南和珠三角的经验"，载《社会学》2019年第2期。

［107］肖新喜："论农村集体经济组织成员身份的确认标准"，载《湖南师范大学社会科学学报》2020年第6期。

［108］谢巧巧："新法实施后各省征地区片综合地价政策分析"，载《中国土地》2021年第5期。

［109］徐会苹："提高农民土地增值收益分配比例的对策建议"，载《经济纵横》2015年第5期。

［110］徐洁、高清浅："乡村振兴背景下农村集体经营性建设用地入市的困境与纾解"，载《河南社会科学》2023年第1期。

［111］徐俊忠："土地农民集体所有是农村基本经营制度之魂"，载《马克思主义与现实》2017年第4期。

［112］许明月、孙凌云"农村集体经济组织成员确定的立法路径与制度安排"，载《重庆大学学报（社会科学版）》2021年第1期。

［113］颜梅林："征地补偿费分配纠纷之法律适用难点及对策研究——兼解读《物权法》相关条文"，载《西南农业大学学报（社会科学版）》2010年第3期。

［114］杨建顺："论土地征收的正当程序"，载《浙江社会科学》2019年第10期。

［115］杨攀："农村集体经济组织成员资格标准的法律分析与实践"，载《西南政法大学学报》2011年第3期。

［116］杨帅、温铁军："经济波动、财税体制变迁与土地资源资本化分析——对中国改革开放以来的'三次圈地'相关问题的实证分析"，载《管理世界》2010年第4期。

［117］姚如青："农村土地非农开发和集体经济组织重构——基于浙江两种留地安置模式的比较"，载《中国经济问题》2015年第6期。

［118］叶必丰："城镇化中土地征收补偿的平等原则"，载《中国法学》2014 年第 3 期。

［119］殷荣林："'浙江模式'的方法论启示——改革开放 40 年浙江经济发展回顾"，载《观察与思考》2018 年第 8 期。

［120］于凤瑞："'成片开发'征收决定公益目的的司法审查：比例原则的应用"，载《中国政法大学学报》2019 年第 5 期。

［121］于文一："坚决贯彻'以农业为基础'、'以工业为主导'的总方针"，载《文史哲》1976 年第 1 期。

［122］袁震："集体经营性建设用地入市法律规则释评——《土地管理法》第 63 条第 1 款、第 2 款评注"，载《河北法学》2023 年第 2 期。

［123］张国清："分配正义与社会应得"，载《中国社会科学》2015 年第 5 期。

［124］张鹏、张安录："城市边界土地增值收益之经济学分析——兼论土地征收中的农民利益保护"，载《中国人·资源与环境》2008 年第 2 期。

［125］张鹏："'第四次土地革命'亟需解决的问题"，载《学习月刊》2006 年第 13 期。

［126］章彦英："涉法涉诉信访之案件成因、制度困局与破解之道"，载《法学论坛》2011 年第 1 期。

［127］赵新龙："农村集体成员代表诉讼的法理逻辑与制度构造"，载《南京农业大学学报（社会科学版）》2018 年第 6 期。

［128］赵秀梅："农村集体土地征收补偿立法构建研究——以《土地管理法》的修改为中心"，载《中国农业大学学报（社会科学版）》2018 年第 6 期。

［129］李肇文："城市土地增值初探"，载《中国政法大学学报》1988 年第 5 期。

［130］钟水映、胡晓峰："土地征用安置补助费计算的误区及其纠正"，载《中国土地科学》2004 年第 4 期。

［131］周诚："土地价值问题初探"，载中国土地学会办公室编：《94 海峡两岸土地学术研讨会论文集》，中国土地学会办公室 1994 年版。

［132］周诚："土地增值分配应当'私公共享'"，载《中国改革》2006 年第 5 期。

［133］周涵睿、徐键："论成片开发征收中公共利益的规范内涵与认定优化"，载《河南工业大学学报（社会科学版）》2023 年第 1 期。

［134］诸培新、唐鹏："农地征收与供应中的土地增值收益分配机制创新——基于江苏省的实证分析"，载《南京农业大学学报（社会科学版）》2013 年第 1 期。

五、裁判文书类

［1］北京市昌平区人民法院［2009］昌民初字第 6320 号民事判决书。

［2］北京市第一中级人民法院［2009］一中民终字第 15062 号民事裁定书。

［3］福建省厦门市同安区人民法院［2011］同民初字第 1277 号民事判决书。

［4］海南省海口市中级人民法院［2007］海中法民一终字第 780 号民事裁定书。

［5］杭州市中级人民法院［2020］浙 01 民终 8153 号民事判决书。

［6］河南省安阳市中级人民法院［2009］安民立终字第 193 号民事裁定书。

［7］河南省方城县人民法院［2010］方杨民初字第 198 号民事判决书。

［8］河南省南阳市中级人民法院［2010］南民一终字第 262 号民事裁定书。

［9］河南省平顶山市中级人民法院［2010］平民二终字第 656 号民事裁定书。

［10］河南省平顶山市中级人民法院［2011］平民二终字第 220 号民事裁定书。

［11］河南省新乡市中级人民法院［2010］新中民四终字第 409 号民事裁定书。

［12］湖滨区人民法院［2010］湖民一初字第 1146 号民事判决书。

［13］湖南省郴州市北湖区人民法院［2008］郴北民二初字第 460 号民事判决书。

［14］湖南省洞口县人民法院［2009］洞民初字 398 号民事判决书。

［15］江西省九江市中级人民法院［1995］九民裁初字第 01 号民事裁定书。

［16］缙云县人民法院［2019］浙 1122 民初 4511 号民事判决书。

［17］昆明市中级人民法院［2008］昆民三终字第 829 号民事判决书。

［18］昆明市中级人民法院［2008］昆民一终字第 482 号民事判决书。

［19］昆明市中级人民法院［2009］昆民一终字第 17 号民事裁定书。

［20］昆明市中级人民法院［2009］昆民一终字第 250 号民事判决书。

［21］厦门市中级人民法院［2017］闽 02 民终 5310 号民事判决书。

［22］紫金县人民法院［2020］粤 1621 民初 203 号民事判决书。

六、网络文献类

［1］王立彬："'多规合一'要坚持以人民为中心"，载 https://www.gov.cn/xinwen/2019-11/07/content_ 5449924.htm，访问日期：2020 年 4 月 1 日。

［2］吴亮："村民小组究竟能否作为被告参加民事诉讼"，载 http://www.jsfy.gov.cn/alpx/msal/2006/08/03/17147.html，访问日期：2022 年 10 月 30 日。

七、外文类

［1］Arthur C. Nelson, Rick Pruetz and Doug Woodruff：*Designing and Implementing Transfer of Development Rights Programs*，Island Press 2011，p. 3.

［2］Anderson H. Dawson, *The Land Problem in the Developed Economy*，Barnes&Noble Books，Totowa，New Jersey，1984.

［3］Dwight H. Merriamt，"Making TDR Working"，*North Carolina Law Review*，Vol 56，January 1978，pp. 85−86.

［4］ Hansen & Schwartz, "Landowner Behavior at the Rural-Urban Fringe in Response to Prefer-ential Property Taxation", *LAND Eco*, Vol. 51, No. 4, 1975, p. 341.

［5］ Jeffrey Bucklund, "The History and Use of Purchase of Deyelopment Right in the United States", *Landscape and Urban Planning*, Vol. 14, 1987, pp. 237-252.

［6］ John Costonis, "Development Rights Transfer: An Exploratory Essay", *The Yale Law Journal*, Vol. 83, 1973.

［7］ Jon Elster, "Local justice: How Institutions Allocate Scarce Goods and Necessary Burdens", *European Economic Review*, 35, 1991, pp. 273-291.

［8］ Maltew Hendon Brmkley, *Where is TDK working and how would we know results from a na-tionwide study of TDK program components and outcomes*, A Thesis Submitted to Michigan State University, 2007.